JÖRG RATHJEN

# SCHLESWIG
## IM SPÄTMITTELALTER
## 1250–1544

UNTER MITWIRKUNG
VON HANS WILHELM SCHWARZ

HERAUSGEBER
GESELLSCHAFT FÜR SCHLESWIGER STADTGESCHICHTE

HUSUM

Umschlagbild: Das Graukloster in Schleswig heute

Bibliografische Information Der Deutschen Bibliothek

Die Deutsche Bibliothek verzeichnet diese Publikation in der Deutschen Nationalbibliografie; detaillierte bibliografische Daten sind im Internet über http://dnb.ddb.de abrufbar.



Gesamtherstellung: Husum Druck- und Verlagsgesellschaft
Postfach 1480, D-25804 Husum – www.verlagsgruppe.de

ISBN 3-89876-207-6

## Inhaltsverzeichnis

# Zum Geleit

Die Gesellschaft für Schleswiger Stadtgeschichte wurde im Jahre 1956 von dem Schleswiger Rechtsanwalt und Notar Otto von Wahl gegründet. Fast dreißig Jahre, bis zu seinem Tode 1984, leitete er die Gesellschaft. Schon unter seinem Vorsitz hat sich die Gesellschaft für Schleswiger Stadtgeschichte die Aufgabe gestellt, die Geschichte der Stadt Schleswig von ihren Anfängen an lückenlos darzustellen. Diese Anfänge werden spätestens auf das Jahr 804 datiert: in diesem Jahre wird die Wikinger-Handelssiedlung „Sliesthorp" zum ersten Male in den Fränkischen Reichsannalen erwähnt. Die Wissenschaft geht davon aus, daß Sliesthorp, auf dem Südufer der Schlei gelegen, die direkte Vorgängerin Schleswigs gewesen ist, und so wurde im Jahre 2004 das 1200jährige Bestehen der Stadt und ihrer Vorläuferin groß gefeiert.

Schon 1973 kam der erste Geschichtsband heraus, „Schleswig 1836–1945. Eine Stadt und ihre Bürger", verfaßt von Dr. Theo Christiansen. Es folgte 1985 „Schleswig in der Gottorfer Zeit. 1544–1711", geschrieben von Prof. Dr. Hermann Kellenbenz, und nur zwei Jahre später, 1987, „Schleswig und die Schleswiger. 1945–1962" wieder von Dr. Theo Christiansen. 1991 erschien der Band „Schleswig in der Statthalterzeit. 1711–1836" aus der Feder von Joachim Skierka.

Jetzt, 14 Jahre später, legt die Gesellschaft für Schleswiger Stadtgeschichte den fünften von – bislang – sieben geplanten Bänden vor: „Schleswig im Spätmittelalter. 1250 bis 1544". Damit ist die Geschichte unserer Stadt von 1250 bis 1962 lückenlos dargestellt.

Der junge Kieler Historiker Dr. Jörg Rathjen, der aus Schleswig stammt, hat im Auftrage der Gesellschaft für Schleswiger Stadtgeschichte in zweijähriger intensiver Arbeit diesen neuen Band verfaßt. Die Gesellschaft dankt ihm herzlich dafür; sie ist überzeugt davon, daß Dr. Rathjen nach sorgfältiger Recherche und Quellenauswertung ein ausgezeichnetes Buch geschrieben hat.

Bei seiner Beschäftigung war das Arbeitsamt Schleswig mit seinem Leiter Karl-Heinz Kirberger in großzügiger Weise behilflich.

Zu großem Dank verpflichtet ist die Gesellschaft für Schleswiger Stadtgeschichte auch ihrem Redaktionsleiter Dr. Hans Wilhelm Schwarz, der nicht nur Jörg Rathjen als Autoren vorgeschlagen hat, sondern auch bei der Entstehung des Werkes intensiv mitwirkte und vor allem bei der Auswahl, Beschaffung und Betextung der Abbildungen sehr behilflich war. Auch Endkorrektur und Schlußredaktion lagen bei Dr. Schwarz in bewährten Händen. Ohne ihn wäre das Buch in dieser Form nicht entstanden – die Gesellschaft weiß seine Verdienste zu würdigen.

Ebenfalls ist die Gesellschaft für Schleswiger Stadtgeschichte der Nord-Ostsee-Sparkasse sowie der Schleswiger Stadtwerke GmbH zu großem Dank verpflichtet, die mit namhafter Unterstützung die Herausgabe des Mittelalterbandes gefördert haben.

Die Husum Druck- und Verlagsgesellschaft mit ihrem Geschäftsführer Ingwert Paulsen hat die Herstellung und Herausgabe des Buches sorgsam betreut und wesentlich dazu beigetragen, daß der Mittelalterbandband nunmehr den Mitgliedern der Gesellschaft für Schleswiger Stadtgeschichte sowie weiteren Leserinnen und Lesern vorgelegt werden kann.

Das nächste Ziel ist die Herausgabe des vorderen und des hinteren Anschluß-Bandes für die Epochen 804 bis 1250 und 1962 bis 2004.

Mögen alle Leser dieses Buches ihre Kenntnis über die Stadtgeschichte vertiefen und neue Erkenntnisse gewinnen können. Denn die Gesellschaft für Schleswiger Stadtgeschichte betrachtet als ihr unausgesprochenes Motto das Richard-von-Weizsäcker-Wort: „Nur wer die Vergangenheit kennt, kann die Gegenwart verstehen und die Zukunft gestalten".

Schleswig, im Januar 2005

Reimer Pohl
*1. Vorsitzender*

## Vorwort des Autors

An dieser Stelle möchte ich die Gelegenheit nutzen, allen Personen und Institutionen meinen Dank auszusprechen, die auf jeweils eigene Weise zum Zustandekommen des vorliegenden Bandes beigetragen haben.

Zu allererst gilt mein Dank der Gesellschaft für Schleswiger Stadtgeschichte, insbesondere dem Vorsitzenden, Herrn Reimer Pohl, und dem Redaktionsleiter, Herrn Dr. Hans Wilhelm Schwarz, für das in mich gesetzte Vertrauen, als sie mich mit der Erarbeitung dieser Publikation beauftragten. Herr Dr. Schwarz hat zudem über sein organisatorisches Engagement hinaus das bekanntermaßen ebenso mühselige wie zeitraubende Geschäft der Endkorrektur und Schlußredaktion übernommen; auch der Abbildungsapparat des Bandes verdankt sich seinem Einsatz, wofür ihm herzlich gedankt sei!

Dankbar erinnere ich mich des weiteren, auch im Namen von Herrn Dr. Schwarz, an die Unterstützung, die wir durch Herrn Dr. Matthias Schartl, Frau Ulrike Skehr und Herrn Wolfgang Thiele vom Gemeinschaftsarchiv des Kreises Schleswig-Flensburg und der Stadt Schleswig, durch Herrn Dr. Holger Rüdel vom Stadtmuseum Schleswig sowie durch die Mitarbeiterinnen und Mitarbeiter des Landesarchivs in Schleswig und der Universitätsbibliothek in Kiel erfahren durften. Unser herzlicher Dank gilt auch Herrn Dr. Jürgen H. Ibs von der Gesellschaft für Schleswig-Holsteinische Geschichte, Frau Dr. Paczkowski von der Landesbibliothek in Kiel, Herrn Dr. Schulze vom Landesamt fur Denkmalpflege in Kiel, Herrn Dr. Kramer vom Archäologischen Landesamt in Schleswig sowie den Herren Dr. Brandt, Dr. Hilberg und Dr. Vogel vom Archäologischen Landesmuseum auf Schloß Gottorf für ihre Bereitschaft und ihre Bemühungen, die Vorlagen für zahlreiche Abbildungen zur Verfügung zu stellen.

Für Anregungen, Hinweise und nicht zuletzt für das Korrekturlesen während der Arbeitsphase danke ich Frau Silke Schuppenhauer und den Herren Dr. Malte Bischoff, Dr. Jan Klußmann und Dr. Carsten Jahnke.

Kiel, im Januar 2005 Dr. Jörg Rathjen

# Einleitung

Wenn man sich die bislang zur Geschichte Schleswigs erschienene Literatur anschaut, kann man feststellen, daß es Epochen und Phasen gibt, die größeres Interesse als andere gefunden haben und die uns aus diesem Grund gut oder doch hinreichend bekannt sind. So hat etwa die Zeit des Hochmittelalters, also das 11. und 12. Jahrhundert, von Seiten der Archäologen verstärkte Aufmerksamkeit erfahren. Ihre Ausgrabungen der letzten Jahrzehnte brachten wichtige neue Erkenntnisse zur Stadtentstehung und zur Entwicklung Schleswigs zu einem politischen Herrschaftszentrum und bedeutenden Fernhandelsplatz im Ostseeraum.[1] In einer neu konzipierten Ausstellung im Stadtmuseum werden diese Ergebnisse einem breiten Publikum präsentiert. Des weiteren fand und findet in besonderem Maße die neuere Geschichte der Stadt großes Interesse. Das ist sicherlich zum einen in der wesentlich besseren Überlieferungslage der Quellen begründet, zum anderen aber wohl auch in der Tatsache, daß jene Zeiten, besonders die des 19. und 20. Jahrhunderts, uns Heutigen näher und die Menschen und ihr Alltag vertrauter und auch interessanter erscheinen. Folgerichtig liegen aus dem Zeitraum des 16. bis 20. Jahrhunderts bereits mit den Bänden von Hermann Kellenbenz, Joachim Skierka und Theo Christiansen umfassende Gesamtdarstellungen zur Schleswiger Stadtgeschichte vor.

Die Jahrhunderte, mit denen wir uns im vorliegenden Werk beschäftigen und die wir der Kürze halber als Spätmittelalter bezeichnen wollen, obwohl wir mit dem Jahr 1500 die Epochengrenze zur Frühen Neuzeit überschreiten, standen hingegen bisher kaum im Brennpunkt des Interesses.

Nun macht es uns die spätmittelalterliche Epoche in der Schleswiger Stadtgeschichte auch nicht gerade leicht, sich ihr zu nähern. Die materielle Überlieferung ist gering, und gleiches gilt in noch weit höherem Maße für die schriftlichen Quellen aus einer Zeit, in der Mündlichkeit in vielen Bereichen noch vorherrschend war und sich eine in großem Umfang Akten und Schriftstücke produzierende Verwaltung erst in zarten Ansätzen herausbildete. Ein Überblick über die uns zur Verfügung stehenden archivalischen Quellen ist schnell erstellt: Ein paar Rechnungen, eine immerhin geschlossene Reihe von Steuerregistern sowie andere fragmentarische Überlieferungen, hinzu kommt noch eine Anzahl von Urkunden – dies ist letztlich alles, woraus wir unser Wissen zu politischen, rechtlichen, sozialen, wirtschaftlichen, geistlichen und topographischen Aspekten direkt ziehen können. Vieles ist aus unterschiedlichen Gründen im Laufe der Zeit verlorengegangen. Schon im 17. Jahrhundert mußte man feststellen, daß etwa ein Buch mit *„allerhandt alten Nachrichtungen, anno 1448 durch Barthold von dem Sandbeke angefangen"* nicht mehr aufzufinden war.[2] Von manchem Ereignis wissen wir somit nur aus zweiter oder sogar dritter Hand, wie etwa aus der Chronik, die Ulrich Petersen im 18. Jahrhundert über seine Vaterstadt verfaßte, oder aus der Studie von August Sach.[3]

Doch trotz dieser Schwierigkeiten, mit denen man sich bei der Beschäftigung mit der spätmittelalterlichen Geschichte Schleswigs konfrontiert sieht, läßt sich vieles der historischen Entwicklung der Schleistadt in jener Epoche rekonstruieren und so manches entdecken, was uns heute eher fremd, manches aber auch, was uns gleichsam vertraut erscheint.

Ein Wort zum zeitlichen Rahmen: Der Endpunkt unseres Zeitraums bedarf keiner Erklärung, da er mit dem Jahr 1544, mit dem Hermann Kellenbenz seine Darstellung beginnt, vorgegeben war. Anders verhielt es sich aber bei der Frage, mit welchem Jahr man die Darstellung beginnen lassen wollte. Hier bot sich das Jahr 1250 an, und dies aus zwei Gründen: Zum einen hatte Schleswig bis spätestens zur Mitte des 13. Jahrhunderts seine überragende Rolle im Fernhandel verloren und war fortan nur noch eine Stadt mit zentralörtlicher Funktion. Mit dem Bedeutungsverlust Schleswigs ging eine tiefgreifende topographische Neugestaltung der Stadt einher, die sogar als eine *„Neugründung"* bezeichnet worden ist.[4] Zum anderen begann sich das Herzogtum Schleswig seit Mitte des Jahrhunderts zunehmend von Dänemark zu lösen und zu einem eigenständigen Territorium zu entwickeln. Als Sitz der Herzöge und Verwaltungsmittelpunkt sollten dieser politische Prozeß und die daraus resultierenden Konflikte die Stellung und Geschicke Schleswigs maßgeblich beeinflussen. Die betreffenden Jahresschnitte sind jedoch keinesfalls als starre Grenzen zu sehen. Wo es für die Darstellung und Erläuterung notwendig war oder dienlich erschien, wurde über den zeitlichen Rahmen hinaus zurück- bzw. vorgegriffen.

Die Geschichte Schleswigs läßt sich nicht völlig losgelöst vom allgemeinen historischen Hintergrund schildern. Werfen wir deshalb einen kurzen Blick auf jene Epoche.

Das späte Mittelalter gilt gemeinhin als eine Zeit des Umbruchs, in der Tradition und Wandel eng miteinander verzahnt waren.[5] In dieser Zeit wurden die Grundlagen der modernen Stadt gelegt, wie wir sie aus unserer Gegenwart kennen. Das heute in jeder Stadt anzutreffende Rathaus steht hierfür gleichsam als Symbol. In der spätmittelalterlichen Stadt begann sich eine besondere bürgerliche Kultur herauszubilden. Die Stadt war auch Ausgangspunkt neuer Wirtschaftsstile: Die Geldwirtschaft setzte sich durch, und mit der Entstehung des Bankenwesens mit Girokonto und Wechsel entstand das, was wir heute als „internationalen bargeldlosen Zahlungsverkehr" kennen, der für uns längst selbstverständlich geworden ist. Diese neuen Formen und Errungenschaften waren nicht zuletzt eine Folge des sich intensivierenden Handels im späten Mittelalter. Im Gegensatz zu früheren Zeiten wurden jetzt nicht nur Luxusgüter, sondern auch Waren des alltäglichen Lebens über weite Strecken zu den Märkten transportiert und dort an den Mann oder an die Frau gebracht. Zur Sicherung des Handels bildete sich die *„Hanse"*, ein lockerer Zusammenschluß etlicher norddeutscher Städte, der nicht nur wirtschaftlich überaus erfolgreich war, sondern auch einen bedeutenden politischen Machtfaktor im Ostseeraum darstellte.

Auch die Bildung erlebte in jenen Jahrhunderten einen enormen Aufschwung. Es entstand das städtische Schulwesen, und das ausgehende Mittelalter war auch die Zeit, in der die ersten Universitäten in Mitteleuropa gegründet wurden, die sich zu Zentren des geistigen Lebens entwickelten und wesentlich dazu beitrugen, daß sich auf kulturellem Gebiet mit Renaissance und Humanismus neue Kunst- und Geistesströmungen verbreiteten.

Bieten diese Entwicklungen und Errungenschaften die glanzvolle Seite der spätmittelalterlichen Medaille, so war diese Epoche aber auch eine Zeit der Kriege und Katastrophen. Gerade das 14. Jahrhundert wird als eine Zeit zahlreicher krisenhafter Erscheinungen gesehen, was schon von den Zeitgenossen so empfunden wurde und bei ihnen große Unsicherheiten und Ängste hervorrief und sie am Sinn der Welt zweifeln ließ. Man denke nur an den Hundertjährigen Krieg zwischen England und Frankreich. Doch für die wirtschaftliche und demographische Entwicklung Europas entscheidender als die zahlreichen großen und kleinen militärischen Konflikte sollte sich der berühmt-berüchtigte „Schwarze Tod" erweisen, jene Pestwelle, die in den Jahren 1347 bis 1352 über Europa hereinbrach und die tief in das europäische Bevölkerungsgefüge einschnitt, aber auch nachhaltige Spuren im Bewußtsein der Menschen hinterließ. Aus Zentralasien kommend, erreichte die Pest 1347 über die Handels- und Verkehrswege Europa, breitete sich dort rasch aus und erschien schließlich 1349/50 auch im Norden des Kontinents. Die Krankheit wies zwei Formen – die Beulen- und die Lungenpest – auf. Charakteristisch für die im Norden vorherrschende Beulenpest waren die stark geschwollenen Lymphknoten im Bereich der Achsel- und Leistengegend; rund 75% der Erkrankten starben nach wenigen Tagen. Bei der durch Tröpfcheninfektion verbreiteten und daher wesentlich ansteckenderen Lungenpest hingegen gab es keine Überlebenschance. Die Bevölkerungsverluste waren daher auch extrem hoch: In Hamburg soll ein Drittel der Bevölkerung der Pest zum Opfer gefallen seien, in Lübeck starben über ein Drittel der Ratleute.[6] Wie viele Menschen in Schleswig-Holstein der Seuche erlagen, ist unklar. Einer neueren Studie zufolge ist aber von einer Todesrate von eher unter 30% auszugehen.[7] Insgesamt sollen der „Schwarze Tod" und die nachfolgenden Seuchenzüge der nächsten Jahrzehnte schätzungsweise rund ein Drittel der Bevölkerung Europas hinweggerafft haben. Die Pest stellt somit die bislang größte Katastrophe in der Menschheitsgeschichte dar.[8] Die Verluste waren nicht zuletzt deshalb so exorbitant hoch, weil die Medizin diesem nie zuvor gekannten Ausmaß an Erkrankung und Tod nahezu hilflos gegenüberstand. Die tatsächliche Ursache der Pest, nämlich die Infektion des Menschen durch Floh und Ratte, war unbekannt. Erst Ende des 19. Jahrhunderts konnte der Pesterreger identifiziert werden. Die spätmittelalterlichen Gelehrten erklärten sich die Krankheit mit der Verunreinigung der Luft durch giftige Erddämpfe. Viele Menschen indes sahen in der Pest eine Strafe Gottes für ihre Sünden. Es entstanden religiöse Massenbewegungen, die sogenannten Geißler, die übers Land zogen und durch Selbstkasteiung versuchten, Buße zu leisten.

Der massenhafte Tod löste vielerorts eine wirtschaftliche Depression aus. Die Städte hatten eine große Anzahl ihrer Bewohner verloren, so daß mancherorts Handwerk und Gewerbe daniederlagen. Auf dem Land sah es vielfach nicht besser aus. Etliche Dörfer waren entvölkert, und Felder und Fluren konnten mangels Arbeitskräften nicht bearbeitet werden. Manches Dorf fiel wüst und verschwand damit ganz von der Landkarte. Erst in der ersten Hälfte des folgenden 15. Jahrhunderts sorgte der einsetzende Anstieg der Bevölkerungszahlen durch erhöhte Nachfrage und steigende Produktivität für eine wirtschaftliche Erholung in weiten Teilen Europas. Im Falle Schleswig-Holsteins etwa war die Bevölkerung von 200.000 Mitte des 14. Jahrhunderts auf 335.000 Menschen im Jahre 1460 gestiegen.[9]

Es bedurfte indes nicht der Pest, um den Menschen des ausgehenden Mittelalters drastisch vor Augen zu führen, daß ihre Existenz permanent gefährdet war. Krankheiten, Epidemien, Kriege, unhygienische Lebensverhältnisse, Hunger, Unfälle, Gewalt – die Menschen des späten Mittelalters waren von vielen Gefahren umgeben, die das Leben ausgesprochen unsicher machten. Allein die hohe Kindersterblichkeit jener Zeit sorgte dafür, daß nahezu jede Familie diese existentielle Erfahrung machen mußte. Die allgegenwärtige Präsenz des Todes ließ die Menschen ständig um ihr Seelenheil besorgt sein. Das Spätmittelalter gilt als eine Zeit tiefer Frömmigkeit. In zahlreichen Stiftungen von Messen, Altären oder Sakralgeräten waren die Gläubigen bestrebt, ihr Seelenheil zu erlangen; als nicht ganz ungewollten Nebeneffekt demonstrierten diese Stiftungen aber auch den gesellschaftlichen Rang ihres Stifters. Pilgerfahrten nahmen einen starken Aufschwung. Es setzte eine intensive Heiligen- und Marienverehrung ein, und es bildeten sich zahlreiche religiöse Bruderschaften und Gilden.

Die Rolle der Kirche und des Glaubens in der Epoche kann kaum überschätzt werden. Sie waren aufs engste mit dem alltäglichen Leben der Menschen verbunden. Dies zeigt sich schon allein daran, daß die Tage nach Heiligen benannt waren, oder daran, daß die regelmäßigen Messen und das Geläut der Kirchenglocken den Alltag der Menschen einteilten. Auch waren die Kirchen wichtige und oftmals einzige Treffpunkte und Kommunikationsorte der ländlichen wie städtischen Gesellschaft. Man kam anläßlich der Messen zusammen, tauschte Nachrichten und Gerüchte aus und fand auch nichts dabei, dort seine Geschäfte zu betreiben und zu handeln. Das Gotteshaus als ausschließlicher Ort der Ruhe vor dem Alltag, wo den streßgeplagten Menschen der Neuzeit Gelegenheit zur inneren Einkehr gegeben wird, war dem Mittelalter unbekannt.

Im Spätmittelalter begannen sich die Grenzen dieser christlichen Welt auszudehnen. Das Zeitalter der Entdeckungen war angebrochen, und die Europäer trugen ihre Kultur und Religion in alle Ecken des Globus, was keineswegs zur Freude der Einheimischen geschah, die nicht nur mit der Bibel und guten Worten, sondern vielfach auch mit Feuer und Schwert „überzeugt" wurden. Zu erinnern ist hier nur an das wohl bekannteste Beispiel, die Amerikafahrt des Christoph Kolumbus im Jahr 1492.

Daß von den Taten der Entdeckungsfahrer des 16. Jahrhunderts und von der Existenz ferner, exotischer Gegenden eine größere Öffentlichkeit Kenntnis erlangte als es in vorhergehenden Zeiten möglich gewesen wäre, lag an der bedeutendsten technischen Errungenschaft jener Zeit, der Erfindung des Buchdrucks durch Johannes Gutenberg. Der Buchdruck eröffnete ganz neue Möglichkeiten der Kommunikation sowie der Verbreitung von Wissen und Kenntnissen und sollte den weiteren Verlauf der Geschichte maßgeblich beeinflussen.

Eine besonders wichtige Rolle spielte Gutenbergs Erfindung zu Beginn des 16. Jahrhunderts, als sich die größte Umwälzung in unserem Zeitraum anbahnte – die Reformation. Im Jahr 1517 betrat ein junger Mönch und Universitätsdozent namens Martin Luther die Bühne der Weltgeschichte. Als er seine kirchenkritischen Thesen in Wittenberg publizierte, ahnte er sicherlich nicht, daß er damit einen Prozeß in Gang setzte, der die christliche Welt in ihren Grundfesten erschüttern sollte. Auf Flugblättern gedruckt, fanden Luthers Gedanken zur Reformierung der Kirche schnelle Verbreitung und Anklang unter den mit den Zuständen in der Kirche unzufriedenen Menschen. An den sich anschließenden religiösen Auseinandersetzungen des 16. Jahrhunderts zerbrach schließlich die Einheit der mittelalterlichen Kirche, und es bildeten sich die verschiedenen christlichen Konfessionen heraus, die bis heute unser religiöses Leben prägen.

Kolumbus, Gutenberg und Luther – Entdeckungen, Buchdruck, Reformation sind Namen und Begriffe, die für das Ende des Mittelalters und den Beginn der Neuzeit stehen.

Diese hier mit wenigen Schlagworten skizzierten Prozesse und Ereignisse bilden den Hintergrund, vor dem sich die historische Entwicklung Schleswigs und das Leben seiner Bewohner abspielte. Dem gilt es nun im folgenden nachzugehen.

# Große Politik und lokale Auswirkungen: Schleswig 1250–1544

## 1250–1375: Schleswig unter der Abel-Dynastie

Am Beginn unseres Zeitraumes steht ein Bruder- und Königsmord: Im Jahr 1250 wurde der dänische König Erich IV. „Plogpenning", wohl auf Veranlassung seines Bruders Abel, des Herzogs von Schleswig, auf der Jürgensburg bei der Stadt Schleswig gefangengesetzt, schleiabwärts gebracht und schließlich bei Missunde ermordet. Nachdem Fischer die Leiche aufgefunden hatten, bestattete man den königlichen Leichnam anfänglich im Schleswiger Dominikanerkloster, später fand er dann im Dom eine vorläufige Ruhestätte.

Mit dieser Bluttat endete ein langjähriger Streit zwischen den beiden Brüdern. Begonnen hatte der Konflikt nach dem Tod ihres Vaters, des dänischen Königs Waldemar II., im Jahr 1241. Waldemar hatte es durchsetzen können, daß sein ältester Sohn Erich vom Adel des Reiches als Mitkönig und damit als legitimer Nachfolger angenommen wurde. Erichs Brüder wurden zum Ausgleich mit anderen Teilherrschaften des Reiches, sogenannten „Fürstenlehen", abgefunden, deren bedeutendstes das Herzogtum Schleswig war. Von den jüngeren Söhnen Waldemars erhielt Abel 1232 das Herzogtum Schleswig.[10] Unter Abels Herrschaft begann sich das Herzogtum zunehmend dem Einfluß der dänischen Krone zu entziehen und eine eigenständige Entwicklung einzuschlagen. Im Jahr 1237 heiratete Herzog Abel mit Mechthild eine Tochter des Grafen Adolf IV. von Holstein. Diese dynastische Verbindung mit dem Schauenburger Grafenhaus sollte für das weitere Geschehen von wesentlicher Bedeutung sein. Abel gründete mit der Eheschließung nicht nur eine Nebenlinie des dänischen Königshauses, sondern gewann seinem Familienzweig darüber hinaus für die Zukunft mit der neuen Schauenburger Verwandtschaft auch noch mächtige Bundesgenossen.

Die Verhältnisse im dänischen Reich schienen somit beim Ableben des alten Königs geregelt. Doch schon bald kam es zwischen dem neuen König Erich IV. und seinen Brüdern zu Auseinandersetzungen. Der Grund lag in der expansiven Politik Erichs, die sich nicht nur gegen äußere Gegner wie die Grafen von Holstein und die Stadt Lübeck, sondern auch gegen die Fürstenlehen seiner Brüder richtete. So beabsichtigte Erich, im Herzogtum Schleswig die geschwundene königliche Machtstellung wieder herzustellen, um die dänische Herrschaft über Schleswig zu festigen. Seinem Bruder Abel wiederum ging es um das Gegenteil. Er suchte seinerseits den Einfluß des Königs in Schleswig weiter zu beschneiden. Aufgrund dieser gegensätzlichen Interessen entspann sich in der Folgezeit ein militärischer Konflikt, in dem sich Dänemark auf der einen und eine aus Herzog Abel, den verwandten holsteinischen Grafen, der Stadt Hamburg und dem Bremer Erzbischof bestehende Koalition auf der anderen Seite gegenüberstanden.

Trotz anfänglicher militärischer Niederlagen gelang es König Erich, mit seinen Truppen die Gegner zurückzuschlagen. Im Gefolge dieser Kämpfe wurde 1248 die Stadt Schleswig von dänischen Soldaten erobert und geplündert. Zwei Jahre später, 1250, gelang es dem dänischen König erneut, Schleswig einzunehmen und Herzog Abel dort festzusetzen. Abel mußte sich nun seinem königlichen Bruder beugen. Der Krieg gegen die Verbündeten des Herzogs ging jedoch weiter. Diese hatten unterdessen damit begonnen, den strategisch wichtigen Ort Rendsburg, der noch in dänischer Hand war, zu belagern. Bevor König Erich mit seinem Heer den Rendsburgern zur Hilfe eilte, kehrte er bei seinem Bruder Abel in Schleswig ein; die Gründe hierfür liegen im dunkeln, womöglich wollte Erich seinen Bruder um Unterstützung ersuchen. Statt dessen fand er dort, wie berichtet, den Tod.

*Abb. 1. Tod König Erichs IV. Plogpenning auf der Schlei; Deckengemälde in der Kirche zu Ringsted/Seeland. Links die Ermordung durch Ritter, rechts die Auffindung der Leiche durch Fischer.*

Nach der Ermordung seines Bruders bestieg Abel den dänischen Thron. Doch seine Herrschaft währte nicht lange. Bereits zwei Jahre später, im Juni 1252, fiel er auf einem Feldzug gegen die Friesen. Der Tod Abels hatte weitreichende Folgen, denn er löste eine Entwicklung aus, die einen nahezu ein Jahrhundert dauernden Kampf um das Herzogtum Schleswig zwischen königlicher Linie auf der einen und herzoglicher Linie und dem mit ihr verwandten holsteinischen Grafenhaus auf der anderen Seite zur Folge hatte.

### *Der polterige König*

Im Zusammenhang mit dem Tod König Abels gibt Ulrich Petersen in seiner Chronik eine damals umlaufende Sage wieder. Derzufolge war Abel im Dom bestattet wurden. Da aber der vom schlechten Gewissen über die Ermordung seines Bruders Erich getriebene unruhige Geist des verstorbenen Königs einen solchen Lärm verursachte, daß er den Gottesdienst störte und Geistliche wie Gemeinde in Angst und Schrecken versetzte, sah man sich genötigt, den Leichnam anderswo zur Ruhe zu betten. Zuerst wurde Abel auf der Möweninsel begraben, wo er allerdings weiterhin sein Unwesen trieb und die Fischer ängstigte. Daraufhin versenkte man den Sarg mit Abels Gebeinen in einem morastigen Grund im Pöhler Gehölz, westlich von Gottorf gelegen. Um vor dem königlichen Geist sicher zu sein, *„hat man ihn nicht allein in einen tieffen Schlamm und Mudder eingesencket, sondern auch noch dazu einen festen Pfahl durch den Sarg getrieben, daß er desto fester Grund halten sollte“* – freilich vergebens. Denn auch weiterhin machten Geschichten über Lärm und andere merkwürdige Geräusche in dieser Gegend die Runde, mitunter wurde auch von Hunden und Pferden mit feuriger Zunge berichtet; sogar in Erfde und Hohn soll Abels unruhiger Geist nächtens zum Leidwesen der Jäger sein Unwesen getrieben haben.[11]

Abels jüngster Bruder Christoph nutzte die Gunst der Stunde, die sich aus dem unerwarteten Tod des Königs ergab. Christoph (I.) setzte sich gegen die Ansprüche von Abels ältestem Sohn Waldemar in der Nachfolgefrage durch und ließ sich zum dänischen König wählen und krönen. Dieses Vorgehen rief nun aber wiederum die mit dem Abel-Haus verwandten holsteinischen Grafen auf den Plan, welche die Partei ihres jungen Neffen Waldemar ergriffen. Die Haltung der Holsteiner war dabei vor allem durch eigene Interessen bestimmt: Den Grafen ging es insbesondere darum, den königlichen Einfluß in Schleswig zu schwächen und das Fürstenlehen Schleswig für Waldemar (III.) zu sichern, um damit das Herzogtum als Puffer zwischen Dänemark und Holstein zu erhalten. In diesem Konflikt schlugen sich die Stadt Schleswig samt Bischof, die zuvor noch Anhänger des Abelschen Hauses gewesen waren, auf die Seite Christophs und zogen ihn dem unmündigen Waldemar als neuen König vor.

*Abb. 2. Siegel der Herzöge von Schleswig aus Abelschem Haus; hier: Waldemar V. 1334. Reitersiegel (Vorderseite) und Löwensiegel (Rückseite).*

**Die Herzöge von Schleswig aus Abelschem Haus**

Abel † 1252

| | |
|---|---|
| Waldemar III. † 1257 Sohn Abels | Erich II. † 1325 Sohn Waldemars IV. |
| Erich I. † 1272 Bruder Waldemars III. | Waldemar V. † 1364 Sohn Erichs II. |
| Waldemar IV. † 1312 Sohn Erichs I. | Heinrich † 1375 Sohn Waldemars V. |

Zwischen der königlichen und der holsteinischen Partei kam es in der Folgezeit zum Kampf. Als wichtigste Stadt im Herzogtum geriet Schleswig dabei zwangsläufig in den Strudel der Ereignisse und wurde durch die folgenden Kriegszüge stark in Mitleidenschaft gezogen. Bereits zu Beginn der militärischen Auseinandersetzung, im September 1252, eroberten Truppen der holsteinischen Grafen die Stadt und plünderten Kirchen und Klöster. Bischof Eskill ließen die Grafen als Gefangenen – vermutlich nach Segeberg – abführen, wo er einige Wochen in Haft gehalten wurde.[12]

***Wunder im Dom***

Im Zusammenhang mit der Eroberung und Plünderung der Stadt berichten zwei Chroniken von Wundern, die sich im Dom und an anderen geistlichen Orten zugetragen haben sollen. Der Bericht der Chronik *„Annales Ripenses"* basiert nach Auffassung des Historikers Immo Eberl auf einer *„dem Verfasser vorliegenden von Bischof und Domkapitel besiegelten Bestätigungsurkunde über die gesamten Vorgänge um die Plünderung Schleswigs"*.[13] Im Mittelpunkt stehen die Wunder, die sich im Dom ereignet hatten. Geistliche und andere Zeugen berichteten von schwitzenden und weinenden Christus- und Heiligenfiguren als Zeichen der Trauer über die Plünderungen des Doms. Ein Soldat, der im Dom geplündert hatte, wurde wahnsinnig und zerfleischte sich anschließend selbst auf der Straße. Sein furchtbarer Tod wurde als Strafe dafür angesehen, daß er das Schwitzen der Figuren geleugnet und behauptet hatte, Frauen hätten Wasser über die Figuren gegossen. Ein anderer, ebenso ungläubiger Soldat starb zwar nicht, verrenkte sich aber die Knochen. Sein Anblick ließ seine Kameraden Schlimmes befürchten, so daß sie Buße taten und das geraubte Kirchengut wieder zurücktrugen.

Andere Personen bestätigten eine Begebenheit, bei der eine Nonne einen Soldaten verfolgte, der die Reliquie – so vermutet Eberl – aus der Marienkirche auf dem Holm geraubt hatte. Der Soldat konnte die beherzte Geistliche zwar mit dem Schwert abwehren, die Nonne wünschte ihm jedoch daraufhin, er solle selbst durch sein Schwert Schaden davontragen. Kurze Zeit darauf verübte der betreffende Soldat mit seinem Schwert Selbstmord. Ebenfalls Selbstmord mit dem Schwert beging ein weiterer Soldat, der trotz seiner Beteiligung an den Plünderungen zuvor zur Beteuerung seiner Unschuld einen Schwur auf sein Schwert abgelegt hatte. Insgesamt wurden dem Bericht zufolge 19 Soldaten von ihrem schlechten Gewissen heimgesucht, die aus Angst vor dem gräßlichen Tod, den ihre Kameraden erlitten hatten, ihre Beute schließlich wieder ablieferten.

Der Grund, warum Bischof und Domkapitel diesen Bericht gleichsam offiziell aufsetzen ließen, war nach Meinung Eberls vor allem politischer Natur: Da Kirchenraub zu den schlimmsten Verbrechen im Mittelalter zählte, sollte die Aufzählung der in Schleswig begangenen Kirchenplünderungen als Propaganda gegen die Söhne Abels und die Holsteiner Grafen dienen.

Im Sommer 1254 drang König Christoph I. mit seinem Heer weit in das von den Holsteinern besetzte Herzogtum Schleswig vor. Die dänischen Truppen gelangten dabei bis nach Schleswig, was – ohne daß allerdings Nachrichten darüber vorliegen – sicherlich kaum ohne größeren Schaden für Stadt und Bevölkerung abgegangen sein dürfte. Als Christoph 1257 einen weiteren Angriff der holsteinischen Grafen abschlagen und das Herzogtum Schleswig wieder erobern konnte, vermeldeten Chroniken für die Stadt erneute Zerstörungen und Plünderungen.[14] Als neuer Herr über die Stadt ließ der dänische König nun den Leichnam seines Bruders Erich aus dem Dom nach Ringsted in die königliche Grablege überführen.

Trotz des militärischen Triumphs König Christophs schwelte der Konflikt mit den holsteinischen Grafen um Schleswig weiter und ließ Land und Leute auch in den folgenden Jahren nicht zur Ruhe kommen. Als Christoph 1259 starb, suchte seine Witwe Margarethe Sambiria jedoch erst einmal den Ausgleich mit den Holsteinern,um die Thronrechte ihres kleinen Sohnes Erich zu sichern. Sie belehnte daher den Bruder des 1257 verstorbenen Herzogs Waldemar III., Erich I., mit dem Herzogtum Schleswig. Als dann aber 1260 das Bündnis zwischen Holstein und Lübeck zerbrach, ergriff Margarethe die günstige Gelegenheit und setzte ein Heer in Marsch, um die dänische Herrschaft über Schleswig wieder zu festigen.

Wie König Christoph es bei seinem Versuch einige Jahre zuvor erfahren hatte, so sah sich nun auch seine Witwe mit dem Eingreifen der Holsteiner Grafen konfrontiert. Diese hatten 1260 von Herzogin Mechthild, der Witwe Abels, und ihren Söhnen als Gegenleistung für Geldzahlungen das Gebiet zwischen Eider und Schlei zum Pfand erhalten und sahen nun durch das Vorgehen der Königinwitwe ihren gewonnenen Einfluß gefährdet. Die Grafen konnten die Bedrohung aber abwehren, da ihnen im Juni 1261 auf der Lohheide bei Schleswig in der Schlacht gegen die dänischen Truppen ein entscheidender Sieg gelang, wobei die Königin und ihr Sohn in Gefangenschaft gerieten.[15]

Im anschließenden Frieden mußte der dänische König das Herzogtum wieder Herzog Erich I. übertragen; dieser verzichtete seinerseits auf den dänischen Thron. Im Ergebnis war es den Dänen nicht gelungen, das Schleswiger Herzogtum wieder in ihren Machtbereich einzugliedern. Die Holsteiner Grafen hingegen hatten ihr Ziel, Schleswig als Puffer zu erhalten, erreicht und konnten überdies aufgrund der Bewahrung ihres Pfandbesitzes im südlichen Schleswig ihre machtvolle Stellung im Herzogtum sichern.

Für die Bewohner Schleswigs bedeutete der Friedensschluß einige Jahre der Ruhe, in denen man sich von den Auswirkungen des Konfliktes erholen konnte. Der Frieden brachte allerdings nur ein vorläufiges Ende der Auseinandersetzungen um das Herzogtum. Als Herzog Erich im Jahr 1272 starb, nahm König Erich V. „Glipping" dies zum Anlaß, die Politik seiner Vorgänger wiederaufzunehmen. Auch er suchte die Herrschaft über Schleswig wieder für die dänische Krone zu gewinnen. Erneut griffen jedoch die holsteinischen Grafen militärisch ein, um die Rechte des noch unmündigen Sohnes Herzog Erichs, Waldemars IV., zu sichern. Im Verlauf des Feldzuges eroberten die holsteinischen Soldaten im August 1272 die Stadt Schleswig. Eine dänische Chronik vermeldete: *„Im gleichen Jahr [1272], den 21. August, besetzten die Deutschen die Stadt Schleswig mit einer zahlreichen Schar, und am 27. August zogen sie wieder fort unter Verlust einiger ihrer Heeresleute, aber mit großer Beute geraubten Viehs von unterschiedlicher Art.*"[16] Ein anderer Chronist berichtet von den Schrecken des Krieges nur in dürren Worten, daß nämlich die Holsteiner *„de stad unde dat land se roveden unde breneden wol ses daghe.*"[17]

Der Grund, warum die holsteinischen Truppen nur kurze Zeit in der Stadt blieben, war vermutlich der, daß sie einem Kampf mit dem heranrückenden dänischen Heer aus dem Weg gehen wollten. Der dänische König konnte zwar mit seinem Heer militärisch die Oberhand gewinnen, doch auf der politischen Ebene setzten sich die Grafen durch: Der

König mußte den Anspruch Herzog Waldemars auf Schleswig anerkennen. Allerdings übernahm König Erich Glipping nun die Vormundschaftsregierung für den jungen Herzog, womit er die faktische Herrschaft über das Herzogtum ausübte. Ein Anzeichen dafür war die Tatsache, daß er 1273 in Schleswig einen Reichstag abhielt. In dessen Verlauf wurden die Einwohner der Stadt auch noch Zeuge der Hochzeit des dänischen Königs mit Agnes, einer Tochter des mächtigen Markgrafen von Brandenburg.

Die Machtposition König Erich Glippings blieb in den folgenden Jahren jedoch keineswegs unangetastet. Diesmal aber drohte dem dänischen König die Gefahr nicht von seiten der Holsteiner Grafen, die ihm seine Stellung streitig zu machen suchten. Vielmehr regte sich unter dem dänischen Adel der Widerstand gegen eine als allzu selbstherrlich und willkürlich empfundene Haltung des Königs ihnen gegenüber. Dieser sah sich schließlich aus Gründen des Machterhalts genötigt, der adligen Opposition entgegenzukommen und einer Beschränkung seiner Rechte zuzustimmen. In diesem Zusammenhang mußte Erich auch den inzwischen volljährigen Herzog Waldemar IV. mit dem Herzogtum Schleswig belehnen.

Es dauerte freilich nicht lange, bis ein neuerlicher Streit zwischen König und Herzog ausbrach. Es ging dabei vor allem um die Königsgüter und die Herrschaftsrechte im Herzogtum Schleswig, die Herzog Waldemar zum Großteil für sich beanspruchte. Und war dies nicht allein Herausforderung genug, erhob Waldemar nun auch wieder Ansprüche auf die Königskrone. Als ein zur Entscheidung der Streitfrage eingesetztes Schiedsgericht der Partei des Königs recht gab, suchte Waldemar 1285 die gewaltsame Entscheidung. Sein Feldzug endete aber in einer Niederlage; er selbst wurde gefangengenommen. Den Aufzeichnungen des Stadtchronisten Ulrich Petersen zufolge soll die Stadt Schleswig im Verlauf der Kämpfe von königlichen Truppen eingenommen und geplündert worden sein. Als dabei Soldaten am Tag nach der Plünderung in einem Haus Feuer legten, breitete es sich wegen eines Sturmwindes rasch in der ganzen Stadt aus und legte die Stadt in Schutt und Asche. Die Bewohner wurden von den Soldaten am Löschen gehindert; viele flohen daraufhin, andere wurden von den Soldaten getötet.[18]

Dem militärisch geschlagenen Herzog kamen aber wieder einmal die holsteinischen Verwandten zur Hilfe. Aus Sorge vor einer dänischen Machtausweitung bei einem Sieg schmiedete Graf Gerhard I. von Holstein eine Koalition norddeutscher Fürsten, die 1286 die Freilassung des Herzogs und dessen Wiedereinsetzung erreichte. Der Herzog mußte allerdings den erwähnten Schiedsspruch anerkennen und darüber hinaus auch auf einige Besitztümer wie z.B. die Insel Langeland verzichten.

Noch im gleichen Jahr änderte sich die politische Lage erneut. König Erich V. Glipping fiel einem Mordanschlag zum Opfer, und sein Sohn Erich war zu diesem Zeitpunkt erst elf Jahre alt und damit unmündig. Versuche Herzog Waldemars, in dieser für ihn ausgesprochen günstigen Situation die dänische Krone zu erlangen, schlugen jedoch fehl. Selbst die Holsteiner Grafen unterstützten seine Bemühungen nicht, da sie keinerlei Interesse daran haben konnten, Dänemark und Schleswig in einer Hand – wessen auch immer – vereint zu sehen. Da Waldemar IV. ohne Unterstützung blieb und somit auch keine realistischen Aussichten bestanden, sich gegen die starke Anhängerschaft des jungen Königs durchzusetzen, stimmte er einem Kompromiß zu: der Herzog erkannte die Thronfolge Erichs VI. („Menved") an, im Gegenzug konnte er den im Vergleich mit Erich Glipping 1286 verlorengegangenen Besitz wiedererlangen.

Doch trotz des Ausgleichs blieb die Situation weiterhin instabil. Und so bedurfte es nur einer für den Schleswiger Herzog innen- wie außenpolitisch günstigen Lage ausgangs des 13. Jahrhunderts, daß Waldemar aufs neue versuchte, seine insgeheim noch nicht aufgegebenen Thronansprüche durchzusetzen. Die Folge war ein neuerlicher Waffengang zwischen König und Herzog im Jahr 1295. Während König Erich Menved zur Finanzierung des Feldzuges allgemeine Steuern ausschrieb, ließ der Herzog die einige Jahre zuvor abgebrochenen Befestigungen des Schlosses Gottorf wieder aufbauen. Die Heere beider Seiten standen schon zur Entscheidungsschlacht auf der Sommerstedter Heide bei Hadersleben bereit, als sich Ungewöhnliches ereignete: Waldemar machte aus unbekannten Gründen einen Rückzieher und suchte, anstatt zu kämpfen, den Ausgleich mit seinem Gegner. Damit hatten sich die Hoffnungen des Herzogs auf den dänischen Thron endgültig zerschlagen.

Die nachfolgenden drei Jahrzehnte verliefen weitgehend ruhig. In dieser Phase vollzog sich jedoch ein für die weitere Entwicklung Schleswigs und Holsteins entscheidender Prozeß. Denn Mitte der zwanziger Jahre des 14. Jahrhunderts gelang den Schauenburger Grafen, und hier vor allem Graf Gerhard III. „dem Großen" von Rendsburg, ein bedeutsamer Schritt in ihrem Aufstieg. Gerhard hatte 1325 beim Tod Herzog Erichs II. von Schleswig die Vormundschaft über dessen Sohn Waldemar V., seinen Neffen, übernommen und damit seinen Einfluß im Herzogtum stärken können.

Als 1326 der dänische König Christoph II. wegen eines Aufstandes unzufriedener Adliger sein Reich verlassen mußte, setzte Gerhard die Ernennung des zwölfjährigen Schleswiger Herzogs als Waldemar III. zum neuen dänischen König durch. Die eigentliche Regierungsgewalt über Dänemark aber lag bei Graf Gerhard als Vormund des Königs. In der *„Constitutio Valdemariana"* ließ der junge König festschreiben, daß fortan kein Herr zugleich über das Königreich Dänemark und über das Herzogtum Schleswig herrschen dürfe; eine Personalunion wurde damit ausgeschlossen. In Konsequenz dieser Bestimmung gab Waldemar sein Herzogtum auf und übertrug es seinem Vormund, Graf Gerhard, als erbliches Fahnenlehen.

Im Königreich kehrte dennoch keine Ruhe ein. Es kam immer wieder zu Aufständen des Adels und der Bauern, die sich gegen den starken fremden Einfluß des Schauenburgers und seiner Leute sowie gegen die hohen Abgaben zur Wehr setzten. Während Graf Gerhard einen Aufstand auf Seeland niederzuschlagen versuchte, kam es 1329 zu zwei Vorstößen aufständischer Adliger und Bauern ins Herzogtum Schleswig hinein. Sie gelangten dabei bis nach Gottorf, das sie belagerten. Die Burg konnte aber vom Grafen Johann III. von Plön, dem Vetter Gerhards, entsetzt werden. Beim zweiten Angriff im

*Abb. 3. Siegel Herzog/Graf Gerhards III. des Großen 1326/27. a) Herzogshut und zwei Löwen als Herzog von Schleswig (Vorderseite) und b) das Nesselblatt als Graf von Holstein (Rückseite).*

Herbst 1329 gelang es dann Gerhard mit seinen Truppen selbst, die Gegner am zwischen der Stadt und Gottorf gelegenen Hesterberg vernichtend zu schlagen und damit die unmittelbare Gefahr abzuwenden.[19]

Doch trotz des militärischen Erfolges blieb die Vormundschaftsregierung Gerhards in Dänemark weiterhin gefährdet. Er schloß sich daher politisch geschickt dem Plan des Grafen Johann an, den geflohenen Christoph wieder auf den dänischen Thron zu setzen. Dies geschah, und der junge Waldemar kehrte nun wieder als Herzog nach Schleswig zurück. Als Gegenleistung hatte sich Gerhard die weitere Vormundschaft über Waldemar zusichern lassen. Darüber hinaus ließ er sich seinen politischen Umschwung mit größeren Lehen und Pfandschaften entgelten. König Christoph II. gelang es jedoch nicht, sich dem Einfluß der holsteinischen Grafen zu entziehen und eine eigenständige Machtposition aufzubauen. Ganz im Gegenteil: 1332 mußte der König sogar nahezu sein gesamtes dänisches Reich den Grafen Gerhard und Johann als Lehen bzw. als Pfandgut überlassen.

Im gleichen Jahr starb der dänische König. In der Zeit danach war das dänische Reich königslos und stand unter schwedischer und schauenburgischer Herrschaft. Da wurde Graf Gerhard III. 1340 in Randers während eines Feldzuges gegen aufständische nordjütische Bauern von dänischen Rittern ermordet. Seine Söhne setzten angesichts des enormen finanziellen Aufwandes die ambitionierte Politik ihres Vaters nicht fort. Um aber ihre starke Stellung weiterhin zu behaupten und die seit der Thronvakanz turbulenten politischen Verhältnisse in Dänemark zu beruhigen, einigten sich die Grafen Heinrich und Klaus mit anderen norddeutschen Fürsten und der Hansestadt Lübeck auf Waldemar, einen Sohn des letzten Königs, als Thronkandidaten.

Nicht zum geringen Leidwesen seiner „Helfer" erwies sich König Waldemar IV. „Atterdag" während seiner langen, nahezu drei Jahrzehnte währenden Regierungszeit als ein ausgesprochen geschickter und taktisch flexibler Machtpolitiker. Waldemar gelang es nicht nur, seine Machtbasis im Königreich zu festigen und auszubauen. Er betrieb auch gegenüber den anderen Ostseemächten eine expansive Politik, die auf die Vorherrschaft Dänemarks im Ostseeraum zielte. Ebenso suchte er den Einfluß der Schauenburger Grafen in Dänemark und im Herzogtum Schleswig zurückzudrängen. In Schleswig selbst konnte Waldemar allerdings nur einen kleinen Teil des gräflichen Pfandbesitzes wieder einlösen; der nördliche Teil mit den wichtigen Städten Flensburg und Schleswig samt Gottorf blieb weiterhin in den Händen der Schauenburger. Der Schleswiger Herzog, seit 1364 war es Heinrich, Waldemars V. Sohn, spielte in dieser Phase keine wesentliche Rolle, sondern befand sich vielmehr zwischen dem dänischen König und den holsteinischen Grafen in einer schwachen Position, ohne großen eigenen Handlungsspielraum.

Gegen die Hegemonialpolitik Waldemars IV. kam es in den 1360er Jahren zum Abschluß verschiedener Bündnisse, zu denen stets die holsteinischen Grafen und die Hansestädte zählten. Jedoch vermochte sich Waldemar Atterdag in dieser Zeit gegen seine Gegner immer wieder durchzusetzen. 1370 aber gelang der Koalition ein entscheidender Sieg über Dänemark. Der im selben Jahr geschlossene Frieden von Stralsund setzte dem dänischen Bestreben nach Hegemonie und Kontrolle der Handelswege ein Ende und brachte gleichzeitig den Höhepunkt hansischer Machtstellung.

Für Dänemark und das Herzogtum Schleswig war 1375 ein entscheidendes Jahr: Waldemar IV. Atterdag starb ohne männlichen Nachkommen, und in Schleswig verschied Herzog Heinrich kinderlos, womit die Abel-Linie im Herzogtum ausstarb. In beiden Territorien stellte sich somit die bedeutsame Frage der Nachfolge.

## 1375–1460: Schleswig unter den Schauenburgern

In Dänemark setzte sich in der Nachfolge die energische und umsichtig agierende Tochter Waldemars, Margarethe, nach zähen Verhandlungen durch. Die mit dem norwegischen König verheiratete Margarethe sicherte sich die dänische Krone für ihren kleinen Sohn Olaf, für den sie die Vormundschaft übernahm. In dieser Phase vermochten die holsteinischen Grafen ihren Einfluß in Dänemark wieder zu verstärken. Um die Macht der dänischen Krone zu festigen und um sich den Rücken freizuhalten, belehnte Margarethe schließlich 1386 den Holsteiner Grafen Gerhard VI. mit dem Herzogtum Schleswig.

Herzogtum und Stadt Schleswig hatten nun für die nächsten knapp acht Jahrzehnte einen schauenburgischen Herrn. Gleichwohl kam es immer wieder zu Versuchen Dänemarks, seine Herrschaft auf Schleswig auszudehnen und die Schauenburger Herzöge zu vertreiben.

Die dänische Machtstellung schien für dieses Vorhaben Ende des 14. Jahrhunderts besonders aussichtsreich. Margarethe – die später den Beinamen „die Große" erhalten sollte – war es gelungen, ihrem Großneffen Herzog Erich von Pommern die Nachfolge in Dänemark, Norwegen und Schweden zu sichern. 1397 wurde die drei Reiche umfassende „Kalmarer Union" abgeschlossen und der Pommernherzog als Erich VII. zum gemeinsamen König gewählt. Auf dem Höhepunkt ihrer Macht ging Margarethe nun gegen die holsteinischen Grafen vor und versuchte das Schleswiger Herzogtum wieder unter dänische Hoheit zu zwingen. 1410 brach der Krieg offen aus, an dessen Ende Margarethe große Teile des nördlichen Schleswigs in dänischen Besitz bringen konnte.

Ihr Nachfolger König Erich VII. von Pommern – Margarethe starb 1412 auf einem Schiff auf der Flensburger Förde an der Pest – setzte die Politik seiner Großtante gegenüber Holstein und Lübeck fort. Er ging sogar so weit, die Gültigkeit der Belehnung der Schauenburger Grafen mit Schleswig aus dem Jahr 1386 zu bestreiten. Zur Vorbereitung eines Angriffs ließ der König stark rüsten und im Herzogtum eine Reihe von Befesti-

*Abb. 4. Siegel Herzog Gerhards VI. 1392. Erstmals sind die Schleswiger Löwen und das holsteinische Nesselblatt in einem Siegel vereinigt.*

*Abb. 5. Siegel König Erichs VII. „von Pommern" 1398-1435. Oben die drei Löwen für Dänemark und die drei Kronen für die drei nordischen Reiche, in der Mitte der Löwe mit der Axt für Norwegen, unten der „Folkunger-Löwe" für Schweden und der Greif für Pommern.*

**Die Herzöge von Schleswig aus schauenburgischem Haus**

(Gerhard III. d. Gr. † 1340)

| | | | | | |
|---|---|---|---|---|---|
| Gerhard VI. | † 1404 | Enkel Gerhards III. | Heinrich IV. | † 1427 | Sohn Gerhards VI. |
| Heinrich III. | † 1421 | Bruder Gerhards VI. | Adolf VIII. | † 1459 | Bruder Heinrichs IV. |

gungsanlagen – so etwa nördlich der Schlei und bei Wedelspang – anlegen. 1416 brach somit ein erneuter jahrelanger Konflikt um die Herrschaft in Schleswig aus, dessen Auswirkungen die Einwohner der Stadt Schleswig alsbald zu spüren bekamen. Noch im Jahr des Kriegsausbruches versuchte König Erich sich in den Besitz der Stadt zu bringen. Zwar konnten dänische Truppen Schleswig einschließen und den Holm und die Jürgensburg einnehmen. Die Dänen zogen sich jedoch bald zurück, wohl aufgrund der für sie schlechten Entwicklung der Kriegslage andernorts.

Im Jahr darauf war Erich beim erneuten Anlauf, Schleswig zu erobern, mehr Erfolg beschieden. Am 15. Juli 1417 lief eine dänische Flotte mit Truppen an Bord in die Schlei ein. Die Stadt wurde wieder eingeschlossen und mußte sich schon nach wenigen Tagen am 18. Juli ergeben. Die Verteidiger der Stadt – Herzog Albrecht von Mecklenburg sowie 500 holsteinische Adlige samt ihren Truppen – erhielten freien Abzug, mußten allerdings im Gegenzug versprechen, nicht wieder auf seiten der Gegner Dänemarks in den Krieg einzugreifen.[20] Die Burg Gottorf konnte hingegen von den Holsteinern gehalten werden. Inzwischen hatten sich die Hansestädte als Vermittler in den Konflikt eingeschaltet und einen einjährigen Waffenstillstand zwischen den Parteien erreicht. Die Kriegsparteien übergaben den Bestimmungen des Stillstandes zufolge ihre jeweiligen Eroberungen bis zum Friedensschluß den Hansestädten – Erich mußte diesen also die Stadt Schleswig überlassen. In den folgenden Jahren war die Stadt wiederholt Schauplatz von Friedensverhandlungen, die aber allesamt im Sande verliefen. 1421 überließen die Hansestädte aus unbekannten Gründen die Stadt Schleswig wieder den Schauenburger Herzögen.

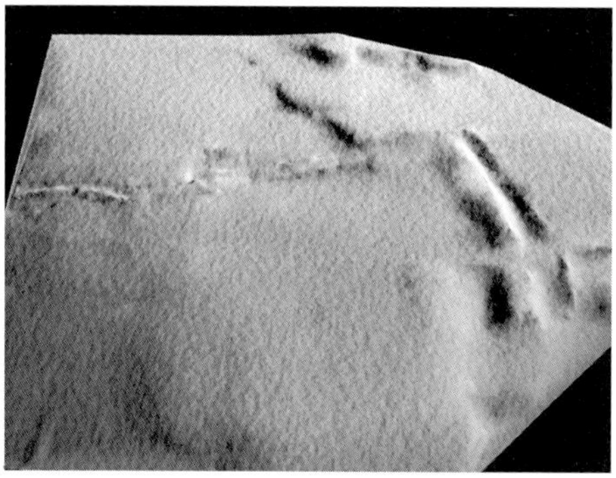

*Abb. 6 a. Die „Hattesburg" Erichs von Pommern auf der Schützenkoppel über Schleswig, heutiger Zustand. Dreidimensionales Geländemodell des Archäologischen Landesamtes. Der heutige Zugang von der Lollfußtreppe her durch den Burgwall ist am rechten Bildrand deutlich zu erkennen.*

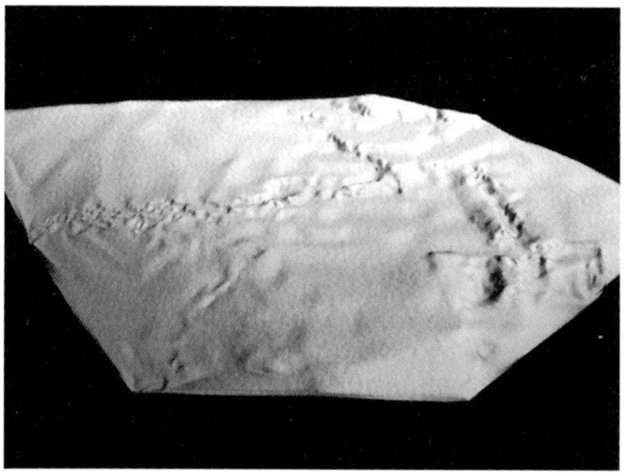

*Abb. 6 b. Die „Hattesburg", heutiger Zustand. Neueres, genaueres 3-D-Geländemodell des Archäologischen Landesamtes.*

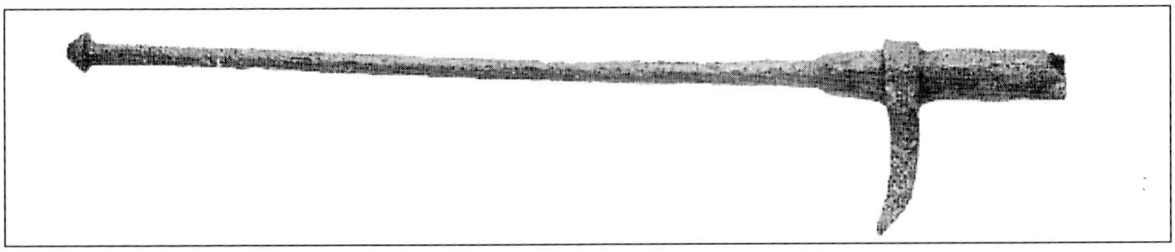

*Abb. 7. Hakenbüchse. Hakenbüchsen gehören zu den ältesten Feuerwaffen. Der Name rührt von dem Haken her, der zum Fixieren der Waffe auf Wällen oder Mauern diente. Diese Büchse wurde bei Wedelspang in der Nähe Schleswigs gefunden und datiert wohl aus den Jahren 1416–1426. Sie ist insgesamt 81 cm lang, wovon die Länge des Rohrs nur 21 cm beträgt. Waffen dieser Art kamen sicherlich auch bei der Belagerung Schleswigs durch Erich von Pommern zum Einsatz.*

Nach Jahren der diplomatischen Bemühungen und Verhandlungen griff König Erich 1426 erneut zu den Waffen. Wieder einmal mußten die Bewohner Schleswigs die Strapazen einer Belagerung durch dänische Truppen über sich ergehen lassen. Am 21. Juli 1426 sah sich die Stadt von See- und Landseite aus eingeschlossen. Auf dem zwischen der Stadt und Gottorf gelegenen Hesterberg ließ Erich eine als *„Arvindsborg"* oder auch *„Hattesburg"* (Burg des Hasses) bezeichnete Zwingburg anlegen.[21] Die schauenburgischen Gegner des dänischen Königs begegneten diesem Angriff jedoch nicht unvorbereitet. So hatte der Schleswiger Herzog Heinrich IV. Burg und Stadt zuvor *„myt starken bolwerken unde graven"*[22] befestigen und ausreichend mit Lebensmitteln ausstatten lassen. Und darüber hinaus lagen in der Stadt und auf Gottorf nicht nur eine große Anzahl eigener Soldaten, sondern auch gut gerüstete Truppen der verbündeten Hamburger – *„... bemanneden se wol myt den guden luden unde myt den borgheren van Hamborch, de den heren truwelken hulpen in al eren noden."*[23]

Die Widerstandskraft der Verteidiger war demnach hoch. Und sie erlahmte auch während der Belagerung kaum, da es dem Herzog gelang, die Stadt mit genügend Proviant zu versorgen. Während die Dänen vor Schleswig nicht vorankamen, entwickelte sich die Lage auch andernorts für sie ungünstig. Denn in der Zwischenzeit hatte sich Herzog Heinrich der Hilfe der mit Dänemark verfeindeten Friesen versichern können. Außerdem war es den Schauenburgern gelungen, mit der Eroberung Fehmarns, das die Dänen Jahre zuvor eingenommen hatten, einen wichtigen Sieg zu erringen. Zudem führten Seeräuber, die sogenannten Vitalienbrüder, einen Kaperkrieg gegen dänische Schiffe und gefährdeten dadurch die Versorgung der dänischen Truppen. Doch damit nicht genug. Eine entscheidende Wendung vollzog sich, als dem Bündnis der Schauenburger mit Hamburg schließlich auch noch die anderen „wendischen" Hansestädte (Lübeck, Lüneburg, Rostock, Wismar und Stralsund) beitraten, die bislang versucht hatten, zwischen den Parteien zu vermitteln. Es entstand somit eine Koalition, die für Dänemark eine ernsthafte Bedrohung darstellte.

Angesichts der gefährlichen Lage hob der dänische König die Belagerung Schleswigs und Gottorfs im Herbst 1426 auf und zog sich mit seinen Truppen zurück. Am 2. November des Jahres schließlich stürmten holsteinische Soldaten die *„Hattesburg"* vor der Stadt und zerstörten das Bollwerk. Im weiteren Kriegsverlauf neigte sich die Waagschale des Sieges zunehmend auf die Seite der Gegner des Königs. Nach dem Verlust (1431) des wichtigsten Stützpunktes im Herzogtum, der Stadt Flensburg mit der Duburg, kam es 1432 zu einem auf fünf Jahre befristeten Waffenstillstand. Im 1435 zu Vordingborg geschlossenen Frieden erhielt der einzige noch lebende Schauenburger, Herzog Adolf VIII., den größten Teil Schleswigs auf Lebenszeit als Lehen. Der zwei Jahrzehnte währende Kampf mit König Erich um das Herzogtum war damit zum Vorteil der Holsteiner beendet, und im Herzogtum und in der Stadt Schleswig kehrte nunmehr Ruhe ein.

Für die Unionsreiche traf dies jedoch nicht zu. Seit 1434 sah sich Erich von Pommern in seinen drei Reichen mit Aufständen konfrontiert, die sich gegen seine rigide Politik richteten und die er nicht unter Kontrolle zu bringen vermochte. 1439 wurde der König schließlich von allen drei Thronen abgesetzt; zu seinem Nachfolger wählte man einen Neffen Erichs, Christoph (III.) von Bayern. Als dieser bereits wenige Jahre später, 1448, starb, fiel die Wahl auf den Grafen Christian von Oldenburg. Dessen enges Verwandtschaftsverhältnis zum letzten Schauenburger – Christian war ein Neffe Adolfs VIII. – sollte sich für die Geschicke Schleswigs und Holsteins noch als bedeutsam erweisen.

### Zeugnis einer menschlichen Tragödie – Die Schleswiger Echtheitsurkunde von 1433

Am 3. Februar des Jahres 1433 wurden etliche Schleswiger und Schleswigerinnen Zeugen eines ungewöhnlichen Vorganges.[24] Im Chorumgang des Doms versicherte Herzog Gerhard VII., jüngerer Bruder Adolfs VIII., Herzog von Schleswig und Graf von Holstein, im Beisein der Bischöfe von Schleswig und Lübeck, des Domkapitels sowie des Rates und gewöhnlicher *„Bürger und Bürgerinnen"* Schleswigs, daß die Zwillinge, die seine Frau Agnes im Januar des Jahres zur Welt gebracht hatte, ehelich gezeugt worden seien.

Was war aber der Grund für dieses öffentliche Bekenntnis? Herzog Gerhard hatte im Juni 1432 Agnes, Markgräfin von Baden, geheiratet. Im Norden angekommen, machte sich Agnes allerdings rasch bei Herzog Adolf und beim Adel unbeliebt. Diese empfanden den aufwendigen Lebensstil der Markgräfin, die im Gegensatz zum eher biederen Norden aus ihrer südwestdeutschen Heimat ein höheres Repräsentationsniveau gewohnt war, als zu luxuriös, besonders da die Kassen nach dem erst unlängst beendeten Konflikt mit Dänemark nahezu leer waren. Als Agnes dann bereits sieben Monate nach der Hochzeit von Zwillingen – Heinrich und Katharina – entbunden wurde, tauchte das Gerücht auf, daß die Kinder nicht von Gerhard stammten, sondern ihm untergeschoben worden seien. Herzog Gerhard gab indes nichts auf diese Gerüchte, sondern trat seiner Ehefrau zur Seite und erklärte, daß er Agnes gleich nach der Trauung, *„aber lange vor der gemeinsamen Hofhaltung, wie vorgeschrieben ist, beschlafen und wahrlich als Jungfrau befunden hatte."*[25]

Am 2. Februar 1433 versammelten sich auf Schloß Gottorf neben den Herzögen Adolf und Gerhard eine Reihe Adliger und hoher Geistlicher sowie Bürgermeister und Ratleute aus Lübeck und Hamburg, um einer medizinischen Untersuchung zur Klärung der Legitimität beizuwohnen. „Meister und Frauen", also Ärzte und Hebammen, darunter auch einige aus Schleswig, besahen sich Mutter und Kinder im Schlafgemach und teilten schließlich den Anwesenden im Saal mit, daß die Frühgeburt wohl von einem Sturz Agnes herrühre und *„die Geburt der genannten zwei Kinder mit Gott und in Ehren geschehen" sei.*[26] Am darauffolgenden Tag gab der Herzog das Ergebnis öffentlich im Dom bekannt.

Damit schien die pikante Angelegenheit für Agnes und ihre Kinder einen guten Ausgang genommen zu haben, war doch die legitime Herkunft der Zwillinge bestätigt und Agnes selbst vom Makel eines vorehelichen Verhältnisses befreit worden. Doch das Schicksal wollte es anders. Nur wenige Monate später, im Juli 1433, starb Gerhard unerwartet auf einer Reise in den Süden. Für Herzog Adolf VIII., selber kinderlos, stellte sich damit das Problem, daß die Witwe als Vormund für die Kinder eine Beteiligung an der Herrschaft, wenn nicht sogar eine Landesteilung einfordern könnte. Damit wäre die gerade im Kampf gegen Erich von Pommern errungene Machtposition der Schauenburger in Schleswig und Holstein sowie die Einheit beider Territorien bedroht gewesen. Der Herzog handelte daher umgehend. Er erneuerte den Vorwurf der Illegitimität von Agnes' Kindern und nahm die im Norden zurückgebliebenen Zwillinge Heinrich und Katharina unter seine Obhut. Seiner ungeliebten Schwägerin verweigerte Adolf unterdessen die Rückkehr und die Herausgabe ihres Wittums, das für die Versorgung der Witwe vorgesehen war.

Als Spielball verschiedener politisch-dynastischer Interessen war den beiden Kindern ein tragisches Schicksal beschieden: Katharina wurde als Nonne ins Kloster Preetz gebracht, wo sie schon im zarten Alter von nur zweieinhalb Jahren verstarb. Heinrich soll etwa zur gleichen Zeit von einem Schiff gefallen und in der Schlei ertrunken sein – ob es ein Unfall oder ein Mord war, bleibt ungeklärt, doch schon in der zeitgenössischen Chronistik stand Herzog Adolf im Verdacht, die potentiellen Erben beseitigt zu haben. Unglücklich gestaltete sich auch der weitere Lebensweg ihrer Mutter. Sie blieb notgedrungen in ihrer Heimat und verlobte sich heimlich mit einem Adligen. Schließlich überwarf sie sich mit ihrem Bruder, dem Markgrafen Jakob, der sie 1434/35 in Haft nehmen ließ, wo sie bis zu ihrem Tod im Jahr 1473 verblieb.

## 1460–1544: Schleswig unter den ersten Oldenburgern

Im Jahr 1459 starb Adolf VIII., Herzog von Schleswig und Graf von Holstein, ohne direkte Nachkommen. Es stellte sich somit die wichtige Frage, wer ihm nachfolgen sollte. Mit König Christian I. von Dänemark und dem Grafen Otto II. von Holstein-Pinneberg gab es zwei Prätendenten, von denen allerdings keiner erbrechtliche Ansprüche auf beide Territorien, sondern nur jeweils für Schleswig bzw. für Holstein anmelden konnte. Die Entscheidung fiel somit den eigentlichen Machthabern der beiden Lande zu, dem materiell und politisch einflußreichsten Teil des Adels, der als „Landesrat" alle wichtigen Ämter und Burgen innehatte. Um künftige Streitigkeiten zu vermeiden, lag es im Interesse des Ratsadels, einen gemeinsamen Landesherrn für beide Lande zu wählen. Die Wahl fiel nach Verhandlungen schließlich auf König Christian I., der im März 1460 in Ripen zum neuen Landesherrn für Schleswig und Holstein gekürt wurde. Die Ansprüche sowohl des Pinneberger Grafen als auch der Brüder Christians wurden finanziell abgegolten.

Die Herrschaft Christians I. in Schleswig und Holstein war jedoch anfänglich keinesfalls unumstritten. Ein ernstzunehmender Konkurrent um die Landesherrschaft erwuchs dem König dabei ausgerechnet in seinem Bruder, dem Grafen Gerhard von Oldenburg. Dieser drängte beim finanzschwachen und hoch verschuldeten König zunehmend auf die Auszahlung seiner Geldabfindung. Da Christian sich außerstande sah, die Summe aufzubringen, stattete er als Kompensation Gerhard mit weitgehenden Befugnissen in Schleswig und Holstein aus. So ernannte der König den Grafen zu seinem Statthalter, erteilte ihm die Vollmacht, verpfändete Ämter und Burgen einzulösen sowie landesherrliche Beamte ein- und abzusetzen, und schließlich erhielt Gerhard das königliche Versprechen, beim Tod Christians ohne rechte Nachkommen der nächste Erbe zu sein.

Im Besitz solch umfangreicher Privilegien ging der ehrgeizige Graf Gerhard nun daran, seinem Bruder die Landesherrschaft abspenstig zu machen. In der Folgezeit brachte

*Abb. 8. König Christian I. und Königin Dorothea.*

sich Gerhard in den Besitz mehrerer verpfändeter Ämter und Burgen – worunter sich auch Gottorf befand – und verbreiterte auf diese Weise seine Machtbasis in Schleswig und Holstein. 1469 überließ König Christian, der zu dieser Zeit versuchte, in Schweden sein Unionskönigtum mit Waffengewalt wieder herzustellen, und sich deshalb um die Angelegenheiten in Nordelbien nicht kümmern konnte, seinem Bruder sogar beide Territorien als Pfand und ordnete an, daß die Bewohner dem Grafen die Pfandhuldigung zu leisten hätten.

Nun aber griff der Adel des Landes ein, der sich in Anbetracht der ernsten Lage zu einer Einung zusammenschloß, die hauptsächlich gegen Gerhard gerichtet war, da die Herren von ihm eine Minderung ihrer Privilegien befürchten mußten, zumal sich der Graf durch adelsfeindliche Agitation eine starke Anhängerschaft unter der bäuerlichen Bevölkerung schuf. Auch Christian wandte sich nun, da seine Landesherrschaft auf dem Spiel stand, mit Unterstützung der Ritterschaft energisch gegen seinen Bruder. So erhielt der Schleswiger Rat und Bürgermeister, wie vermutlich andere Städte auch, im Juli 1470 einen Brief des Königs, in welchem dem Rat und den Bürgern Schleswigs befohlen wurde, Graf Gerhard keinen Gehorsam mehr zu leisten, ihm fortan keine *„hulpe, trost efte bystant in jenigen mathen to doen."*[27] Drei Wochen später forderte Christian die Schleswiger Obrigkeit auf, die Gerhard geleistete Pfandhuldigung, *„dat uns doch sehr entgegen is"*, wieder aufzuheben.[28]

König Christian trat in Verhandlungen mit seinem Bruder ein und ließ diesen schließlich auf einem dieser Treffen festsetzen. Gerhard mußte 1470 auf seine Rechte verzichten und die Herrschaft Christians anerkennen. Außerdem mußte der politisch gescheiterte Graf in seine Stammlande, nach Oldenburg, zurückkehren. Zwar versuchte der enttäuschte Gerhard 1472 nochmals, von Nordfriesland aus, seine Ansprüche gewaltsam durchzusetzen, doch endete das militärische Unternehmen in einem Fiasko. Gerhard zog sich daraufhin endgültig nach Oldenburg zurück. Die Herrschaft Christians I. war fortan unangefochten.

Christian I. starb 1481. In Dänemark wurde sein ältester Sohn Johann (Hans) zum neuen König gewählt. Für die Nachfolge in beiden Herzogtümern – 1474 war Holstein zum Herzogtum erhoben worden – mußte sich Johann erst einmal gegen seine energische und einflußreiche Mutter Dorothea durchsetzen, die die alleinige Nachfolge seines noch unmündigen Bruders Friedrich wünschte. Als Kompromiß wurden beide Brüder 1482 zu gemeinsamen Landesherren gewählt. Diese Wahl lief damit nach oldenburgischem Erbrecht auf eine Teilung der Herrschaft hinaus, sobald der neunjährige Friedrich mündig werden würde. Dies war 1490 der Fall. Entgegen den Bestimmungen des Ripener Privilegs und gegen den Willen der Stände schritten beide Landesherren nun zur Aufteilung der Lande. Jeder erhielt streifenförmige, nicht zusammenhängende Gebietsanteile von gleicher Steuerkraft, die jeweils nach den Hauptschlössern benannt wurden: König Hans bekam den „Segeberger Anteil", während Herzog Friedrich über den „Gottorfer Anteil" herrschen sollte. Die Einheit der Herzogtümer blieb jedoch durch die gemeinsame Herrschaft über die Stände und deren Besitzungen gewahrt.

Diese Zweiteilung der Herzogtümer bestand bis 1523. Daß schließlich Schleswig, Holstein und Dänemark wieder unter einem Landesherrn vereint wurden, war eine Folge der Politik des dänischen Königs Christian II. Der als Sohn und Nachfolger des 1513 verstorbenen Königs Hans auf den Thron gelangte Christian war eine ausgesprochen zwiespältige Persönlichkeit: Hochgebildet und politisch begabt, besaß er jedoch eine Reihe von Charakterfehlern, die ihm viele Feinde schaffen sollten. Der neue König betrieb von Anfang an eine ambitionierte Politik. Während er nach außen den hansischen Einfluß zurückzudrängen sowie das Unionskönigtum gegen die schwedische Opposition zu bewahren suchte, wandte er sich im Inneren des Reiches gegen die wachsende Macht des Adels und stärkte dagegen das Bürgertum. Nach militärischen Rückschlägen in Schweden, die zur endgültigen Auflösung der „Kalmarer Union" führen sollten, bröckelte Christians Macht auch in Dänemark. Dort hatte sich in den Jahren zuvor unter dem Adel, der sich durch die Politik des Königs in seinen Privilegien und Rechten beschnitten sah, eine Opposition gebildet, die sich nun angesichts der Schwäche Christians offen gegen den Monarchen wandte.

Im Dezember 1522 setzte der dänische Reichsrat den König ab und bot die Krone dessen Onkel, Herzog Friedrich, an. Im März 1523 brach der Herzog mit einem Heer von Gottorf aus nach Norden auf. Mit Hilfe der Hansestädte und des holsteinischen Adels ge-

*Abb. 9. König Friedrich I. Porträt vom Grabmal im Schleswiger Dom.*

lang es Friedrich in einem kurzen Feldzug, seinen Neffen Christian zu vertreiben und zum neuen dänischen König gewählt zu werden.

Nach zehnjähriger Regierungszeit verstarb König Friedrich I. 1533 auf Schloß Gottorf, wo er sich die meiste Zeit seiner Herrschaft aufgehalten hatte. Seinem ältesten Sohn Christian (III.) wurde gemeinsam mit dessen noch unmündigen Brüdern als neuen Landesherren der Herzogtümer gehuldigt. Die Nachfolge seines Vaters in Dänemark anzutreten erwies sich dagegen als weitaus problematischer. Denn der entschiedene Lutheraner Christian stieß beim katholisch dominierten dänischen Reichsrat auf wenig Gegenliebe. So zögerte der Rat, der den altgläubigen Halbbruder Johann bevorzugte, die Wahl eines neuen Königs erst einmal hinaus.

Die königslose Phase stürzte Dänemark aber auch in eine schwere außenpolitische Krise. Auslöser war die Politik der Hansestadt Lübeck unter ihrem Bürgermeister Jürgen Wullenwever, der kurz zuvor infolge einer protestantischen Volksbewegung an die Spitze der Regierung gelangt war. Die Verantwortlichen in der Hansestadt hatten bereits seit einigen Jahren ohnmächtig mit ansehen müssen, wie sie in ihrer ökonomischen und politischen Stellung gegenüber den von Dänemark privilegierten niederländischen Kaufleuten ins Hintertreffen geraten waren. Wullenwevers Ziel war es nun, die interne Schwächephase Dänemarks auszunutzen, um Lübecks bedeutende Stellung im Ostseeraum wiederherzustellen. Zu diesem Zweck wollte man sich militärisch in den Besitz des Sundes bringen, wodurch der Zugang zur Ostsee kontrolliert und die Zufahrt für holländische Schiffe versperrt werden konnte.

Im Mai 1534 begann die „Grafenfehde" – so benannt nach den beiden Grafen Christoph von Oldenburg und Johann von Hoya, die auf seiten Lübecks kämpften – mit dem Angriff auf Holstein. Zwar konnten Lübeck und seine Verbündeten anfänglich einige militärische Erfolge erzielen, schließlich jedoch gelang es Christian, dank des Geschicks seines herausragenden Feldherrn Johann Rantzau, die Gegner zurückzuschlagen und an den Verhandlungstisch zu zwingen. Mit dem Stockelsdorfer Frieden vom November 1534 war die Fehde für die Herzogtümer beendet.

Unterdessen hatte Lübeck zur Entlastung einen Feldzug im dänischen Königreich begonnen, der sich erfolgreich anließ. Rasch gerieten weite Teile des Reiches unter die Kon-

*Abb. 10.*
*König Christian III.*
*als 32jähriger Herzog von*
*Schleswig und Holstein.*
*1535.*

trolle Lübecks und seiner Verbündeten. Angesichts dieser Bedrohung wählten einige Mitglieder des Reichsrates nun doch Christian im August 1534 zum neuen dänischen König, während sich ein anderer Teil des Rates auf die Seite Lübecks schlug, womit sich die Grafenfehde zu einem dänischen Bürgerkrieg entwickelte. In den kommenden zwei Jahren wendete sich jedoch das Blatt zugunsten Christians III. Den Truppen seines Feldherrn Rantzau gelang ein Sieg nach dem anderen. 1536 mußte Lübeck schließlich in einen Friedenschluß einwilligen, der insgesamt noch glimpflich ausfiel: Die Hansestadt mußte zwar Christian III. als dänischen König anerkennen, erhielt aber ihre alten Handelsprivilegien zuerkannt, wenngleich sie nun die Niederländer als Konkurrenten akzeptieren mußte.

Die Ereignisse der Grafenfehde spielten sich weit entfernt von Schleswig ab, so daß die Stadt und ihre Bewohner im Vergleich zu früheren militärischen Auseinandersetzungen diesmal nicht unmittelbar betroffen waren. Gleichwohl bekam die Bevölkerung den Konflikt zu spüren. Die Bürger beklagten sich zum Beispiel 1534 über ihre drückenden Abgaben, die ihnen zur Finanzierung der Fehde auferlegt worden waren; ein anderer Beschwerdepunkt war die verstärkte Aushebung vieler junger Männer für den Krieg.[29] Im selben Jahr befahl Christian III. neben anderen Städten auch Schleswig, den halben Lohn der Dienstknechte einzubehalten und für die Bezahlung der Kriegskosten an den Gottorfer Amtmann und Befehlshaber Hinrich von Ahlefeldt abzuliefern.[30] Darüber hinaus hatte die Stadt noch sechs Kriegsgefangene zu beköstigen.[31] Das Schleswiger *Schotell-Boeck* vermeldet hierzu: „*Und hefft dusse unser stadt burgerschup uhndrechtichen* [unerträglichen] *schaden mith affterunge* [Beköstigung] *ruter unde knechten, ßo hen und wedder uthgefodert, geleden, und is der velen schattungen [kein] ende edder mate* [Maß] *gewesen, de geistlicheit is nicht vorby gaen und verschonett wurden.*“[32] Und 1536 wurde vermeldet, daß der Stadt wegen des Krieges ein „*grother schwerer schatt*“ auferlegt worden sei, „*dartho desse stadt IIC* [200] *dalers gelecht.*“[33]

Mit dem Friedensschluß im Jahr 1536 waren zwar die unmittelbaren Kriegsaktionen beendet, gleichwohl blieb die politische Lage in Nordeuropa angespannt und Christians III. Herrschaft keineswegs gesichert. Immer noch bestand die Bedrohung, daß Kaiser Karl V. zugunsten seines inhaftierten Schwagers Christian II. eingreifen könnte. Der Schreiber des *Schotell-Boeck* faßte diese spannungsgeladenen Jahre und ihre wirtschaftlichen Folgen für die Stadt und ihre Bewohner folgendermaßen zusammen: „*Anno 1535 tho 1543 syn krigesrustinge, mennigfoldiger veler utthöge und besverlich schatte, aver de 42 huse verenderth, verkoft, und van dem einen und andern in ßo korter tidt gekamen, tho groter svekunge der gemeinen borgerscupp erer narunge halven.*“[34] Erst als Karl V. im Speyerer Frieden 1542 die Herrschaft König Christians III. anerkannt hatte, waren die politischen Verhältnisse im Norden endgültig gesichert.

Da Christian die Huldigung von den Ständen der Herzogtümer gemeinsam mit seinen Brüdern erlangt hatte, stand nun bei deren Volljährigkeit 1544 eine erneute Teilung der Herrschaft an. Nach Vorbild der ersten Teilung von 1490 wurden auch jetzt wieder nach gleichem Steueraufkommen Gebietsstreifen formiert: Neben dem königlichen Anteil Christians entstanden somit der „Haderslebener Anteil“ Herzog Johanns des Älteren und der „Gottorfer Anteil“ Herzog Adolfs; der jüngste der Brüder, Friedrich, wurde mit der Anwartschaft auf das Bremer Erzbistum abgefunden.

Mit der Entstehung des Herzogtums Schleswig-Holstein-Gottorf bricht auch für die Stadt Schleswig eine neue Phase ihrer Geschichte an – sie wurde nun für die folgenden 170 Jahre Residenzstadt der Gottorfer Herzöge.

# Das äußere Erscheinungsbild der Stadt

## Stadtgebiet – Stadtentwicklung

Wer sich heutzutage die Topographie Schleswigs auf der Karte oder auf einem Luftbild anschaut, dem wird sich kaum erschließen, daß die Stadt im Mittelalter und noch bis in die Neuzeit hinein auf einer schwer zugänglichen Halbinsel lag, deren Form der einer bauchigen Flasche glich. Im Vergleich zu den gegenwärtigen topographischen Verhältnissen verlief die mittelalterliche Uferlinie der Schlei ein ganzes Stück landeinwärts. Im Osten war die Stadt durch eine Ausbuchtung der Schlei, das Holmer Noor, begrenzt, und im Westen erstreckten sich die morastigen Königswiesen. Einen Eindruck von der Lage Schleswigs vermittelt in einem gewissen Maße der bekannte Braun-Hogenbergsche Stich aus dem ausgehenden 16. Jahrhundert. Trockenlegungen, Verlandungen und die allgemeine städtebauliche Entwicklung haben schließlich dafür gesorgt, daß die ursprüngliche Halbinsellage Schleswigs im Verlauf der langen Zeit verschwand.

Grundriß und Bebauung Schleswigs unterlagen während des Mittelalters einer tiefgreifenden Änderung, wie archäologische Grabungen ergaben. Diese zeigten in der Schleswiger Altstadt, insbesondere am Markt und am sogenannten „Schild", *„gravierende Wandlungen im städtischen Grundriß und in der Bebauungsstruktur ... für die Zeit um oder bald nach 1200"* auf.[35] Man spricht daher auch von einer „älteren" und einer „jüngeren Topographie" Schleswigs. Die erstere beginnt im 11. Jahrhundert und reicht bis in die erste Hälfte des 13. Jahrhunderts, woran sich dann die jüngere Phase anschließt, die die Struktur der Schleswiger Altstadt bis in unsere Gegenwart prägt.

Große Veränderungen waren im Gebiet des Hafens des mittelalterlichen Schleswig zu beobachten. Das große und im 11. Jahrhundert mehrfach ausgebaute Gelände mit seinen Landungsbrücken wurde in der ersten Hälfte des 13. Jahrhunderts weitgehend aufgegeben und der westliche Teil den sich in dieser Zeit in Schleswig niederlassenden Dominikanermönchen überlassen, die darauf ihr Kloster erbauten. Dagegen entstand in dieser Phase mit der Anlage des Marktplatzes ein neues Stadtzentrum. Die Neuausrichtung der städtischen Bebauung zeigt sich daran, daß man ältere Strukturen überbaute. So ließen sich unter dem Marktplatz eine steinerne Kirche sowie ein Friedhof archäologisch nachweisen. Auch am „Schild" zeigen die freigelegten jüngeren Grundstücksparzellen mit ihrer parallelen Ausrichtung am nördlichen Rand des Marktes eine völlig andere Lage als die Parzellen der älteren Phase. Diese wie auch andere Befunde, wie etwa die Straßenführung, lassen deutlich erkennen, daß *„ältere Zustände neuen Gegebenheiten weichen"* mußten.[36]

Die Ursache dieser neuen Gegebenheiten lag im Wandel Schleswigs von einer Fernhandelsmetropole zu einer Stadt *„mit nurmehr zentraler Bedeutung für ein regional begrenztes Hinterland."*[37] Die Aufgabe des bedeutenden Hafengeländes und die zeitgleiche Anlage des im Vergleich dazu wesentlich kleineren Marktes sind Zeichen dafür, daß Schleswig angesichts seiner gesunkenen wirtschaftlichen Stellung *„sich dem engeren ländlichen Umland zugewandt und dem Wasser den Rücken gekehrt hatte."*[38]

Im Verlauf der Zeit wuchs das Stadtgebiet aus seiner engen Halbinsellage heraus, wobei dieser Prozeß anhand archäologischer Ergebnisse und schriftlicher Quellen nur skizzenhaft nachgezeichnet werden kann. Jenseits des seit dem ausgehenden 12. Jahrhundert als nördliche Stadtgrenze geltenden Mühlenbachs entstand die Neustadt, die *„Nighenstat";* bereits 1336 wird sie als *„suburbium"* erwähnt. Wann sich in diesem Bereich Menschen niederließen, ist nicht genau geklärt.[39] Zwar konnten in diesem Gebiet zwei, im 13. Jahrhundert bereits verschwundene, Kirchen – St. Olav und St. Clement – lokalisiert werden, doch vermochten kleinere Grabungen im Bereich des Gallbergs bislang nur

*Abb. 11. Die Stadt Schleswig 1300 – 1600.*

einen Siedlungsbeginn zu Anfang des 16. Jahrhunderts zu belegen.[40] Etwas weiter westlich, im Bereich südlich des Kälberteichs, ließ sich durch Grabungsbefunde die Bebauung frühestens ins 15. Jahrhundert zurückführen. Für den Siedlungsbereich nördlich des Kälberteichs, rund um den Kornmarkt, fehlen archäologische Erkenntnisse, so daß eine einigermaßen sichere Datierung des Siedlungsbeginns nicht möglich ist.[41]

Östlich Schleswigs, auf einer durch zwei schmale Wasserläufe vom Festland getrennten Insel, befand sich die kleine Siedlung „Holm", die 1285 zum ersten Mal urkundlich erwähnt wird, deren Anfänge jedoch bis ins 12. Jahrhundert datiert werden konnten.[42]

## Straßen und Bebauung

Mit der topographischen Struktur Schleswigs hat sich gleichfalls das spätmittelalterliche Straßen- und Wegenetz im Altstadtbereich größtenteils bis in unsere Zeiten erhalten.

Nehmen wir bei der Behandlung der bislang bekannten Schleswiger Straßen und Gassen unseren Ausgangspunkt im Zentrum der Stadt, dem Marktplatz.[43] Östlich des Platzes, an den Franziskanerkirchhof anschließend, begann die *„Bredebrostrate"* (heute: Fischbrückstraße), die 1450 als *„platea ad Bredebro"* erwähnt wird. Im oberen Teil – heute zwischen Rathausmarkt und Töpferstraße – wurde sie auch im 16. Jahrhundert als *„Oster hilligen Gestes strate"* (1541) bzw. *„Hilige Gests wedde strate"* (1554) oder *„Achter deme Hilligen Gheiste"* (1520) bezeichnet. Südlich der alten, nicht mehr existenten Trinitatiskirche oder Heiligen-Geist-Kirche bestand durch die *„Hillige Gheist strate"* (1504, 1516) zwischen der *„Bredebrostrate"* und dem Markt eine Verbindung – die heutige Töpferstraße. Auf der *„Bredebrostrate"* gelangte man über die *„Bredebrygge"* (überliefert 1413, 1477/80) und über die *„Lange"* bzw. *„Holmer Brücke"*, die über den Abfluß des Holmer Noors, den *„Bek"*, führte, auf den Holm. 1418 wird diese Verbindung als *„ad pontem Holmbrygge"* bezeichnet; 1471, 1520 und 1565 findet sich in den Quellen der Name *„lange Brygge"*. Sie war eine Zugbrücke von zehn Metern Länge. Vom Holm sind uns die Bezeichnungen *„upp der Norder Rege"*, *„Süder-"* und *„Westerrege"* sowie *„Osterrege"* bekannt, die heute die Süder- und Norderholmstraße bilden. 1537 ist zudem die Bezeichnung *„Fusenholl"* überliefert (*„upp deme Holme upten suden der karken up deme orde alß man in Fusenholl geit"*), wobei es sich um eine kleine Gasse zur Schlei hin handelte (heute „Fuß am Holm").

Auf dem Weg vom Holm zurück in Richtung Altstadt tat sich links eine kleine Gasse auf, die von dort bis zur heutigen Kirchstraße verlief und als *„Fule Twiet"* (1480) bezeichnet wurde. Dieser Verbindungsweg wurde 1699 geschlossen, da in ihm von den Schleswigern – wie der Name *„Fule"* (=faul) deutlich zeigt – Abfälle und anderer Dreck abgeladen wurden und er daher schließlich für den Verkehr unpassierbar wurde; der Bezeichnung *„Twiet"* nach war dieser Gang unbebaut. Von der *„Fulen Twiet"* bog dann auch eine kleine namenlose Quergasse ab, die in die heutige Ecke Töpferstraße/Markt einmündete.

Betrachten wir uns nun die Gegend westlich des Marktplatzes. Dort verlief in südlicher Richtung die bereits im Jahr 1299 als *„platea piscatorum"* (1430/76: *„Vischerstrate"*) urkundlich erwähnte Fischstraße (heute: Hafenstraße). Sie mündete mit der *„Vischerbrygge"* (1474/98, noch 1587 erwähnt) auf der Schiffbrücke, dem einzig verbliebenen Rest der einst großen mittelalterlichen Hafenanlage. Wenden wir uns nun der Domfreiheit zu, so wird hier eine *„Papenstrate"* erwähnt, die heute einen Teil der Süderdomstraße bildet. 1288 wird von einer *„Frokenstrate"* berichtet, in der das Domkapitel ein Grundstück besaß, zu dem eine Mühle gehörte, die sich beim bischöflichen Wall befand. Ernst Petersen verortete aufgrund dieser Angaben und der Tatsache, daß die Wirtschaftsgebäude dem Bischofshof gegenüberlagen, die *„Frokenstrate"* als den westlichen Abschnitt der Norderdomstraße zwischen Schwahl und Stadtgraben. Die Bezeichnung „*hinder dem Bischofswall*" (1565) bzw. „*achter den graben*" bezeichnet den Gang westlich des Bischofshofes hinter dem Stadtgraben. Erschlossen wurde noch die „*Südergasse*", die in Verlängerung des westlichen Abschnitts der Pastorenstraße „*dorch herr Erich Bundes hof wente* [bis] *uppe den Slye*" zulief; diesen Weg schloß 1480 das Domkapitel.

In nördlicher Richtung gingen vom Markt zwei Wege ab. Am westlichen Ende des Platzes befand sich die im 16. Jahrhundert erwähnte „*Hunnegate*" (heute: Hunnenstraße), deren Name sich womöglich von dem Domherrn Boye Hunne ableitet, der bis 1541 in Schleswig wohnte und in dieser Gegend ein Haus besaß. Parallel dazu verlief östlich die „*Torfstrate*" (seit 1470 so genannt; 1494 „*platea Torffstrate*", 1450 „*Thorgate*" bzw. „*Torigade*"), die heute den Namen Marktstraße trägt (dän. „*torv*" = Markt). Die Parzelle zwischen beiden Straßen wurde wegen ihrer Form als „*Schild*" bezeichnet. Die Lagebezeichnung lautete zumeist „*uppene Schilde*" (1507) oder etwa „*by deme Schylde und twischen den Markede*" (1528). „*Hunegate*" und „*Torfstrate*" mündeten in die „*Lange Strate*". Diese ist erstmals 1352 als „*longa platea*" belegt. In der Langen Straße dürfte die im älteren Stadtrecht erwähnte „Straße des Herzogs" zu sehen sein, die weder versperrt noch deren Durchfahrt behindert werden durfte. Die Lange Straße war die Hauptstraße der Stadt, sie führte aus der Altstadt hinaus.

Innerhalb der Altstadt zweigten mehrere kleine Straßen und Gassen von der Langen Straße ab: Nach Osten verlief die „*Hundegasse*" bzw. „*Hundestrat*" von der Langen Straße in Richtung Noor, die zuerst im Jahr 1566 erwähnt wird. Dieser kleine Weg verschwand später. In nordöstlicher Richtung bog die 1464 belegte „*Molenstrat*" (heute: Schlachterstraße) ab. Der „*Hunegate*" gegenüber lag vermutlich die „*Bekestrat*". Von ihr hatte man bereits 1480 keine Kenntnisse mehr, so daß sich heute ihre Lage nur noch ansatzweise rekonstruieren läßt. Man wußte damals jedoch zu berichten, daß es eine Straße gegeben habe, die „*in dat westen na hern Dettlefs Smyters have unde vort in dat norden, dar de beke nu eyne uthflothe heft.*" Da „*beke*", wie erwähnt, den aus dem Kälberteich abfließenden Bach bezeichnet, der den westlichen Teil des Stadtgrabens bewässerte, läßt Ernst Petersen nach diesen Angaben die „*Bekestrate*" in der heutigen Ecke Marktstraße/Lange Straße in westlicher Richtung verlaufen. Von der Langen Straße nach Westen verlief die Kälberstraße, die 1459 als „*Kalverenstrat*" (ab 1537: „*Kalverstrat*") genannt wird, so bezeichnet nach dem „*Kalverhof*" (1538: „*im Kalwerhofe*"), der außerhalb des Stadtgrabens lag und in den das Jungvieh getrieben wurde, das noch nicht auf die Stadtweide konnte.

Die Lange Straße nahm ihren weiteren Verlauf durch das „*Hohe Tor*" und die nördliche Vorstadt und trägt dort den seit dem 16. Jahrhundert überlieferten Namen „*Angelbuer strate*". Wer auf der „*Angelbuer Strate*" gen Norden unterwegs war, kam bald hinter dem „*Hohen Tor*" an einem Weg vorbei, der in östlicher Richtung abzweigte, und 1568 als „*Hinder der Mölen*" bzw. 1584 als „*Piperstrat*" erwähnt wird und heute als „Noorstraße" bekannt ist. Geht man weiter, so gelangt man auf den „*Perdemarkt*", der 1533 mit dieser Benennung in den Quellen auftaucht. Wie aus dem Namen unschwer ersichtlich, diente dieser Platz, der Mitte des 16. Jahrhunderts durch den Bau einer Häuserzeile verkleinert wurde, als Marktplatz, das aber nicht nur für Pferde, sondern auch für den gewöhnlichen Wochenmarkt. Die vom „*Pferdemarkt*" gen Norden zum Polierteich verlaufende Gasse namens „*Kattsunt*" wird 1512 zum ersten Mal genannt. Vom „*Pferdemarkt*" weiter in leicht nordöstlichem Verlauf führte der Gallberg, 1549 als „*Galchbarch*" erwähnt, den Hang hinauf. Der Gallberg ist gleichsam die Ausfallstraße nach Angeln.

Westlich des Pferdemarktes wird 1449 „*de brugge by Mynriks schüne*" erwähnt, die später im 16. Jahrhundert u. a. auch „*Minrikes Brugge*" genannt wird und aus der dann die heutige Mönchenbrückstraße wurde. Der Name leitet sich vom Schleswiger Bürgermeister Hinrich Mynrik ab, der dort ein Haus besaß (1452: „*to Mynriks hus*"). Von dort gelangte man auf einen Platz (heute: Kornmarkt), der zu Marktzwecken genutzt wurde. Nach Ulrich Petersen soll dieser die frühere Bezeichnung „*Sweinsmarkt*" getragen haben. In nördlicher Richtung gingen von dort zwei Straßen ab. Für die eine kennen wir erst aus dem 17. Jahrhundert die Bezeichnung „*Faule Straße*", sie führte in Richtung Stadtholz und Stadtfeld. Und schließlich zweigte vom Kornmarkt noch die Michaelisstraße ab, die die „*Hauptausfallstraße aus dem Flaschenhals des Altstadtwerders ist, die die Verbindung nach Norden und im Bogen um das innerste – noch unpassierbare – Schleibecken herum nach Westen und Süden herstellt*"[44] und bei Schuby auf die Heerstraße stieß, die die gesamte jütische Halbinsel in Nord-Süd-Richtung durchzog. Eine direkte Verbindung der Stadt Schleswig nach Norden und Süden zeichnete sich Ende des 15. Jahrhunderts erst in Anfängen ab; sie wurde erst 1582 mit der Errichtung des Gottorfer Damms vollendet.

Einige in den Quellen erwähnten Straßen lassen sich nicht mehr oder nur noch ansatzweise lokalisieren, so die für 1413 belegte „*Kremergate*", die der Chronist Ulrich Petersen in der Nähe des Marktplatzes vermutete, sowie die „*Sivertstrat*", die laut Petersen samt der Gegend aus dem Stadtbild verschwunden sei.

Wir haben uns nun einen Überblick über das Schleswiger Straßennetz im Spätmittelalter verschafft, doch wie waren die damaligen Straßen und Gassen beschaffen? Im allgemeinen herrschten besonders in den kleineren und mittleren Städten des ausgehenden Mittelalters unbefestigte Straßen vor, die bei Hitze eine einzige Staubquelle waren und sich bei Regen in grundlose, schlammige Wege verwandelten. Zwar kam in dieser Zeit zunehmend die Befestigung der Straßen mit Pflastersteinen auf, doch da diese kostspielig und aufwendig im Unterhalt waren, ließen die städtischen Magistrate meistens nur die zentralen Plätze sowie die größeren und bedeutenderen Straßen pflastern. Solcherart befestigte Straßen bildeten gleichsam die „Visitenkarte" einer Stadt und wurden dementsprechend von Besuchern und Reisenden in ihren Beschreibungen bei der qualitativen Einschätzung einer Stadt auch lobend herausgehoben bzw. deren Nichtvorhandensein ausdrücklich kritisch vermerkt.[45]

Wie es damit nun in Schleswig bestellt war, ist allerdings schwer auszumachen, da wir bei der Einschätzung nur auf wenige Hinweise und Quellennachrichten angewiesen sind. Auch für Schleswig dürfen wir sicherlich davon ausgehen, daß die allermeisten, insbesondere die kleineren Wege und Gassen weitgehend unbefestigt waren. Hingegen spricht einiges dafür, daß, wie in anderen Städten auch, die wichtigsten Durchgangsstraßen, Torwege und Plätze mit Pflastersteinen belegt waren. So tauchen in den Schleswiger Rechnungen gelegentlich Notizen über Steinarbeiten an Straßen und Brücken auf: 1548 mußte beispielsweise nach der Reparatur der unterirdisch verlegten Wasserleitung die aufgebrochene Pflasterung auf der Straße wieder eingesetzt werden.[46]

Die Schleswiger Straßen dürften zudem schmal gewesen sein. Nach dem Stadtrecht wurde jeder, der die freie Durchfahrt durch Bauten, Tonnen oder andere Hindernisse erschwerte, mit einer Strafe von 3 Ml belegt, außerdem mußten natürlich die störenden Bauten und Gegenstände beseitigt werden.[47] Daß die Straßen dennoch mitunter verstopft waren, lag aber nicht allein an irgendwelchen aufgestellten Hindernissen. Auch damals gab es schon das uns heute zur Genüge bekannte leidige Problem der Verkehrsstoßzeiten, in denen es schwer war, sich durch Menschen- und Fahrzeugmassen fortzubewegen. Ein „Verkehrsinfarkt" drohte vor allem an Markttagen; dies mußte jedenfalls ein Knecht erfahren, der an einem Marktsonnabend im Jahr 1549 „*vor Vilheit der Wagen*" nicht zum Marktplatz gelangen konnte.[48]

Wäre es möglich, daß ein Schleswiger Zeitgenosse aus dem Jahr 1500 heute, zu Beginn des 21. Jahrhunderts, durch die Schleswiger Altstadt liefe, so fände er sich sicherlich noch einigermaßen zurecht, da die Struktur der Stadt, wie beschrieben, bis in die Gegenwart weitgehend gleichgeblieben ist. Ebenso kämen ihm der Verlauf und manchmal auch die

Namen der Straßen bekannt vor. Allerdings müßte er feststellen, daß die aktuelle Bebauung ihm fremd sei. Denn mit Ausnahme weniger Gebäude, wie etwa des Doms oder des Grauklosters, hat sich kein Haus aus jener Zeit im Originalzustand erhalten. So fremd wie unserem spätmittelalterlichen Besucher die heutige ist, ist uns mithin die damalige Bebauung der Straßen Schleswigs. Sie läßt sich zudem aus dem bruchstückhaften Quellenbestand sowie aus archäologischen Grabungen auch nur unzureichend erschließen, so daß wir uns kaum ein Bild der damaligen Bauten zu machen vermögen. Beschreibungen von Häusern finden sich in den Quellen nicht; allenfalls tauchen bei Hausverkäufen Angaben zur Hausgröße auf: So erwarb der Domherr Johannes Boeße 1476 ein Querhaus von fünf Fach in der Fischstraße, das der Urkunde zufolge inklusive Hof 43 Ellen lang und 23 Ellen breit war – in modernen Maßen hatte das Grundstück also in etwa eine Länge von 23 Metern und eine Breite von 13 Metern.

Die Straßen und Gassen waren eng bebaut. Platz wurde auf der geringen Grundfläche nicht verschwendet, und so bot der kleinste Raum noch Unterkunft für die Bewohner. In den Schleswiger Quellen begegnen uns zwei allgemeine Kategorien von Gebäuden: Häuser und Buden. Letztere waren kleine Bauten, in denen Menschen aus den unteren Schichten der städtischen Gesellschaft zur Miete wohnten. Eingezwängt zwischen den Häusern, säumten die Buden nicht nur die Straßen Schleswigs, sondern befanden sich auch auf den hinteren Teilen von Grundstücken. Auch Tore, dunkle, feuchte Keller und Speicher dienten manchem Schleswiger als Behausung. Für die Gebäude wurde vorrangig Holz verwandt. Reine Steinhäuser finden sich in spätmittelalterlichen Städten Nordeuropas hingegen seltener, sie waren teuer und daher nur für vermögende Bauherren erschwinglich. Dies betraf natürlich vor allem die Buden, und steinerne Buden waren so außergewöhnlich, daß sie auch eigens als *„stenboden"* Erwähnung fanden.[49]

Die weitgehende Verwendung von Holz und Stroh barg allerdings eine große Brandgefahr. Feuer war zwar einerseits für die Menschen lebensnotwendig zum Kochen und Heizen, stellte andererseits jedoch die größte Bedrohung für eine Stadt und ihre Bewohner dar, fand es doch, wenn es erst einmal ausgebrochen war, ausreichend Nahrung, um sich rasch auszubreiten und die Stadt in Schutt und Asche zu legen. Um dieser permanenten Gefahr zu begegnen, erließen die landesherrlichen und städtischen Obrigkeiten Verordnungen, die das Risiko eines Stadtbrandes eindämmen sollten. Im Jahr 1402 schärfte Herzog Gerhard VI. den Schleswiger Bürgern ein, ihre Häuser nur noch mit Steinen oder

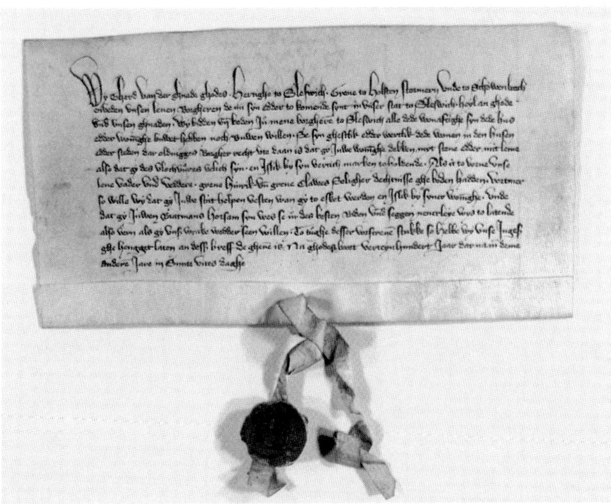

*Abb. 12.*
*Herzog Gerhard VI. befiehlt den Schleswigern, ihre Häuser mit Steinen oder Lehm zu decken, die Stadt befestigen zu helfen und dem Rat gehorsam zu sein. Urkunde von 1402 (stark verkleinert).*

Lehm zu decken. Er wiederholte damit eine Verordnung, die bereits von den Grafen Heinrich und Klaus Mitte des 14. Jahrhunderts erlassen worden war, was darauf schließen läßt, daß sich in der Zwischenzeit in dieser Hinsicht offenbar kaum etwas zum besseren geändert hatte. Und auch im Zusatz zum Schleswiger Stadtrecht 1543 ist zu lesen, daß *„neen hues edder neen buwete schal me decken mit stro, ane* [ohne] *van gnaden der herscop und des rades, by 40 marck broeke.*"[50] Zudem unternahmen Rat und Vertreter der Bürgerschaft Kontrollgänge, um mögliche Brandherde, wie etwa Öfen, zu begutachten und gegebenenfalls zu beseitigen: *„...alß de borger myt etlichen uth den rade umbgingen, to beßeende darnen* [„Darren" zum Trocknen von Getreide] *und aven* [Öfen] *ouver de stad umme vueres willen, dat de nenen schaden schollen don.*"[51]

Dies alles verhinderte jedoch nicht, daß Schleswig mehrmals in unserem Zeitraum Opfer der Flammen wurde. So brach im Jahr 1288 ein verheerender Brand aus. Für den Wiederaufbau ließ Herzog Waldemar IV. sogar die hölzernen Befestigungsanlagen Gottorfs abbrechen, um das Holz der Stadt zur Verfügung zu stellen. Den Brand nutzten indes einige Bürger aus, um aus diesem Unglück für sich Kapital zu schlagen, indem sie für ihre Grundstücke höhere Mieten verlangten, obwohl die Gebäude noch nicht wieder aufgebaut waren. Es kam zu Klagen, und 1289 verbot der Herzog daraufhin diese Erhöhung ausdrücklich und ordnete an, daß die Höhe der Mieten auf dem Stand vor dem Brand zu belassen sei.[52] Ebenso wurde 1311 ein Teil Schleswigs ein Raub der Flammen[53], und 1351 erließen die Grafen Klaus und Heinrich der Stadt aus Rücksicht auf deren erlittenen großen Brandschaden auf sechs Jahre die landesherrlichen Steuern. Nach Ulrich Petersen brannte noch 1447 die ganze Stadt ab und am 21. Juli 1463 die obere Seite des Marktes, und auch 1475 erfaßte das Feuer die Stadt.[54]

## Wall, Graben, Tore – Schleswigs Befestigung

Wie die meisten mittelalterlichen Städte war auch Schleswig von Befestigungsanlagen umgeben, die zum einen als Schutz gegen Angreifer dienten und zum anderen den städtischen Rechtsbereich gegen das Umland abgrenzten.[55] Allerdings bestanden die Wehranlagen in Schleswig nicht aus eindrucksvollen zinnenbewehrten, trutzigen Mauern und mächtigen Türmen, wie man sie im allgemeinen mit einer mittelalterlichen Stadt verbindet, sondern waren eher bescheidenen Zuschnitts[56], entsprechen aber dem allgemeinen Bild solcher städtischer Anlagen im nördlichen Europa des ausgehenden Mittelalters.[57]

Die eigentliche Altstadt Schleswigs umgab ein knapp sechs Meter breiter und drei Meter tiefer Graben. Bewässert wurde dieser durch den Mühlenbach, dessen Wasser zuerst in einem Teich auf dem heutigen Lornsenplatz gestaut und dann westlich und östlich durch den Graben geleitet wurde; im Südwesten der Stadt floß das Wasser schließlich in die Schlei. Am Graben entlang verlief ein aus Erde und Feldsteinen errichteter Wall mit einem Palisadenzaun; von einer Mauer ist in den Quellen nicht die Rede, und auch archäologisch wurde bislang keine nachgewiesen.

Schriftliche Hinweise auf die Art der Schleswiger Stadtbefestigung reichen bis in das 12. Jahrhundert zurück. Im ältesten, um 1200 niedergeschriebenen Schleswiger Stadtrecht werden Planken, Flechtwerk und Steine (*„plankas vel crates vel lapides"*) angeführt, aus denen die Anlage überwiegend bestand; für die Entwendung dieser Materialien drohten dem Übeltäter 3 Ml Strafe.[58] Auch im jüngeren Stadtrecht wird diese Bestimmung über den Diebstahl von *„plancken, pale iffte steene"* wiederholt. 1288 ließ Herzog Waldemar, wie geschildert, nach dem großen Stadtbrand u.a. die Palisaden *„mit holt"* wiederaufbauen, das aus den abgebrochenen Befestigungsanlagen Schloß Gottorfs stammte. Am Bild der Umwallung Schleswigs ändert sich auch im 15. Jahrhundert nichts. So hieß es im Zusammen-

*Abb. 13. Fundament des Hohen Tores in der Langen Straße. Grabungsfoto 1976.*

hang mit der Belagerung der Stadt durch die Truppen König Erichs von Pommern im Jahr 1426, daß Schleswig mit „*Wällen, tieffen Gräben und Pfälen befestiget*“ worden war.[59]

Der Zugang in die Stadt erfolgte durch mehrere Tore und Pforten in der Umwallung; an ihnen konnte somit leicht kontrolliert werden, wer in die Stadt wollte und wer sie verließ. Das bekannteste Stadttor Schleswigs war das sogenannte „*Hohe Tor*“, das in den Quellen auch als „*lange Steindor*“ (1540), „*lange Port*“ (1549), „*Steindor*“, „*Steinport*“ oder „*Angelbur Dor*“ bezeichnet wird. Das *Hohe Tor* stand an der nördlichen Ecke der Kälberstraße. Die Breite des Tores betrug rund 8,5 m und die Tiefe 6,5 m, der Torbogen war etwa 4 m hoch. Zur zusätzlichen Sicherung des Tores befand sich zwischen dem Graben und dem Tor wohl noch ein kleineres Außentor. So ist in der Kämmereirechnung von 1495 von einem „*butesten und binnesten dore*“ die Rede. Vom äußeren Tor aus wurde auch die Zugbrücke bedient, die über den Stadtgraben führte, bis dann schließlich eine feste Verbindung errichtet wurde. Ein anderes namentlich bekanntes Stadttor war die nordwestlich gelegene „*Kalwerport*“, die 1505 erstmalig erwähnt wird.

Weitere Zugänge in die Stadt lagen im südlichen Abschnitt der Befestigung. Am südwestlichen Abfluß des Stadtgrabens in die Schlei befanden sich zwei kleine Pforten und eine Brücke; die dazugehörigen Schlüssel und Schlösser übergab der Rat 1449 den Mönchen des benachbarten Dominikanerklosters, die damit freien Durchgang hatten; zehn Jahre später jedoch wurden Schlüssel und Schlösser vom Rat wieder eingezogen, und die Dominikaner beschwerten sich beim Herzog, daß der Schleswiger Rat „*hefft uns toslüten laten und nomen de slötele der porten und uthganges unses klosters und der brügghe over den graven wente* [bis] *an den Slye*.“[60] Am Anfang der „*Vischerstrate*“ stand das „*Vyscherdor*“, das 1437 zum ersten Mal in den Quellen auftaucht und 1507 im Schoßregister letztmalig erwähnt wird. Etwas weiter östlich befand sich am Ende der *„Bredestrat"* das *„Steendor der Bredenbrygge"*; so heißt es 1437: *„De sylve strate gyngh vort an van den badstouven und vort an tho dem steendore der Bredenbrygge."*[61] Die sich anschließende Holmer Brücke wurde durch das *„Holmer Tor"* gesichert, das sich außerhalb des Stadtgrabens gegenüber dem *„Steendor"* befand.

Neben dem Wall und den Toren gab es noch eine Anzahl – nach Petersen sechs bis sieben – sogenannte Bergfriede, die besonders wichtige bzw. besonders gefährdete Abschnitte der Stadt sicherten. Eine dieser Verteidigungsanlagen stand wohl östlich des *Hohen Tores*, ein weiterer Bergfried schützte die am nördlichen Stadtgraben gelegene und für die Versorgung der Stadt und ihrer Bewohner wichtige Stadtmühle. Über die Bauweise dieser Wehranlagen berichten nur einige wenige Quellenstellen: So wurden 1465 Holz, Bohlen und Steine *„zu den Ärkenern am Bergfrede hinter der Mühle"* herangeschafft, und im *Schotell-Boeck* ist im 16. Jahrhundert von einem *„verkant holten blockhuss"* die Rede. Die 1465 erstmalig belegte *„Sandersborg"* stand am südwestlichen Rand des *„Mölen-"* bzw. *„Kalwerdieks"* und deckte den dort befindlichen Abfluß in den Stadtgraben; spätestens 1482 wurde dieser Bergfried offenbar durch einen Neubau ersetzt, denn in diesem Jahr taucht in den Quellen ein *„nien berchfrede"* auf, später (1505) auch *„berchfrede by der Kalwerporten"* benannt. An der Nordwestecke des Teiches, am Weg nach Gottorf, befand sich noch eine weitere Anlage, die 1488 als *„grote bergfrede"* und 1507/08 als *„bergfrede na Gottorp"* bezeichnet wird.

Ebenso wie die Altstadt waren auch die nördliche Vorstadt und der Holm befestigt. Nach einer Urkunde Herzog Waldemars IV. von 1291 umgaben die Vorstadt drei Wallabschnitte. Nach Norden hin schützte das *„Angelbowerk"*. Wie Erdarbeiten aus den fünfziger Jahren des letzten Jahrhunderts zeigten, verlief dieses Werk, von welchem dem Chronisten Tratziger zufolge noch 1580 Wallreste bestanden, in Höhe des Großen Baumhofes über die Gallbergstraße und reichte im Westen bis zum Kattsund heran. Dort schloß sich nach Ernst Petersen das *„Friesenwerk"* an, das in südlicher Richtung bis an die nordwestliche Ecke des Kälberteiches verlief und noch 1430 bestand. Den östlichen Teil der Umwallung bildeten die bis zum Noor reichenden *„Saldergater"*.

Der Holm wurde von einem in der Urkunde von 1291 so bezeichneten *„Großen Wall"* mit Graben (*„fossata magna"*) gegen Osten abgesichert; noch Mitte des 19. Jahrhunderts sollen Teile der Anlage zu sehen gewesen sein.

Die Verteidigungsanlagen Schleswigs erlebten im Laufe der Zeit ein ähnliches Schicksal wie diejenigen in vielen anderen Städten. Angesichts der fortschreitenden Entwicklung der Militärtechnik, namentlich des Artilleriewesens, verloren die mittelalterlichen Befestigungen ihre Schutzfunktion. Die Anlagen verfielen und wurden schließlich abgetragen.[62] So war der Stadtgraben Mitte des 16. Jahrhunderts streckenweise *„eingefallen und zugedämpfet und ganz undüchtig geworden"*[63]; 1625 war offenbar auch der südliche Teil des Grabens zugeschüttet. Auf der ältesten Stadtansicht Schleswigs, dem Braun-Hogenbergschen Stich von 1584, sind nur wenige Relikte der spätmittelalterlichen Stadtbefestigungen zu sehen. Das *„Holmer Tor"* wurde 1556 abgebrochen: *„Item mandages nha Letare dat Holmer dore betengen* [begonnen] *tho brekende..."*[64]; die *„Kalwerport"* stürzte 1609 in sich zusammen und wurde abgetragen. Einzig das *Hohe Tor*, das 1564 umgebaut wurde, blieb bis weit in das 19. Jahrhundert hinein das letzte steinerne Dokument der Schleswiger Wehranlagen. Erst 1883 fiel es den Planungen zur Straßenerweiterung zum Opfer und wurde abgerissen. Heute erinnert eine Straßenpflasterung in Form des Grundrisses an den ehemaligen Standort des Tores.

## Bauten der Herrschaft: Die Jürgensburg und Schloß Gottorf

Seit spätestens dem 12. Jahrhundert befand sich auf der Möweninsel in der Schlei ein *„castrum"*, die sogenannte Juriansborg oder Jürgensburg.[65] Die Jürgensburg gehörte zu den von Herzog Knud Laward zum Schutz der Stadt und des Hafens angelegten Befestigungen und diente als Zollstelle für die Schiffe.[66] Über die Burg ist kaum etwas näheres bekannt. Bislang konnten durch kleinere Grabungen nur steinerne Fundamente auf der Insel nachgewiesen werden. Von der Möweninsel soll nach Ausweis einiger Quellen eine Brücke zur Stadt geführt haben. Diese Hinweise scheinen ihre Bestätigung in der Tatsache zu finden, daß bei sehr niedrigem Wasserstand am nordwestlichen Ufer der Möweninsel auf eine Länge von 30 Metern in nördlicher Richtung *„brückenartige Einbauten"* im Grund der Schlei auftauchen; ebenso wurden auf der anderen Seite Brückenpfosten entdeckt.[67]

Als Aufenthaltsort für die Herzöge diente das Kastell auf der Insel wahrscheinlich erst ab 1234, nachdem die Königspfalz in der Stadt aufgegeben und das Gebäude dem Franziskanerorden übertragen worden war. Diese Funktion verlor die Jürgensburg bereits wieder nach wenigen Jahrzehnten. Im Jahr 1268 schloß Herzog Erich I. mit dem Schleswiger Bischof Bondo einen Tauschvertrag, durch den er in den Besitz von Gottorf, dem Sitz des Bischofs, gelangte. Der Bischof erhielt als Gegenleistung Besitzungen in Schwabstedt. Fortan hielten sich die Herzöge vorwiegend auf Gottorf auf.[68] Über das weitere Schicksal der Jürgensburg ist so gut wie nichts bekannt. 1291 taucht sie in einer Urkunde noch einmal auf als *„castrum antiquum"*, als alte Burg,womöglich war sie schon zu diesem Zeitpunkt verfallen.[69]

Das neue herzogliche Domizil Gottorf befand sich rund 2 km westlich der Stadt auf einer Insel, die innerhalb einer kleinen Ausbuchtung der Schlei lag. Die Entstehung der Anlage datiert ins Jahr 1161. Sie wurde als Nachfolgebau für eine etwas nördlicher (ca. 4 km) gelegene Burg in der Nähe von Lürschau, das sogenannte Alt-Gottorf, errichtet, das Bischof Esbern damals aufgegeben hatte.[70] Im Tauschvertrag wird die neue Burg daher auch als *„minor Gottorp"* bezeichnet.[71] Nach der Inbesitznahme ließ Herzog Erich I. Gottorf *„myt*

*Abb. 14. Die Jürgensburg auf der Möweninsel, heutiger Zustand. Luftbild.*

*groter kost*"[72] zu einer herzoglichen Residenz ausbauen, was von seinen Nachfolgern Waldemar IV. und Erich II. bis Anfang des 14. Jahrhunderts fortgesetzt wurde.[73]

Wie Gottorf in jener Zeit ausgesehen hat, darüber wissen wir heute kaum etwas. Nur wenige bauliche Reste in Form von Mauerteilen und Fundamenten aus der ältesten Phase haben die Zeiten und die später erfolgten Umbauten überstanden. Beispielsweise konnte im südöstlichen Raum des Nordostflügels an der Ecke zum Ostflügel durch Grabungen ein steinerner, quadratischer Raum freigelegt werden, der mit einer Heizanlage, einem sogenannten Hypokaustum, ausgestattet war und wahrscheinlich aus dem ausgehenden 13. Jahrhundert stammt. Die Burg wurde durch eine Ringmauer gesichert, deren Verlauf zum Teil erschlossen werden konnte. So bildeten die Außenwand des heutigen Ostflügels und die den nördlichen Flügel in Längsrichtung teilende Trennwand Teile der mittelalterlichen Wehrmauer. Über den weiteren Verlauf der Mauer können nur Vermutungen angestellt werden. Sie dürfte im Westen und im Süden vermutlich in Höhe der heutigen Hoffront sowie der Südfassade verlaufen sein. Geschützt wurde Gottorf zudem noch durch einen Palisadenzaun und andere hölzerne Befestigungsanlagen, die, wie erwähnt, im Jahr 1288 vorübergehend abgerissen wurden.

Erst mit dem ausgehenden 15. Jahrhundert läßt sich die bauliche Entwicklung Gottorfs besser verfolgen, da auf Gottorf unter der Herrschaft Herzog Friedrichs I. eine neue Phase intensiver Bautätigkeiten anbrach. Der Herzog ließ Gottorf nach einem Brand 1492, der wohl vor allem den West- und Südflügel betroffen hatte, verstärkt zur repräsentativen Residenz ausbauen. Das älteste, heute noch erhaltene Ergebnis dieser Umbauphase ist die sogenannte „Gotische Halle“ im Südflügel. Ihr Bau ist für die Jahre 1490 bis 1500 anzusetzen. Die Halle diente vermutlich als Hofstube für das Dienstpersonal.

Ein weiteres bemerkenswertes Zeugnis der Bestrebungen Friedrichs I., Gottorf eine stärkere Repräsentativität zu verleihen, die den Glanz seiner Herrschaft widerspiegeln sollte, ist der Bau des Westflügels, des sogenannten „*Neuen Hauses*“, um 1530 herum, in einer Zeit also, als Friedrich zwar dänischer König war, sich gleichwohl meist auf Gottorf aufhielt. Das „*Neue Haus*“ bestand aus vier nebeneinanderliegenden Gebäuden, die fünf unterschiedlich großen Räumen Platz boten. Zur Hofseite zeigte der Flügel eine mit Ornamenten reich geschmückte Fassade, die bei Bauarbeiten in den 1980er Jahren nach Abtrag jüngerer Putzschichten freigelegt und restauriert wurde. Ebenso wurde der dortige Standerker, die „Laterne“, wiederrichtet, der 1871 bei einer Pulverexplosion zerstört worden war. Der genaue Zweck des Erkers ist unbekannt, in ihm könnten sich womöglich Privatgemächer des Herzogs befunden haben. Die Bedeutung des Westflügels liegt darin, daß er „*der Renaissance-Baukunst im Lande zum Durchbruch verhalf, denn hier haben wir wirklich einen königlichen Bau vor uns, der im nordeuropäischen Raum seinesgleichen sucht.*“[74]

Friedrichs Sohn und Nachfolger, König Christian III., ließ um 1540 angesichts der Erfahrungen der „Grafenfehde“ und der angespannten politischen Lage in jenen Jahren im Nordwesten der Schloßanlage einen Turm errichten, der im Kriegsfall der Verteidigung Gottorfs dienen sollte. Der Turm stand ursprünglich frei und wurde erst im Zuge späterer Ausbauarbeiten in die Flügelanlage miteinbezogen, so daß er seitdem die nordwestliche Ecke des West- und Nordflügels bildet.

In der Landesteilung 1544 kam Gottorf dann in den Besitz Herzog Adolfs, des Bruders Christians III. Er und seine Nachfolger bauten die Residenz weiter aus. Insbesondere im 17. Jahrhundert wurde Gottorf zu einem kulturellen Zentrum in Nordeuropa.

*Abb. 15. Schloß Gottorf 1584. Ausschnitt aus der Stadtansicht von Braun und Hogenberg (s. Abb. 18).*

*Abb. 16. Schloß Gottorf; „Gotische Halle" im westlichen Südflügel, ca. 1500.*

*Abb. 17. Schloß Gottorf; restaurierte Hoffassade des Westflügels, 1530er Jahre.*

*Abb. 18. Älteste Stadtansicht von Schleswig und Gottorf von 1584. Aus dem Städtebuch von Georg Braun und Franz Hogenberg, „Civitatis Orbis Terrarum" 1588. – Oben die Wappen des Gottorfer Herzogs Adolf und der Stadt Schleswig.*

*Abb. 19. Ansicht der Stadt Schleswig 1584. Ausschnitt aus der Ansicht von Braun und Hogenberg (s. Abb. 18).*

## Stadtherr – Rat – Bürgerschaft: Das Stadtregiment

### Stadtherr und Stadt

Schleswig war keine freie, unabhängige Stadt, sondern unterstand einem Stadtherrn. Anfänglich war dies der dänische König. Ihm leistete die Stadt die städtische Steuer – das *„Arnegeld"* (Herdsteuer, Steuer auf Haus- und Grundbesitz) und das *„Bygeld"* –, zahlte Markt- und Zollgelder und war zu verschiedenen Diensten verpflichtet bzw. gab statt dessen Geld. Der Stadtherr ließ sich in den Städten durch einen Vogt (*„advocatus"*) vertreten, der dem städtischen Gericht vorsaß.[75] In der Stadt Schleswig nahm der Vogt zudem gemeinsam mit Bürgern die fälligen Strafgelder, die Brüche, ein, von denen die Hälfte an den König floß.[76]

Während der Auseinandersetzungen um das Herzogtum Schleswig seit Mitte des 13. Jahrhunderts vermochte jedoch der Schleswiger Herzog seine Macht zu stärken, mit dem Ergebnis, daß schließlich die stadtherrliche Gewalt auf ihn überging und er somit die Position des dänischen Königs einnahm. Der jahrzehntelange Konflikt hatte aber generell den Einfluß des Stadtherrn gegenüber den Städten geschwächt. Diese vermochten ihre Bindungen an den Stadtherrn zu lockern und die innerstädtische Autonomie auszubauen. Deutlich zeigt sich dies in der schwindenden Position des Stadtvogtes, der nach und nach unter den Einfluß des Rates geriet, an den nun Rechte und Befugnisse des Vogtes übergingen. Im niederdeutschen Stadtrecht Schleswigs von ca.1400 findet sich etwa der Passus, daß der Vogt nur mit Zustimmung des Rates gewählt werden dürfe, eine Bestimmung, die im ältesten, um 1200 niedergeschriebenen lateinischen Stadtrecht fehlt.[77] Dieser Paragraph geht womöglich auf die – freilich in ihrer Echtheit umstrittene – Urkunde Herzog Waldemars III. aus dem Jahr 1256 zurück, in der er der Stadt das Recht bestätigte, den Vogt nur mit Bewilligung des Rates einzusetzen; zudem verlieh er ihr die niedere und höhere Gerichtsbarkeit und sprach ihr die Hälfte aller Bußgelder zu.[78]

Die wachsende innere Eigenständigkeit der Städte ging zum wesentlichen Teil auf stadtherrliche Privilegierungen zurück. Im Falle Schleswigs brachte die zweite Hälfte des 13. sowie das erste Viertel des 14. Jahrhundert eine ganze Reihe von Privilegien, die König und Herzog an die strategisch und politisch bedeutsame Stadt an der Schlei vergaben, um ihren Einfluß dort zu stärken und die Stadt auf ihre Seite zu ziehen.[79] Neben Handels- und Zollvergünstigungen, auf die wir später noch eingehen werden, umfaßten die Privilegien insbesondere die Aufhebung von Abgaben und Diensten. So befreite König Erich V. Glipping im Jahr 1272 die Stadt von der Zahlung des *„Arnegeldes"*.[80] Großzügig gegenüber den Schleswigern erwies sich Herzog Waldemar IV. im Jahr 1286, als er der Stadt verschiedene Steuern und die Hofdienste erließ (s. Kasten).[81]

**Herzog Waldemars IV. Privileg für Schleswig, 30. Nov. 1286**
*(Übersetzung der lateinischen Urkunde)*

Waldemar, von Gottes Gnaden Herzog von Jütland, allen, die diesen Brief sehen, ewiges Heil in Gott.

Wir wollen, daß es bekannt sein soll für die Gegenwärtigen und für die Nachkommenden, daß wir die Vorzeiger dieses vorliegenden Briefes, unsere geliebten Bürger in Schleswig, unter unseren besonderen Frieden und Schutz genommen haben, indem wir sie – so lange wie die erwähnte Stadt in unserem Besitz ist – zum Lohn für ihre treuen und ergebenen Dienste, und weil sie fest zur Treue standen, die sie uns gelobt und geschworen haben, frei und ausgenommen erklären von der Bezahlung der 40 Mark, die aufgrund des „*Ledings*“ [Ablösung von Heeresfolge] erlegt wird und „*Bygaeld*“ [Stadtgeld] genannt wird, von „*Arnegeld*“, „*Arvekop*“ [wohl Erbschaftssteuer], „*Torvegeld*“ [Marktgeld] und vom Zoll überall innerhalb unseres Herzogtums und von allen Lasten und Diensten an uns, durch welche sie beschwert werden könnten, nämlich indem ihnen für die dortige Burg [Gottorf] Kessel, Kissen oder Pötte durch den Vogt des Königs, der jeweils dort den Befehl hat, abgefordert werden.

Auch erteilen wir außerdem die besondere Gnade, daß sie überall, wohin sie innerhalb der Grenzen unseres Herzogtums mit ihren Waren kommen, um Handel zu treiben, ebenso wie zu Zeiten unseres geliebten Vaters und zu Zeiten unserer Vorväter, ungehinderten Zugang haben sollen, zu kaufen, was sie wollen, und das Gekaufte auszuführen, wohin sie wollen, ungeachtet irgendwelcher Verbote, die im Herzogtum verfügt werden könnten. Wir wollen und geloben weiterhin auch, daß wir im Verhältnis zu den genannten Bürgern alles Recht und alle Gesetze und Gewohnheiten, die sie vorher gehabt haben, unvermindert einhalten wollen, indem wir bei unserer Gnade streng verbieten, daß einer unserer Vögte oder deren Beamte oder irgendein anderer auf irgendeine Weise es wagt, sie ungebührlich mit Blick auf diese Freiheiten zu beschweren, die wir ihnen gewährt haben. Wenn einer in unbesonnener Verwegenheit sich erdreistet, dieses zu versuchen, wird er zweifellos unserer Rache nicht entkommen. Zum Zeugnis und vollständigen Beweis haben wir ihnen diesen Brief gegeben und ihn mit unserem Siegel bekräftigt. Gegeben im Jahre des Herrn 1286 am Tage des heiligen Apostels Andreas.

Wenige Jahre später, 1291, erteilte der Herzog Schleswig eine Rechtsverordnung, in der die Grenzen der städtischen Gerichtsbarkeit umrissen wurden: Nach Norden reichte sie bis an die uns bereits bekannten Befestigungsanlagen „*Frisevirke*“, „*Angelbovirke*“ und „*Saldergater*“, im Osten bis an den großen Wall in der Nähe der Klosterkirche St. Johannis, wodurch der Holm mit einbezogen wurde; im Süden verlief die Grenze in der Mitte der Schlei zwischen der Stadt und Haddeby, und im Westen schließlich ging sie bis zur Jürgensburg. Welcher Bürger oder Gast nun innerhalb dieses Bereiches einen Mord oder Totschlag beging, verfiel der Todesstrafe, kam es zu einer Verwundung, verlor der Täter eine Hand.

Außerdem wurde festgelegt, daß, falls ein Bürger einen Bewohner des umliegenden Landes wegen dessen Schulden verklagen wollte, dies vor dem Vogt geschehen mußte, der wiederum das Recht erhielt, den betreffenden Schuldner festzusetzen, bis entweder die Schuld beglichen war oder derjenige sich mit einem Eidesbeweis der Sache entledigt hatte.[82] Und, um ein letztes Beispiel zu bemühen, 1327 befreite König Waldemars III. Vormund Graf Gerhard III. die Schleswiger außer von den bereits angesprochenen Abgaben auch noch von weiteren Verpflichtungen, wie etwa der „*Stuth*“, einer Naturalsteuer an den Königshof, die wohl ursprünglich dem Unterhalt des reisenden Königs und seiner Begleitung diente, sowie von der „*Inne*“, der Pflicht der Bewohner zur Anlage von Befestigungen, Straßen und Brücken. Die Befreiungen umschlossen jedoch nicht die Ledingsteuer, also die Ablösung von Heeresfolge, und die landesherrlichen Steuern; beide Abgaben wurden ausdrücklich ausgenommen.[83]

Mit den Verfügungen Graf Gerhards war die Vergabe neuer landesherrlicher Privilegien, was Abgaben- und Dienstbefreiungen anbetrifft, weitgehend abgeschlossen. Die nachfolgenden Landesherren bestätigten nur noch die von ihren Vorgängern gewährten Vergünstigungen, so auch der dänische König Erich von Pommern, der aber zudem noch Schleswig sein altes Stadtgebiet, die Gerichtstage und die Wochenmärkte bestätigte sowie die freie Fischerei im Öresund gewährte. Diese über die Bestätigungen seiner Vorgänger hinausgehenden Bestimmungen erfolgten nicht ganz uneigennützig, denn das Privileg erließ der König im August 1417, nur wenige Wochen nach der Eroberung der Stadt durch seine Truppen; die Vergünstigungen dienten also zweifellos dazu, die Stadt für die angerichteten Schäden zu entschädigen und sie auf diese Weise der königlichen Sache gewogen zu machen.[84] Der Verzicht der Stadtherren auf zahlreiche ihnen zustehende Abgaben und Dienste sowie die Übertragung von stadtherrlichen Rechten brachte nicht nur wirtschaftliche Erleichterung für die Bürger, sondern bedeutete auch eine stärkere Autonomie im städtischen Rechts- und Verfassungsleben; gleichwohl blieb Schleswig auch künftig vom Stadtherrn abhängig.

War also mit den von König und Herzog erteilten und bestätigten Privilegien eine ganze Anzahl von Zahlungen und Lasten weggefallen, so blieb Schleswig doch noch weiterhin zu Steuerzahlungen, der „*Bede*"[85], sowie zur Heeresfolge im Kriegsfall verpflichtet. Die Stadt hatte im letzteren Fall eine gewisse Anzahl an Bürgern abzustellen und auszurüsten. Allerdings ging man zunehmend dazu über, statt eigener Bürger lieber kriegs- und kampfgewohnte Söldner anzuwerben. Dies war zwar teurer, aber dafür ersparte man sich den wirtschaftlichen Schaden, der sonst eintrat, wenn die Bürger von ihren Arbeitsplätzen weggerissen wurden, ganz zu schweigen von etwaigen Verlusten bei Kampfhandlungen.

1455 warb die Stadt fünf Söldner an, die vom Rat und einigen Bürgern mit Ausrüstung versehen wurden: „*Jacob Grapengeter dede uth 1 ysern hud, den heft Clawes Lubberd* [einer der Söldner]*; Eler 1 schilt, den heft Clawes Lubberd; Hans Kok schilt, hud unde spantüch* [Gerät zum Spannen der Armbrust] *heft Detlef Verst* [Söldner] *unde synen rytyngk* [Rüstung]*; Peter Kok deyt uth schilt, hud, rutyngk, 1 koker myt schote; Bringman schilt, hud, spantüch, rutingk; Hans Steker schilt, hud, rutingk, armborst myt deme tüghe* [s. Spantüch] *unde de ratt 4 armborste, wart den viff solderen geantwordet 5 mr., do se uthreyseden unde en mr. wart dar over verdrunken.*"[86] Als König Hans und Herzog Friedrich im Januar 1500 den Feldzug gegen die eigenständige und damit in ihren Augen „herrenlose" Bauernrepublik Dithmarschen begannen, wurde der Rat zu Schleswig aufgefordert, das städtische Kontingent, „*wolgerüstet*" und mit Proviant für zwei Monate versehen, für den 10. Februar nach Hohenwestedt zu entsenden.[87] Nur eine Woche nach dem anberaumten Treffen sollte der landesherrliche Feldzug sein ebenso jähes wie blutiges Ende finden, als am 17. Februar in der Schlacht von Hemmingstedt das Aufgebot der Dithmarscher Bauern das zahlenmäßig weit überlegene königlich-herzogliche Heer vernichtend schlug.

An finanziellen Leistungen erbrachte die Stadt für ihren Landesherrn noch, wie erwähnt, die Hälfte der eingekommenen Brüche sowie eine jährliche Umlage – vermutlich eine Pauschalsumme für städtische Abgaben –, die an der Wende zum 16. Jahrhundert 50 Ml betrug.[88]

Als eine der bedeutendsten Städte im Herzogtum gehörte Schleswig auch zu den Teilnehmern auf der wichtigsten Versammlung des Landes, dem Landsthing, dem Rechtstag des Herzogtums, wo Recht gesprochen wurde, Gesetze beschlossen sowie bedeutende Angelegenheiten des Landes mit dem Herzog besprochen wurden. Schleswig ist neben Flensburg auf dem Landsthing 1397 in Urnehöved belegt, auf dem Herzogin Elisabeth, die Tochter des verstorbenen Grafen Klaus, dem Herzog Gerhard VI. von Schleswig, ihrem Vetter, ihr Erb- und Pfandgut im Herzogtum Schleswig überließ.[89]

Gleichfalls war Schleswig auf den Landtagen vertreten, die sich nach 1460 – der erste Landtag ist für 1462 belegt – zum wichtigsten Gremium ständischer Mitwirkung an den Landesangelegenheiten entwickelten. Die auf den Landtagen versammelten Stände Schleswigs und Holsteins, neben dem ritterschaftlichen Adel und der hohen Geistlichkeit ebenso einige Städte, darunter eben auch Schleswig, übten bedeutende Rechte aus: Sie wählten bei Vakanz einen neuen Landesherrn aus dem Kreis der nächsten Erben, sie beschlossen über die landesherrlichen Steuerforderungen, und sie mußten in allen wichtigen die Herzogtümer betreffenden Angelegenheiten, wie etwa über Krieg und Frieden, gehört werden.[90] Die städtischen Abgesandten verfügten auf den Landtagen allerdings kaum über Einfluß und besaßen nur eine untergeordnete Rolle im politischen Spiel. Der Einfluß der Städte – und damit auch der Schleswigs – auf den Versammlungen blieb mithin im Vergleich zu dem des tonangebenden Adels gering.

## Der Rat

Im Laufe des 13. Jahrhunderts begannen die Städte Formen gemeindlicher Selbstverwaltung auszubilden. Nach Lübecker Vorbild setzte sich in den Städten die Ratsverfassung durch.[91] Kernstück dieser Verfassung war der Rat, der sich aus der Bürgergemeinde heraus entwickelte. Im Lauf der Zeit konnte der städtische Rat durch Übernahme stadtherrlicher Rechte seine Befugnisse ausweiten und sich nach außen hin zum Repräsentanten der Stadt entwickeln, während er nach innen gegenüber der Stadtgemeinde eine obrigkeitliche Stellung einnahm. Auch in Schleswig ist diese Form der Stadtregierung vermutlich schon in der Mitte des 13. Jahrhunderts etabliert und voll ausgebildet, ganz sicher ist die Existenz eines Rates in Schleswig ab dem Jahr 1282 bezeugt.[92] Auch in Schleswig trat der Rat als Obrigkeit auf, hierin noch durch Herzog Waldemar V. gestärkt: 1338 ordnete der Herzog an, daß alle Bürger ihrem Rat und dessen Anordnungen zu gehorchen hätten; der Rat durfte das Gut widerspenstiger Bürger beschlagnahmen und zu Stadtzwecken verwenden.[93]

Oberste Prinzipien der Ratspolitik waren der Erhalt des städtischen Friedens und der „gemeine Nutzen" der Stadt, an ihm hatte sich der Rat in seiner Arbeit zu orientieren.[94] Die Zuständigkeit und das Aufgabenspektrum des mittelalterlichen Rates umfaßte neben der Verwaltung auch Gesetzgebung und Rechtsprechung; eine Gewaltenteilung, wie sie heute praktiziert wird, war dem Mittelalter unbekannt.

Im einzelnen hatte der Rat vor allem den Schutz und die Verteidigungsfähigkeit der Stadt sicherzustellen; er führte des weiteren die Aufsicht über die öffentlichen Bauten, die Straßen, Brücken und Tore und verwaltete die städtischen Einrichtungen (wie die Stadtwaage) sowie die Stadtländereien. Der Rat erhob Steuern und Abgaben und tätigte Ausgaben. Er beaufsichtigte das Markt- und Handelsgeschehen und sorgte für die Einhaltung der Marktgerechtigkeit; in diesem Sinne kontrollierte er auch die äußere Ordnung der Handwerksämter (Zünfte).

Der Aufrechterhaltung der Ordnung und der Konfliktvermeidung sollte es auch dienen, wenn die Räte mittels Ge- und Verboten im Verlauf des Spätmittelalters zunehmend bestrebt waren, in die Lebensführung ihrer Bürger regulierend einzugreifen. Ein Schleswiger Beispiel ist die Verordnung gegen zu großen Aufwand auf Hochzeiten aus dem Jahr 1336, auf die wir später noch näher eingehen werden (s. Kap. „Feste und Feiern").

Der dritte – neben Verwaltung und Gesetzgebung – bedeutende Bereich der Ratstätigkeit war die Gerichtsbarkeit, denn der Rat stellte für die im Stadtrechtsbereich lebenden Menschen das oberste Gericht dar. Auch auf diesem Gebiet vermochte der Schleswiger Rat durch landesherrliche Privilegierungen seine Kompetenzen auszuweiten. Es kam sogar vor, daß der Landesherr rechtliche Konflikte, die in seinen Zuständigkeitsbereich fielen, zur Beilegung an den Schleswiger Rat verwies, der sich der Sache annehmen sollte, so etwa 1488 in der Erbstreitigkeit zwischen Christine Jespers von Lindau und Kayge Jaspers aus Bredstedt.[95]

Im Rechtswesen stand dem Rat der Stadtvogt zur Seite. Er vertrat gleichsam die „polizeiliche und richterliche Gewalt" des Rates. Der Vogt besaß wichtige Befugnisse im Bereich der öffentlichen Ordnung, wie beispielsweise bei der Bewahrung des Marktfriedens, und in allen, modern gesprochen, zivil- und strafrechtlichen Angelegenheiten.[96]

*Abb. 20 a. Großes Siegel der Stadt Schleswig, 1299.*

*Abb. 20 b. Großes Siegel der Stadt Schleswig, 1299. Siegelstempel.*

*Abb. 20 c. Kleines Siegel der Stadt Schleswig, 14. Jahrhundert.*

*Abb. 20 d. Kleines Siegel der Stadt Schleswig, Nachzeichnung.*

Das für jeden sichtbare Zeichen der Strafgewalt des Rates war der „*Kaak*“, der Pranger, an dem Missetäter angekettet und öffentlich zur Schau gestellt wurden. Auf dieser Säule stand die Figur des Rolands (1568 erstmals erwähnt), der die Marktfreiheit symbolisierte.[98]

Das Ratsgremium bestand aus acht bis zehn Ratmännern („*consules*“). Der Rat ergänzte sich bei Ausscheiden von Mitgliedern selbst, ein Wahlrecht der Bürger bestand also nicht. Wer in den Rat aufgenommen wurde, blieb in der Regel bis zum Tode Mitglied.

Einige der Ratleute hatten besondere Ämter inne. Aus dem Rat heraus entwickelte sich das Amt des Bürgermeisters („*proconsul*“), der die Stellung eines Wortführers des Gremiums einnahm. Die Bürgermeister sind im nordeuropäischen Raum seit dem 14. Jahrhundert belegt.[99] Die erste namentliche Erwähnung eines Schleswiger Bürgermeisters verdanken wir einer Papsturkunde aus dem Jahr 1328: Dort wird der Geistliche Nanno, der eine ledige Domherrnstelle in Schleswig erhalten sollte, als Sohn des Schleswiger Bürgermeisters Peter bezeichnet.[100] Die mangelnde Quellenlage erlaubt kaum Aussagen zu den genauen Befugnissen und der Ausübung des Bürgermeisteramtes, doch den weni-

**Der Stadtvogt Peter Eggerdes und das *„verdächtige“* Haus**

1539 untersuchte der Stadtvogt Peter Eggerdes ein „verdächtiges“ Haus (ein heimliches Bordell?).[97] Dort ertappte er den verheirateten Schleswiger Bürger Jakob Steenbryg beim Ehebruch. Nach den geltenden Gesetzen stand auf dieser Tat die Todesstrafe. Doch Steenbryg hatte Glück im Unglück. Offenbar war er in der Stadt durchaus angesehen und besaß einflußreiche Freunde und Bekannte, denn aufgrund der Bitten *„framer lude“* wurde dem Ehebrecher das Leben gelassen. Statt dessen wurde er zur Auspeitschung verurteilt und der Stadt verwiesen. Nachdem Steenbryg als erste Wegzehrung zwei kleine Brote in die Hand gedrückt bekommen hatte, wurde er durch den Frohn aus der Stadt geprügelt. Wie sich das weitere Schicksal des unglücklichen Steenbryg gestaltete, wissen wir leider nicht.

gen überlieferten Hinweisen läßt sich entnehmen, daß es anfänglich wohl nur einen Bürgermeister gegeben hat. Ab Mitte des 15. Jahrhunderts tauchen dann schließlich in den Quellen zwei gleichzeitig amtierende Bürgermeister auf; die Unterscheidung von „worthaltendem“ und „stellvertretendem“ Bürgermeister, wie es ab dem 16. Jahrhundert der Fall ist, scheint aber noch nicht durchgesetzt gewesen zu sein. Eine weitere spezielle Funktion innerhalb des Rates übten der bzw. die Kämmerer aus. Diese Stellung bekleideten ein bis zwei Personen. In ihre Zuständigkeit fielen alle Angelegenheiten der städtischen Finanzen. Daneben fungierten zwei weitere Ratleute als sogenannte Schoßherren, denen die Eintreibung und Verrechnung des Schoßes als der städtischen Steuer oblag.

Ihre Funktionen hatten die Ratleute offiziell nur befristet für ein Jahr inne. Um St. Petri (22. Februar) fand die Umsetzung des Rates statt, d. h. es wurden nun andere Ratsmitglieder zu Bürgermeistern und Kämmerern gewählt. Die Wahl der Schoßherren fand dagegen wohl später im Jahr statt, Ende Oktober bzw. Anfang November, vor den Steuereintreibungen des St.-Andreas-Tages (30. November). Doch zeigen die überlieferten Daten zur Amtsdauer (vgl. Tab. 1), daß insbesondere das Amt des Bürgermeisters im 16. Jahrhundert nicht selten über Jahre hinweg von *einer* Ratsperson ausgeübt wurde, das Wahlrecht also allenfalls nur noch nominell ausgeübt wurde.

Der Rat stellte aber nicht nur ein reines Verwaltungs- und Justizorgan dar, sondern besaß zudem den Charakter einer Gilde oder Bruderschaft: Am 24. März 1342 stifteten die Ratsmitglieder eine Totenmesse für den Fall des Ablebens eines Ratsherrn, wofür jeder jeweils 1 Pfund Sterling zahlen sollte; zudem waren die Ratleute verpflichtet, bei der jährlichen Messe am Montag nach St. Petri zum Gedenken an ihre Verstorbenen anwesend zu sein: Die Messe fand in der Klosterkirche der Franziskaner statt, die als Grablege für den Rat diente.[101]

Über die Männer, die in unserem Zeitraum die Geschicke der Stadt und ihrer Bewohner lenkten, wissen wir nur sehr wenig. Gerade für die Zeit bis Ende des 15. Jahrhunderts sind zumeist nur die Namen und bestenfalls noch einige bruchstückhafte Angaben zu ihrer Ratsmitgliedschaft bzw. Ämterausübung vorhanden. Ebenso liegen Informationen, die uns einen Aufschluß über ihre jeweilige soziale Herkunft und ihre wirtschaftlichen Aktivitäten liefern könnten, kaum vor, ganz zu schweigen von Hinweisen, die die persönlichen Lebensumstände und das familiäre Umfeld beleuchten. An persönlichen Lebensäußerungen ist uns nur ein Testament des Bürgermeisters Hans Kock aus dem Jahr 1486 überliefert (s. Kasten).

## Das Testament des Bürgermeisters Hans Kock 1486

In deme namen der hilligen dreifoldicheit. amen.

Ick Hans Kock, borgemester tho Sleßwygk, bekenne vor my unde vor als weme: wo wol ick na deme willen gades in kranckheit byn gefallen mynes licknames, so hebbe ick doch vulle witte unde redelicheit myner synneliken kreffte; bekennede als denne, nicht wißers is als de doet unde nicht unwißers als de stunde des dodes, denne so sette ick myn testament unde latesten willen, bevelende gade almechtich syner barmharticheit unde mynem hovetheren, sunte Petere, myne seele unde den lichnamen der erden, vordan van den tytliken guderen to vervallende mynem willen na nascrevener wyße:

Int erste bekennende wes myne werdynne *[Ehefrau]* gudes my bewyset hefft unde geleden in myner kranckheit, des in dancknamicheit ßo geve ick er hundert lub. mark in mynem huße als ick de or ock in vortyden hebbe upgelaten in myner volmacht vor deme rade uppe deme radhuße ock getekent in des rades radesboek, dertho 3 ymmen *[Bienenstöcke]*, de de stan in mynem have unde ock tve vulle tonnen medes *[Met]*.

it.: mynem leven brodere Hinrick eynen sulvern lepel unde mynen besten rock; syner husfrouwen ock eynen sulvern lepel unde örem sone eyne wynkanne.

it.: tom buwete sunte Peters kercken, mynes hovetherren, 8 ß.

it.: tom buwete to deme junckfrouwen kloster uppem Holme veer ß unde tom buwete unser leven frouwen kercken uppem Holme veer ß.

it.: tom buwete des swarten klosters bynnen Sleßwygk eynen sulvern lepel unde 3 natelen unde rosen tohove van sulver unde horen Michael Stuppen tho; wil he de lösen, ßo mach he geven den heren darsulvest iffte deme prior 23 ß.

it.: Mette Steckers geve ick ock eynen sulvern lepel.

it.: tom kalande der vicarien im dome geve ick eynen groten grapen, de de my steit tve mark, van de werdynne utthogeven den vicarien, ßo sy de grape lösen, wente de steit my pandes.

it.: hern Bernde Enichlo geve ick achte ß.

it.: hern Thomaßen Kock, sacristein im dome, geve ick eynen sulvern lepel.

it.: Hinrick Mynrick, deme borgemester, twelff ß unde Ludeken Kleynsmede ock twelff ß.

it.: ock so scholen myne testamentarii geven to myner selen salicheit to hulpe, spende unde gemene selebade, so se best konen.

it.: Michael Claws Kleynsmedes sone geve ick mynen brunen rock.

Alle dusse vorscreven articule unde stucke sampliken und eyn ißlick bysundern beleve unde volborde ick Hans Kock vorscreven unde begher andachtigen unde mit ganßem vlite bidde mynen leven broder Hinrik, de myt vlite dar wille to helpen umme gades willen, dat ßodan vorscreven testament unde myn lateste wille moghe van mynen testamentarien na uthwisinghe dusses jegenwardigen testaments alle unde ganß so moghe werden vullenbracht, dar ick denne to keese unde sette als testamentarien den ersamen heren Thomam Kock, vicarien im dome, unde de vorsichtigen manne Hinrick Mynrick, borgemester, Ludeke Kleynsmet, borger to Sleßwygk, unde bevele on *[ihnen]*, dat ße alle dußen vorscreven mynen latesten willen ßo scheen laten unde bescaffen samptliken unde eyndrachtigen, ßo ick on des totruve unde love unde ße myne arme ßeele leff hebben unde geve on darto

vullenkamene macht; vorder wes denne baven ßodan uthrichtinge vorscreven van gudern baven is, ße dat vort keren in de hende der armen unde to der ere gades.
Alle duße vorscreven stucke bevelede in vullenkamener wytlicheit syner synne Hans Kock vorscreven am jar na der bord Cristi veerteyn hundersten seeß unde achtigesten am daghe der hemelvart unsers heren in bywesende tor tuchnuße unde wytlicheit der ersamen manne Drewß Bylouven, Peter Schutten, radmanne, Hinrick Reyneken unde Jacob Nyeman, borgern to Sleßwygk. Vort leeth he ßodan testament to sluten unde besegelen myt synem eyeliken ingeseghelen am baven screven jare unde daghe.[102]

Etwas deutlichere Konturen hinsichtlich ihrer sozialen und wirtschaftlichen Stellung bekommen die Ratleute dann in Verbindung mit einer verbesserten Quellenlage seit Ausgang des 15. Jahrhunderts. Die Angaben in den Steuerlisten und anderen Unterlagen, die sich zu den verschiedenen Ratsmitgliedern der ersten Hälfte des 16. Jahrhunderts finden lassen, zeigen, daß ein großes Vermögen offenbar nicht der allein ausschlaggebende Grund für die Aufnahme in den Rat bildete.[103] So lassen sich zwar einerseits im Schleswiger Rat Personen festmachen, die von ihrer Schoßleistung her in besonderem Maß finanziell begütert gewesen sein müssen, ohne daß allerdings immer genau zu ermitteln ist, aus welchen ökonomischen Aktivitäten dieser Reichtum stammte. Doch gab es andererseits eben auch reiche Männer, die nicht in den Rat gelangten, wie z.B. ein Peter Marquaden oder Henrik Nachtegale, die 1480 einen hohen Schoßbetrag zahlten und daher entsprechend wohlhabend gewesen sein dürften, aber eben nicht als Ratsmitglieder in jenen Jahren auftauchen.[104] Die Gründe, die trotz ähnlicher materieller Voraussetzungen letztendlich den Ausschlag für eine Aufnahme bzw. Nichtaufnahme in den Rat gaben, liegen im dunkeln. Des weiteren erscheinen im Rat auch einige Handwerker, die anhand ihrer Steuerleistungen augenscheinlich nur über mittelmäßiges Vermögen verfügten. Dieser Umstand läßt Lorenzen-Schmidt auf eine *„institutionelle Teilhabe"* der drei wichtigsten Handwerksämter (Zünfte) am Schleswiger Stadtregiment schließen; demnach könnten also die Ältermänner des Schneider- und Schuhmacheramtes sowie ein Schmied in den Rat gewählt worden sein.[105]

Eine regelrechte Bezahlung ihrer Tätigkeiten, ihres repräsentativen Aufwandes und des damit verbundenen Arbeitsausfalls erhielten die Ratleute nicht. Ihre Einkünfte als Ratsmitglieder speisten sich neben den Strafgeldern, die die Gilden und Handwerksämter zahlten, vor allem aus den Erträgen von bestimmten Ländereien und Gebäuden. Einige dieser Einnahmen waren dem Rat als ganzem zugeordnet, wie z.B. die Bullenwiese, auf der das Stadtvieh geweidet wurde; andere Einkünfte kamen dagegen einzelnen Ratmännern zugute. So konnte etwa ein Bürgermeister zwei Äcker auf dem „neuen Feld" für den eigenen Gebrauch nutzen, während einen anderen Acker *„vor Klappschau bei Oerewalt"* beide Bürgermeister in Besitz hatten. Den Ratleuten waren zudem einige bestimmte Teiche zugewiesen, aus denen sie mit dem Fischhandel Gelder erwirtschafteten.[106]

Zur Erfüllung seiner vielfältigen Aufgaben unterstand dem Rat eine Reihe von Bediensteten. An der Spitze dieser „Mitarbeiter" stand der Ratsschreiber, der, wenn auch ohne Stimmrecht, ebenfalls im Rat saß. Er war für den gesamten Schriftwechsel des Rates zuständig, legte die Ratsbeschlüsse nieder, führte das Ratsprotokoll und registrierte die Rechtsgeschäfte in den Büchern, wie z.B. im *Schotell-Boeck*. Von einem Stadtbuch ist in der Kämmereirechnung aus dem Jahr 1452 die Rede: *„vor dat stad bok to bindende 1 ml und Bertoldesse 7 ß vor permynt* [Pergament]. "[108] Die Funktion des Schreibers beschränkte sich nicht allein auf die ausführende Tätigkeit eines Kanzlisten. Die Schreiber verfügten zumeist über juristische Kenntnisse und besaßen dank ihrer Aufgabe auch einen genauen Überblick über die städtischen Verhältnisse. Sie waren daher auch wichtige Berater des Rates in politischen und rechtlichen Fragen und begleiteten ihn auf diplomatischen Missionen und Gesandtschaften;[109] da es sich um ein allgemeines Phänomen des späteren Mittelalters handelt, dürfen wir dem Schleswiger Ratsschreiber sicherlich eine ähnlich hohe Bedeutung zumessen. Daß die Schleswiger Ratsschreiber hochgebildet waren und mitunter auch eine Universität besucht hatten, beweist der Fall des Schreibers Bartoldus van deme Sandtbegke, der Rechtswissenschaft studiert hatte und Mitte des 15. Jahrhunderts als öffentlicher Notar wirkte. Die Räte rekrutierten ihre Schreiber vielfach ebenso aus dem Kreis der städtischen Geistlichkeit, da diese über die nötigen Kenntnisse des Lesens und Schreibens verfügte. Dies war auch in Schleswig der Fall: der 1476 und 1486 als Ratsschreiber erwähnte Berend Enichlo taucht später als Vikar am Dom (1494) und als Kirchherr von St. Trinitatis (1500) in den Quellen auf.[110] Dem Stadtschreiber zur Seite stand der Ratsdiener.

Für die öffentlichen Bautätigkeiten beschäftigte der Rat einen Maurer und einen Zimmerer; daneben unterhielt er einen städtischen Ziegelhof, der hinter der Michaeliskirche lag und an dem ein Ziegler („*tegheler*") arbeitete.[111] Im Sold des Rates standen des weiteren ein Schweine- und ein Kuhhirte samt Knechten, die die zur Mast ins Stadtholz getriebenen Schweine bzw. den Stadtbullen und das Stadtvieh beaufsichtigten. Sie kamen in den Genuß von freier Wohnung und Kleidung und erhielten sommers wie winters zudem Schuhe, Getreide, kleinere Geldbeträge als „Gottespfennige" und für Bier sowie Brot für ihre Hunde.[112] In den Quellen finden sich noch „*portenknechte*", die im Stadttor wohnten und denen die Wartung der Tore oblag, sowie die „*walmester*", die den Zustand des Stadtwalles zu überwachen hatten.[113]

Zur Aufrechterhaltung der Ordnung unterstanden dem Rat vier Stadtknechte, die im „*Angelbothore*" wohnten.[114] Die Urteile des Rates als oberstes Gericht vollstreckte der Frohn oder Büttel mit seinen Knechten. Die Frohnerei lag bis 1541 in einer Bude bei der Trinitatiskirche.[115] Die ältesten Nachrichten über den Schleswiger Frohn stammen aus den Jahren 1471 und 1472, in denen in den Rechnungen Ausgaben für Arbeiten am Richtschwert erscheinen.[116] 1495 hatte die Stadt offenbar keinen eigenen Scharfrichter, denn der Rat ließ diesen aus Rendsburg kommen.[117] Vielleicht handelt es sich bei ihm um jenen „*Mester Johan Tetens*", der sich 1495 Bier ins Gefängnis schicken ließ, wo er einen entlaufenen Mönch verhörte.[118] Wir hören dann noch einmal gegen Ende unseres Zeitraumes von einem Schleswiger Scharfrichter: 1543 werden Gelder für den Bau einer Galgenleiter ausgegeben. Und im selben Jahr wurde auf dem „*Galgebarge*" (wohl der Gallberg) ein Kesselflicker auf dem Scheiterhaufen hingerichtet – das Warum entzieht sich unserer Kenntnis –, wofür der Frohn für Kost und Bier 1 Ml 12 ß erhielt; für Feuerhaken und Leiter fielen an Kosten weitere 8 ß an.[119] Als Stadtbediensteter ist schließlich noch der Stadtpfeifer mit seinen Gesellen zu erwähnen, die bei Aufzügen und Festivitäten und wohl auch bei der Bekanntgabe von Ratsbeschlüssen aufspielten.[120]

Regiert und verwaltet wurde die Stadt vom Rathaus aus. Dessen Ersterwähnung stammt aus dem Jahr 1449. In der Kämmereirechnung dieses Jahres findet sich ein Eintrag, in dem von einem „*olden*" und einem „*nyen*" Rathaus die Rede ist, wobei letzteres vermutlich eher ein Erweiterungsbau war. Das Rathaus stand am Markt westlich des Franziskanerklosters. Vom Aussehen des Gebäudes ist nur überliefert, daß es sich um ein Giebelhaus handelte, das zeittypisch über große Außentreppen verfügte, über die man in das erste Geschoß gelangte, wo Rat und Bürgerschaft tagten und arbeiteten. Im Erdgeschoß befanden sich neben einigen Buden, die vermietet wurden, die Fleischschrange sowie die Stadtwaage und der Ratskeller. Dieser diente als Empfangs- und Bewirtungsraum für hochgestellte Gäste. Auch fanden hier die Festlichkeiten anläßlich des Petri- und Andreasfestes des Rates sowie des Papageienschießens und Maigrafenfestes der Bürgerschaft statt.[121]

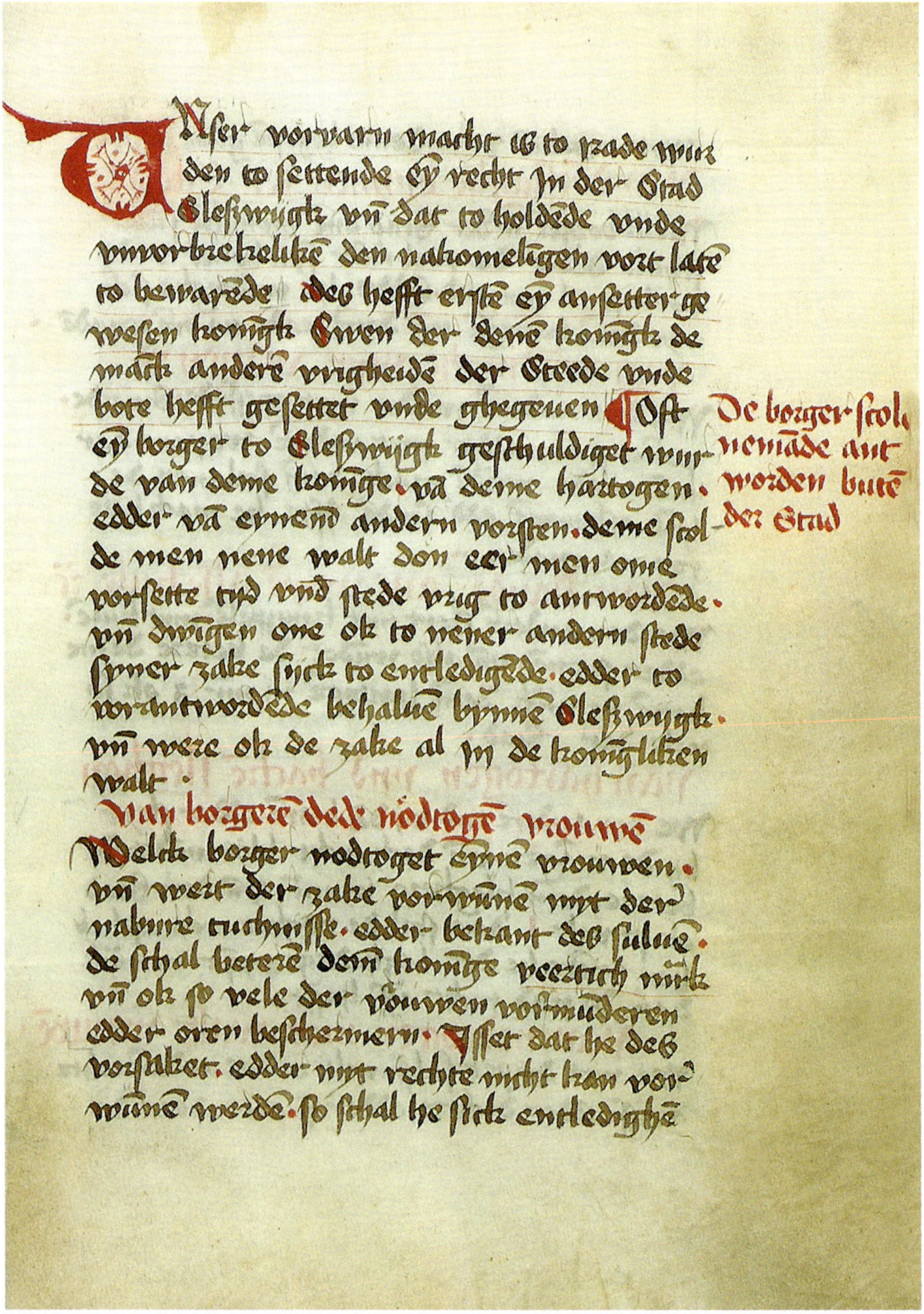

Unser vorvarn macht us to rade wur
den to settende eyn recht In der Stad
Sleswigk vñ dat to holdende vnde
vnvorbrekelike den nakomelingen vort late
to bewarende des hefft erste eyn ansetter ge
wesen konigk Swen der dene konigk de
mark andere vrigheide der Steede vnde
bote hefft gesettet vnde ghegeuen Oft
eyn borger to Sleswigk gesthuldiget wur-
de van deme konige. vā deme hartogen.
edder vā eynem andern vorsten. deme scol
de men nene walt don eer men ome
vorsette tyd vnd stede vrig to antwordede.
vñ dwigen one ok to nener andern stede
syner zake sick to entledigende. edder to
verantwordede behalue bynne Sleswygk.
vñ were ok de zake al in de koningliken
walt.

De borger scol nenāde ant worden butē der Stad

Van borgere de eñ nodtoget vrouwē

Welk borger nodtoget eyne vrouwen.
vñ wert der zake vorwunē myt der
nabure tuchnysse. edder bekant des suluē.
de schal betere dem konige veertich mark
vñ ok so vele der vrouwen vormunderen
edder oren beschermern. Isser dat he des
vorsaket. edder myt rechte nicht kan vor
wunē werde. so schal he sick entledighē

*Abb. 21. Das niederdeutsche Stadtrecht Schleswigs von ca. 1400. Erste Seite.*

**Niederdeutsches Stadtrecht der Stadt Schleswig, ca. 1400.**
*Gemeinschaftsarchiv Schleswig, Abt. 2 Nr. 94.*

*Transkription.*

*fol. 1r:*
Unser vorvarn macht is to rade wurden to settende eyn recht in der stad Sleßwygk unde dat to holdende unde unvorbrekeliken den nakomelingen vort laten to bewarende. Des hefft ersten eyn ansetter gewesen koningk Swen der Denen koningk de manck anderen vrigheiden der steede unde bote hefft gesettet unde ghegeven.

**De borger scolen nemande antworden buten der stad:**
Oft eyn borger to Sleßwygk geschuldiget wurde van deme koninge, van deme hartogen, edder van eyneme andern vorsten, deme scolde men nene walt don, eer men ome vorsette tyd unde stede vrig to antwordende, unde dwingen one ok to nener andern stede syner zake syck to entledigende, edder to vorantwordende behalven bynnen Sleßwygk, unde were ok de zake al in de koningliken walt.

**Van borgeren dede noedtogen vrouwen:**
Welck borger nodtoget eynnen vrouwen, unde wert der zake vorwunnen myt der nabure tuchnisse, edder bekant des sulven, de schal beteren deme koninge veertich mark unde ok so vele der vrouwen vormunderen edder oren beschermern. Isset dat he des vorsaket, edder myt rechte nicht kan vorwunnen werden, so schal he sick entledighen ...

*Übersetzung.*

*fol. 1r:*
Es lag in der Macht unserer Vorgänger im Rat, in der Stadt Schleswig ein Recht zu setzen und dieses einzuhalten und den Nachfolgern zu hinterlassen, es unverbrüchlich zu bewahren. Der erste Verleiher dieses Rechts ist König Sven gewesen, der Dänen König *[Sven Grathe, reg. 1147–1157]*, der es mit anderen städtischen Freiheiten und Hilfsmitteln gesetzt und gegeben hat.

*(§ 1)* **Die Bürger sollen sich vor niemandem außerhalb der Stadt (gerichtlich) verantworten:**
Wenn ein Schleswiger Bürger beschuldigt wird vom König, vom Herzog oder von einem anderen Fürsten, soll man ihm keine Gewalt antun, ehe man ihm nicht Zeit und Ort angibt, sich frei zu verantworten, und ihn nicht zwingen, sich an einem anderen Ort als in Schleswig von der Anklage zu reinigen oder sich zu verantworten, auch wenn der König die Sache schon an sich gezogen hat.

*(§ 2)* **Von Bürgern, die Frauen Gewalt antun:**
Wenn ein Bürger eine Frau notzüchtigt und wird durch das Zeugnis der Nachbarn überführt oder gesteht selbst, der soll dem König mit 40 Mark büßen und mit ebenso viel den Vormündern der Frau oder ihren Beschützern. Wenn er es abstreitet und vor Gericht nicht überführt werden kann, soll er sich reinigen ...

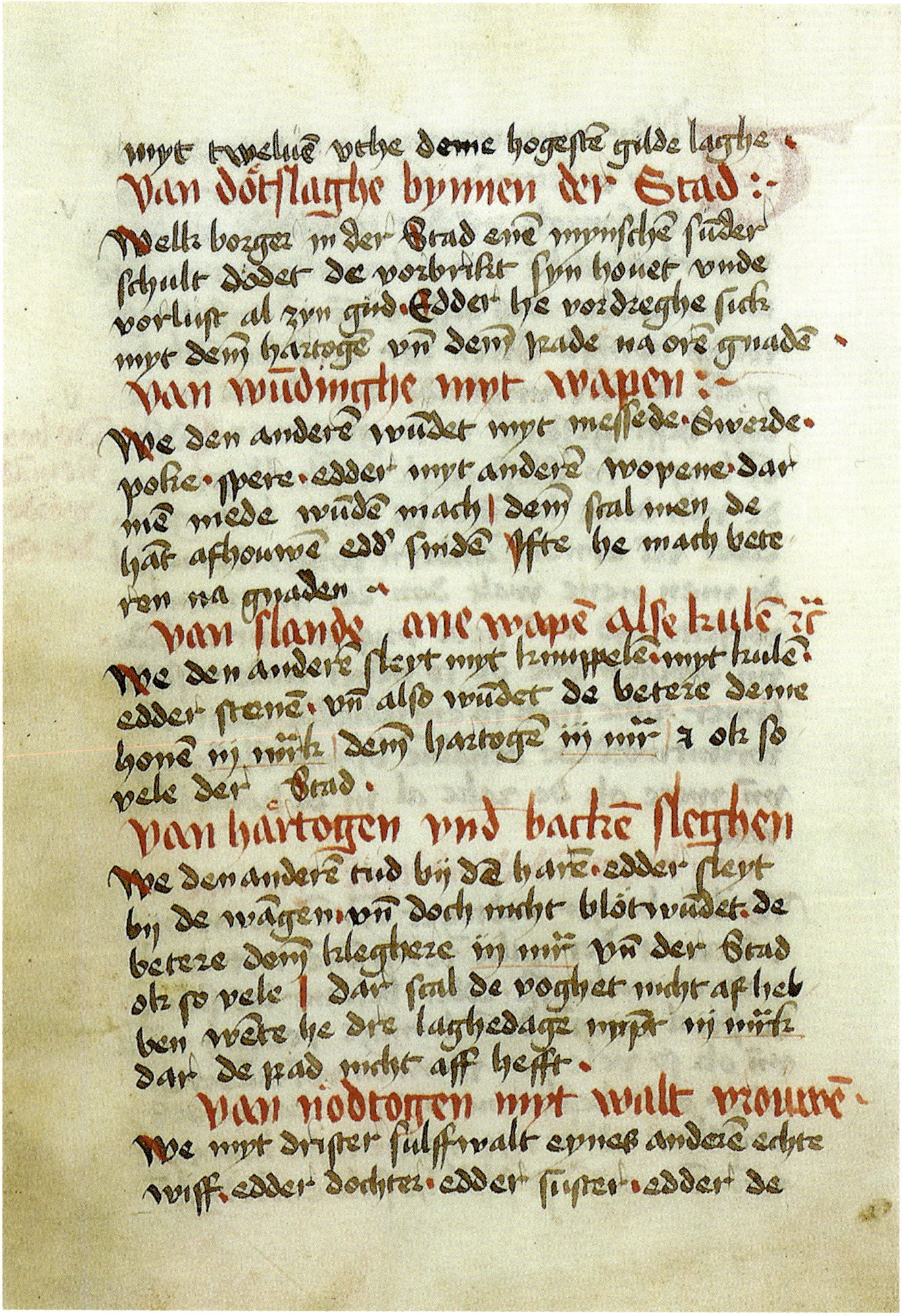
mijt twelue vthe deme hogesten gilde laghe.
Van dotslaghe bynnen der Stad :-
Welk borger in der Stad enen mynschen sunder
schult dodet de vorbrikt syn houet vnde
vorlust al zyn gud. Edder he vordreghe sick
mijt dem hartoge vn dem rade na ore gnade.
Van wundinghe mijt wapen :-
We den anderen wundet mijt messe. Swerde.
poke. spere. edder mijt anderen wopene dar
me mede wunde mach / dem scal men de
hant afhouwen edd' sinde yfte he mach bete
ren na gnaden :-
Van slande ane wapen alse kule :-
We den anderen sleyt mijt knuppele. mijt kule.
edder stenen. vn also wundet de betere deme
honen iij mark / dem hartoge iij mr / vnde ok so
vele der Stad.
Van hartoggen vnd barke sleghen
We den anderen trid bij dat haer. edder sleyt
bij de wagen. vn doch nicht blotwundet. de
betere dem kleghere iij mr vn der Stad
ok so vele / dar scal de voghet nicht af heb
ben wete he dre laghedage mijst iij mark
dar de stad nicht aff hefft.
Van nodtoggen mijt walt vrouwen.
We mijt drister sulffwalt eynes anderen echte
wiff. edder dochter. edder suster. edder de

*Abb. 21 b. Das niederdeutsche Stadtrecht Schleswigs von ca. 1400. Zweite Seite.*

*Transkription.*

*fol.1v:*
myt twelven uthe deme hogesten gilde laghe.

**Van doetslaghe bynnen der stad:**
Welk borger in der stad enen mynschen sunder schult dodet, de vorbrikt syn hovet unde vorlust al zyn gud. Edder he vordreghe sick myt deme hartogen unde deme rade na oren gnaden.

**Van wundinghe myt wapen:**
We den anderen wundet myt messede, swerde, poke, spere edder myt anderen wopene, dar men mede wunden mach, deme scal men de hant afhouwen edder sniden, ifte he mach beteren na gnaden.

**Van slande ane wapen alse kulen etc:**
We den anderen sleyt myt knuppelen, myt kulen edder stenen, unde also wundet, de betere deme honen III mark, deme hartogen III mark, unde ok so vele der stad.

**Van haertogen unde backen sleghen:**
We den anderen tud by den haren, edder sleyt by de wangen, unde doch nicht bloetwundet, de betere deme kleghere III mark unde der stad ok so vele. Dar scal de voghet nicht af hebben wente he dre laghedage nympt III mark dar de rad nicht aff hefft.

**Van noedtogen myt walt vrouwen:**
We myt drister sulffwalt eynes anderen echte wiff, edder dochter, edder suster, edder de …

*Übersetzung.*

*fol.1v:*
mit zwölf (Eiden) aus der höchsten Gilde.

*(§ 3)* **Vom Totschlag innerhalb der Stadt:**
Wenn ein Bürger in der Stadt ohne Verschulden einen Menschen tötet, hat er seinen Kopf verwirkt und verliert all seinen Besitz. Es sei denn er verträgt sich mit dem Herzog und dem Rat auf deren Gnade (mit einer Geldzahlung).

*(§ 4)* **Von Verwundung mit Waffen:**
Wer einen anderen verwundet mit Messer, Schwert, Dolch, Speer oder mit anderen Waffen, mit denen man (jemand) verwunden kann, dem soll man die Hand abhauen oder abschneiden, es sei denn er büßt auf Gnade (mit einer Geldzahlung).

*(§ 5)* **Vom Schlagen ohne Waffen, z. B. mit Keulen:**
Wer einen anderen schlägt mit Knüppeln, Keulen oder Steinen und ihn verwundet, der soll dem Geschädigten mit 3 Mark büßen, dem Herzog mit 3 Mark und der Stadt mit ebenso viel.

*(§ 6)* **Vom An-den-Haaren-Ziehen und von Backenstreichen:**
Wer einen anderen an den Haaren zieht oder ihn auf die Wangen schlägt ohne daß es blutet, der soll dem Kläger mit 3 Mark büßen und der Stadt mit ebenso viel. Davon soll der Vogt nichts abbekommen …

*(§ 7)* **Von Vergewaltigung von Frauen:**
Wer mit dreister Gewalt eines anderen Ehefrau, Tochter, Schwester oder …

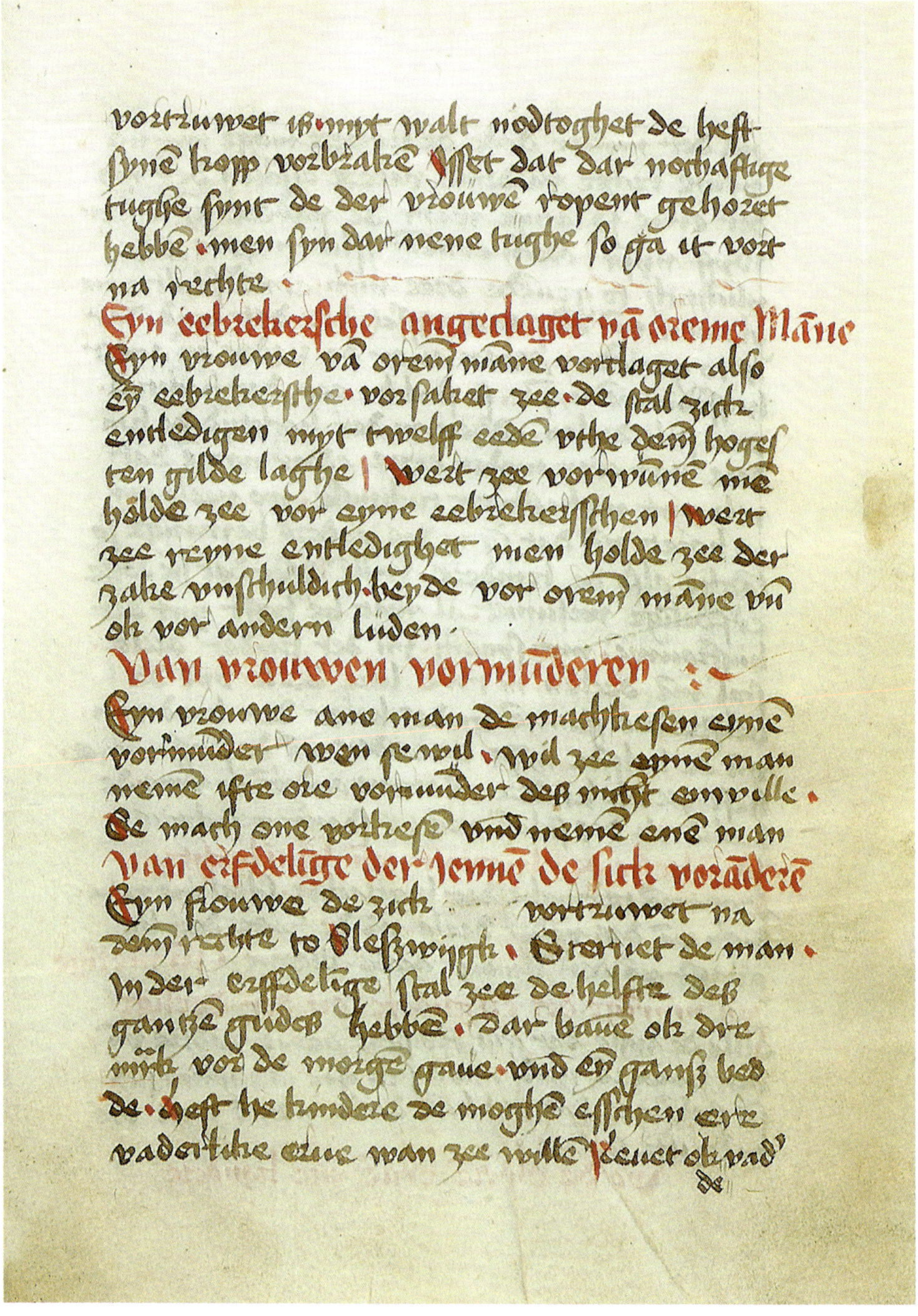

vortzuwet is myt walt nodtoghet de heft
syne kopp vorbrake. isset dat dar warhaftige
tughe synt de der vrouwe ropent gehoret
hebbe. men syn dar nene tughe so gha it vort
na rechte.

Eyn eebrekersche angeclaget van oreme manne

Eyn vrouwe van orem manne vorclaget also
eyn eebrekersche. vorsaket zee. de schal zick
entledigen myt twelff eede vthe dem hogesten gilde laghe | wert zee vorwunnen men
holde zee vor eyne eebrekersschen | wert
zee reyne entledighet men holde zee der
zake vnschuldich. beyde vor orem manne vnde
ok vor andern luden.

Van vrouwen vormunderen

Eyn vrouwe ane man de mach kesen eyne
vormunder wen se wil. wil zee eyne man
neme ifte ore vormunder dess nicht enwille.
de mach one vorkese vnd neme ene man

Van erfdelinge der yenne de sick voranderen

Eyn vrouwe de zick vortruwet na
dem rechte to Sleswygh. Stervet de man.
in der erffdelinge schal zee de helfte dess
ganzen gudes hebbe. Dar bauen ok dre
mark vor de morgengaue. vnd eyn gansz bedde.
hefft he kindere de moghe esschen ore
vaderlike erue wan zee wille. Steruet ok vader
de

*Das niederdeutsche Stadtrecht Schleswigs von ca. 1400. Dritte Seite. Mit Transkription und Übersetzung.*

*Transkription.*

*fol. 2r:*
vortruwet is, myt walt nodtoghet, de heft synen kopp vorbraken. Isset dat dar nothaftige tughe synt de der vrouwen ropent gehoret hebben, men syn dar nene tughe so ga it vort na rechte.

**Eyn eebrekersche angeclaget van oreme manne:**
Eyn vrouwe van oreme manne vorclaget also eyn eebrekersche, vorsaket zee, de scal zick entledigen myt twelff eeden uthe deme hogesten gilde laghe. Wert zee vorwunnen, men holde zee vor eyne eebrekerschen. Wert zee reyne entledighet, men holde zee der zake unschuldich, beyde vor oreme manne unde ok vor andern luden.

**Van vrouwen vormunderen:**
Eyn vrouwe ane man de mach kesen eynen vormunder wen se will. Wil zee eynen man nemen, ifte ore vormunder des nicht enwille, se mach one vorkesen unde nemen enen man.

**Van erfdelinge der jennen de sick voranderen:**
Eyn frouwe de zick vortruwet na deme rechte to Sleßwygk, stervet de man,
in der erffdelinge scal zee de helfte des gantzen gudes hebben, dar baven ok dre mark vor de morgen gave, unde eyn ganß bedde. Heft he kindere, de moghen esschen ere vaderlike erve, wan zee willen. Levet ok de vader ...

*Übersetzung.*

*fol. 2r:*
Verlobte notzüchtigt, der hat seinen Kopf verwirkt, wenn entsprechende Zeugen da sind, die das Rufen der Frau gehört haben. Sind keine Zeugen da, soll es nach Recht zugehen.

*(§ 8)* **Wenn eine Ehebrecherin von ihrem Mann angeklagt wird:**
Eine Frau, die von ihrem Mann als Ehebrecherin beschuldigt wird und es abstreitet, soll sich reinigen mit zwölf Eiden aus der höchsten Gilde. Wird sie überführt, gilt sie als eine Ehebrecherin. Wird sie gereinigt, gilt sie für unschuldig, vor ihrem Mann und vor anderen Leuten.

*(§ 9)* **Von Vormündern der Frauen:**
Eine Frau ohne Mann mag zum Vormund wählen wen sie will. Will sie einen Mann nehmen und ihre Vormünder wollen das nicht, dann mag sie ihn (trotzdem) nehmen.

*(§ 10)* **Von der Erbteilung ... :**
Eine Frau, die sich in Schleswig rechtmäßig verlobt hat, soll, wenn der Mann stirbt, die Hälfte des ganzen Eigentums haben, dazu noch 3 Mark für die Morgengabe und ein ganzes Bett. Hat er Kinder, mögen die ihr väterliches Erbe fordern wann sie wollen ...

**Tab. 1: Schleswiger Ratsmitglieder vom 14. bis Mitte des 16. Jahrhunderts**

[Quelle: Sach, Schleswig, S. 328–332; Lorenzen-Schmidt, Sozial- und Wirtschaftsstruktur, S. 200–204; U. Petersen, Residenz-Stadt, pag. 551ff.;[107] E. Petersen, Bürgermeister. In der Rubrik „Quellen" sind im folgenden nur noch besondere Fundstellen aufgenommen worden.]

| Name | Ratsmitgliedschaft/Ämter | Bemerkungen | Quellen |
|---|---|---|---|
| Peter | Bürgermeister 1328 | geb. um 1270; um 1295 Heirat mit Gertrud; Sohn Nanno seit 1328 Domherr in Schleswig | Koppe, Bürgermeister Peter; DD 2.R. Bd. 10, Nr. 56 |
| Bartholdus | Bürgermeister 1350 | | |
| Stephanus | Stadtvogt 1360 | | |
| Petrus Szario | Bürgermeister 1361 | | |
| Jess Fries | 1376 | | SHRU 6.1 Nr.27 |
| Nicolaus Drifoth | 1376 | | SHRU 6.1 Nr.27 |
| Luderus Stockeleth alias Lange Luder | Bürgermeister 1376; 1380 | kauft 1391 die Güter der Frau Gehza, Witwe des Mathias Werkmester gen. Didde in Jübek | SHRU 6.1 Nr.27; 6.2 Nr. 974 |
| Johannes Voigt | Kämmerer 1380 | | |
| Conradus Wulf | Bürgermeister 1389/90 | | |
| Hennekinus (Schutten) | Stadtvogt 1390, 1406 | | |
| Nicolaus Smiter | vor 1390 erwähnt, 1391; Bürgermeister 1405; Ratmann 1406 | | SHRU 6.2 Nr. 974 |
| Jeße (Johannes?) Runekok | 1391, 1405 | | SHRU 6.2 Nr. 974 |
| Ludeke Scroder | 1406 | | |
| Wendelke Suter | 1406 | | |
| Radolf Smiter | 1405, 1406; Bürgermeister 1411 | | |
| Brune Boyen | 1406, 1410, 1411 | | |
| Magister Werner | Stadtschreiber 1406, 1415 | | |
| Johann Hoeß | 1409 | | |
| Boye Nickelssen | 1409 | | |
| Johann Bokow | 1409 | | |
| Gödeke Smit | 1409 | | |
| Thelevus Smiter | 1410/11 | | |
| Peter Jensen | 1410/11 | | |
| Henneke Ghoos | 1391; 1410; Bürgermeister 1411 | | SHRU 6.2 Nr.974 |
| Claus Sarow | 1415 | | |
| N. Stockeleth | 1415 | | |
| Minrik Menkel | vor 1442–1456; Bürgermeister 1442, 1447, 1456 | zahlt Ackerpacht 1453 (?) | |

| Name | Ratsmitgliedschaft/Ämter | Bemerkungen | Quellen |
|---|---|---|---|
| Marquard Bunning | 1443; Bürgermeister 1446 | | |
| Peter Jonssen | 1442; Bürgermeister 1447 | | |
| Detlef Brun | 1446; Schoßherr 1447 | | |
| Detlef Knakenhawer | 1446; Schoßherr 1447,1449 | zahlt Ackerpacht 1449,1453; zahlt 1450 für zwei Buden 8 ß (?) | GA, Abt. 3 Nr. 147, Nr. 173 |
| Otto Spliid (Splite) | Stadtvogt 1447 | Gottorfer Amtmann 1448; adliger Gläubiger Christians I. | |
| Detlef Busch | vor 1447–1459; Schoßherr 1451,1455,1456,1459; Kämmerer 1453; Bürgermeister 1454 | Ackerpacht 1456 (?) | GA, Abt. 3 Nr. 147 |
| Bartoldus van deme Sandtbegke | 1446; Stadtschreiber 1448 | 1449, 17. Juli: erwähnt als „publicus imperiali autoritate notarius" | |
| Werneke Schohmacker | 1448 | | |
| Otte Vegetasch | vor 1449–1471; Kämmerer 1455; Bürgermeister 1449,1471 | | |
| Eler Scroder | 1448–1468; Schoßherr 1460, 1461,1464,1466,1468; Kämmerer 1449, 1456 | gest. 1468 | |
| Clawes Swaghers | vor 1449–1469; Schoßherr (1453–1455),1458, 1460,1461; Kämmerer 1449, 1452; Bürgermeister 1469 | | |
| Hans Kerstens | vor 1449–1452; Schoßherr 1449,1450,1452 | zahlt Ackerpacht 1449,1453 | GA, Abt. 3 Nr. 147 |
| Marquard Schomaker | vor 1450–1454; Schoßherr 1450; Bürgermeister 1454 | zahlt Ackerpacht 1449,1453 | GA, Abt. 3 Nr. 147 |
| Werner Kruse | vor 1451–1462; Schoßherr 1451,1452,1457,1462; Kämmerer 1453 | | |
| Marquard Hessele | 1453–1455 | zahlt Ackerpacht 1456 | GA, Abt. 3 Nr. 147 |
| Jacob Goldsmit | vor 1456–1477; Schoßherr 1458,1459,1463,1469,1474, 1477; Kämmerer 1456 | zahlt Ackerpacht 1449,1453, 1456 | |
| Werneke | Schoßherr 1456 | | |
| Peter Smit | Schoßherr 1457 | zahlt Ackerpacht 1456 | GA, Abt. 3 Nr. 147 |
| Jess Peters(en) | 1460–1467; Schoßherr 1467 | | |
| Hans Nienborge | vor 1462–1481; Schoßherr 1463,1466,1470,1472,1475, 1481; Kämmerer 1462 | | |

| Name | Ratsmitgliedschaft/Ämter | Bemerkungen | Quellen |
|---|---|---|---|
| Bertold Hertenbeker (Hardenbeker) | vor 1462–1477; Schoßherr 1462,1467,1470; Bürgermeister 1477,1483 (?) | | Noodt 2,1, S. 114 |
| Hans Kock | vor 1464–1486; Schoßherr 1464,1465,1469,1471,1475, 1479,1481,1483; Bürgermeister 1486 | | |
| Peter Kamp | vor 1465–1478; Beisitzer des Schoßes 1465; Schoßherr 1471,1474,1478 | | |
| Tames Truelsen | 1460–1476; Schoßherr 1468,1472,1476 | | |
| Detlef Verst | 1470–1479; Schoßherr 1472, 1476,1479; Kämmerer 1471 | | |
| Peter Schütte | 1474–1491; Schoßherr 1485, 1488,1490; Bürgermeister 1483? | | Noodt 2,1, S. 116 |
| Berend Enicho (auch: Bernd Enichlo) | Ratsschreiber 1476,1486 | 1494 Vikar am Dom; 1500 Kirchherr an St. Trinitatis; gest. 1501 | Harms, Domkapitel, S. 154, Nr. 325 |
| Hinrik Mynrik | 1474–1488; Schoßherr 1480, 1482; Bürgermeister 1486–1488 | gest. 1518 | |
| Hans Mynrik | vor 1477–1484; Schoßherr 1477,1484 | | |
| Hans Brigmann | 1476–1493; Schoßherr 1478, 1480,1484,1486,1493 | | |
| Wichmann Crönß (Bruns?) | 1478; Schoßherr 1482 | | |
| Drewes Swertfeger | 1481–1500; Schoßherr 1483, 1485,1487; Bürgermeister 1489–1491,1495, 1500 (1503?) | Tutor bzw. Vorsteher der Hl.-Dreifaltigkeits-Kirche | Sach, S. 122 Anmerkung |
| Hans Holste | vor 1486–1489; Schoßherr 1486,1488 | Goldschmied | |
| Drewes Bülow | 1486–1500; Bürgermeister 1489,1491,1495 (1503?) | Beisitzer des Schusteramtes; Vater des Dompredigers Marquard Bülow | |
| Jürgen Knakenhower | Stadtschreiber 1487,1490 | | |
| Jasper Becker | 1483 | Vorsteher Hl.-Dreifaltigkeits-Kirche | |
| Peter Becker | 1483–1494; Schoßherr 1487, 1489,1492,1494 | gest. 1495 | |
| Timme Teke | 1487–1490, 1507; Schoßherr 1489; Bürgermeister 1494 | Kaufmann/Händler; zahlt 1507/08 3 Ml Schoß; besaß 2 Häuser | |
| Hilmarus Kornepaghe | 1489–1500; Schoßherr 1495,1497,1499 | | |

| Name | Ratsmitgliedschaft/Ämter | Bemerkungen | Quellen |
|---|---|---|---|
| Georgius Schriwer | 1490–1500; Schoßherr 1492, 1494, 1496, 1497, 1500 | | |
| Hans Tramme | Schoßherr 1491 | | |
| Jeß Paulsen | 1491 | | |
| Hans Stagge | 1491–1494; Schoßherr 1493 | Bäcker; gest. 1494 | |
| Michael Lucht | vor 1496–1526; Bürgermeister 1496 | Schneider; 1501 Ältermann des Schneideramtes; besaß Haus vor dem Tor in der Langen Str.; 1516–1522 Pacht für Acker; 1525 im Schoßregister erwähnt, ohne Zahlungsvermerk; eventuell braute er Bier (1504 Bierverkauf an Rat) | |
| Hinrich Greve | 1499 | gest. 1500 | |
| Marcus Klensmit | 1496; Schoßherr 1498 | | |
| Hans Rethagen | 1499–1522 | eventuell Brauer (lieferte 1505 2 t Bier an Rat); Hausbesitz am Schild | |
| Marten Bruggeman | 1500–1533; Bürgermeister 1521(?), 1528–1533 | Kaufmann/Händler (?); schoßte 1504 3 Ml, damit einer der reichsten Schleswiger Bürger; erste Ehe mit Wanneke, Witwe des Ratmanns Marcus Klensmit | Noodt 2,1, S. 48 |
| Hans Pomerening | vor 1500–1536; Bürgermeister 1524(?), 1529–1536 | begütert: dreifacher Hausbesitzer in der Langen Str., Steintor, Kälberstr.; 1516–1529 viel Ackerland gepachtet | Noodt 2,1, S. 49 |
| Hans Grobschmidt | 1505 | vormals Zöllner zu Treia | |
| Jürgen Dow | 1503–1543 | Schneider; 1501 Ältermann des Schneideramtes; 1543 Verkauf einer Wurt an Peter Swertfeger; Hausbesitzer, da er 1516, 1521, 1524 Wassergeld bezahlt; 1516–1543 Ackerpacht | |
| Hans Pawelsen | Schoßherr 1504 | möglicherweise Schmied (verkaufte 1503/04 Nägel); 1503 als Bürger genannt | |
| Clawes Petersen | 1505–1524 | Hausbesitz in der Langen Str.; zahlt für zwei Häuser Wassergeld; Ackerpacht | |
| Gotke Kellerman (Kellerknecht) | seit ca. 1505–1538; Bürgermeister (1536?)1537 | taucht 1520–21, 1527, 1530–38 in lockerer Folge im Schoßregister auf, allerdings ohne Zahlungsvermerk; | |

| Name | Ratsmitgliedschaft/Ämter | Bemerkungen | Quellen |
| --- | --- | --- | --- |
| noch: Gotke Kellerman | | 1529 belegter Hausbesitz; besaß wohl am Markt vermietete Bude; 1535 Vorsteher der Armen im Heilig-Geist-Hospital | |
| Jacob Iwersen | 1509–1524 | 1504–1508 jährl. Schoß 2 Ml 8 ß | |
| Jurgen Maes (van Kosel d. Ältere) | 1514–vor 1544; Bürgermeister 1541 | 1510–1513 jährl. Schoß 1 Ml und mehr; Besitz zweier Häuser; wenig Ackerpachterträge; gest. vor 1544 | |
| Hans Bremer | 1514–1520 | Witwe zahlt 1521 Wassergeld für Haus in Torfstr. | |
| Hinrik Frese/ Goldsmit | 1523/24–nach 1550 | Goldschmied; gehörte zu den reichsten Schleswigern 1504–1523 | |
| Hans Platenschläger | 1528 | | |
| Laurens Schomaker | 1528–1544 | 1508–1527 langsame Vermögensentwicklung; nach 1516 Hauserwerb von Hans Goltsmit; 1521/24 Wassergeldzahlungen | |
| Clawes Koppersmyt | 1532–1574; Bürgermeister 1559,1563,1564,1569,1573 | seit 1518 in Schleswig als Kupferschmied/-händler tätig; erwarb drei Häuser; steigende Schoßleistung bis 1532; kein Ackerland, aber von Rat Stallungen gepachtet; gest. 1574 | |
| Lars Hennecksen | 1533–1537 | einer der reichsten Schleswiger | |
| Claus Paulsen | 1535 | | |
| Johannes Boye | 1536–nach 1550 | Stadtschreiber; gest. 1576 | |
| Johannes Beer | 1537–1561; Bürgermeister 1540–52,1558,1560 | Apotheker; Beteiligung am Handel; erscheint nicht in Schoßregistern, wahrscheinlich schoßfrei; Hausbesitz: am Markt Haus mit Backhaus, am Steintor Querhaus; 1543–1559 Ackerpacht; gest. 1561 | |
| Wulff Snyder | 1538–nach 1550 | Schneider; geringe Schoßleistung; Hausbesitz am Domkirchhof | |
| Clawes Putter | 1536/37 | 1508 Erwerb Bürgerrecht; wohnt erst Mühlenstr., später Hausbesitz in Langer Str.; schon vorher | |

| Name | Ratsmitgliedschaft/Ämter | Bemerkungen | Quellen |
|---|---|---|---|
| noch: Clawes Putter | | „Schotmelder" für angesehene Bürger | |
| Peter Eggerdes | 1539 Stadtvogt | | |
| Michael Grote | 1543–nach 1550 | 1528–42 Schoßzahler; Pacht von Ratsacker; Besitz zweier Häuser (1 am Markt); auch „Schotmelder" für angesehene Bürger | |
| Jurgen Maes (van Kosel d. Jüngere) | 1543–nach 1550; Bürgermeister 1583-1585 | seit 1540 in Schleswig ansässig; 1543 Kauf einer Wohnung östl. Hl.-Geist-Kirche; bedeutender Ackerpächter; gest. 1585 | |
| Marx Brase | 1549/50; laut Petersen 6 Jahre nacheinander Kämmerer gewesen | Kupferdecker; seit 1531 in Schleswig wohnhaft; Hausbesitz, aber wenig Vermögen zu verschoßen; 1538–1541 „schotelberrekensman" | |

**Die Bürgerschaft**

Im Gegensatz zu heute, wo alle Schleswiger mit gleichen Rechten und Pflichten ausgestattet sind und in gleicher Weise am öffentlichen und politischen Leben der Kommune teilhaben können, waren die Bewohner Schleswigs im ausgehenden Mittelalter keinesfalls alle rechtlich gleichgestellt. Vielmehr teilte sich die Bevölkerung der Stadt in die drei Gruppen der Bürger, der Einwohner – der sogenannten *„Inwoner"*(Gesellen, Knechte, Tagelöhner u. a.) – sowie der vom Bürgerrecht Befreiten (etwa Geistlichkeit und Adel) auf. Die Bürger waren vollberechtigte Mitglieder der Stadtgemeinde. Wer Bürger werden wollte, mußte in Schleswig „haus- und erbgesessen" sein, d. h. über entsprechenden Besitz verfügen. Der Neubürger legte vor dem Rat einen Eid ab, in dem er sich zur Beachtung des Stadtrechtes sowie zum Gehorsam gegenüber dem Rat verpflichtete. Außerdem hatte er das Bürgergeld in Höhe von zumeist 6 ß zu zahlen. Mit diesem Akt war er zum Teil der Bürgergemeinde geworden, unterstand damit dem Rechtsschutz der Stadt und kam in den Genuß der städtischen Privilegien. Doch keine Rechte ohne Pflichten. Und so bedeutete der Status eines Bürgers auch, daß er gewisse Pflichten übernahm: Er zahlte Steuern, den Schoß, und konnte zu bestimmten städtischen und landesherrlichen Diensten, wie der Wachtpflicht oder dem Waffendienst im Rahmen des städtischen Aufgebots, herangezogen werden. Die „Einwohner" hingegen leisteten zwar ihre Abgaben und genossen den Schutz der Stadt, besaßen aber keinerlei Rechte und hatten somit keinen Anteil am Stadtregiment – ganz im Gegensatz zu den Bürgern.[122] Denn die Bürgerschaft war in Verbindung mit dem Rat an der Verwaltung der Kommune beteiligt und übte auf einigen Feldern sogar Selbstverwaltungsrechte aus.[123]

Die bedeutendste Institution der Bürgergemeinde war die Versammlung der Bürger, das *„Thing"* oder *„Ding"*. Die Bürger kamen regulär viermal im Jahr, sofern kein außerordentliches *Ding* vom Rat einberufen wurde, auf dem Marktplatz vor dem Rathaus zusammen.

Dort bekamen sie zu hören, was der Rat an Wichtigem beschlossen hatte oder zu beschließen gedachte und ihnen zur Genehmigung vorlegte, und wurden mit den neuesten Verordnungen und Verkündigungen bekanntgemacht. Zudem wurden Klagen vorgebracht und Verstöße gegen das Stadtrecht verhandelt. Auch fand auf dem *Ding* die Bestätigung von Hauskäufen und -verkäufen statt. Außerdem wurde den Bürgern auf dieser Versammlung das „*Lovbok*" vorgelesen, so daß sich bei Zuwiderhandlungen keiner darauf berufen konnte, von den Bestimmungen nichts gewußt zu haben: „*Anno 1448 do man dat Louffbock laß. – An[no] 1492: in S. Bartholomaei daghe wart dat Loobock up deme radhuse gelesen.*"[124] Über die praktische Gestaltung der Versammlung und ob diese ihre Kontroll- und Mitbestimmungsfunktion tatsächlich auch erfüllte, wissen wir nichts. Im Verlauf des 16. Jahrhunderts verlor sie an Bedeutung und verschwand schließlich ganz aus dem Verfassungsleben der Stadt.

Bei wichtigen Rechtsgeschäften wie etwa im Falle von Grenzscheidungen gab es einen von Bürgern gebildeten Ausschuß, der dem Rat zur Seite stand. So erschienen anläßlich von Grenzstreitigkeiten 1489 auf dem Struxdorfer Thing der Schleswiger Bürgermeister Drewes Swertfeger und die Ratleute Peter Schutte und Timme Teke „*myt etliken borgeren*".[125] Auch an den erwähnten Kontrollgängen zur Brandvermeidung waren Bürger beteiligt.

Ein anderes Gremium waren die „*rekenslude des schotelbeers*", die seit 1529 in den Quellen auftauchen. Die beiden Rechnungsmänner wurden vom Rat ernannt und bekleideten dieses Amt teilweise über mehrere Jahre. Mitunter bildete diese Funktion den Einstieg für eine spätere Ratskarriere, wie im Falle des Marx Brase, der von 1538 bis 1541 als „*schotelbeer-rekensman*" fungierte, um dann einige Jahre später im Rat zu sitzen (vgl. Tab. 1). Des weiteren wurden drei weitere Bürger ernannt, die als „*schotmelder*" Hausverkäufe und Verschotung, d. h. die offizielle Eigentumsübertragung auf dem Thing, zu bestätigen hatten.[126]

Bürgerliche Beteiligung fand auch im Rechtswesen statt. Nicht sicher, doch wahrscheinlich ist es, daß die Bürgergemeinde Vertreter zu den „*stockneffningen*" und den „*Sandleuten*" entsandte. Die Sandleute waren dabei dem Stadtrecht zufolge für Streitsachen („*alle arch*" = alles Arge) auf dem Stadtfeld sowie in dem Gebiet zwischen „*Refhale unde Haddebothsund, unde allent wat dar schuet twisschen Hethebysand unde Haddebothsunde*" zuständig.[127] Die „*Stockneffninge*" treten dagegen erst im neueren niederdeutschen Stadtrecht auf: Sie sollten danach über Störung des Hausfriedens, Gewalt, Raub und eigenmächtige Gewalttaten entscheiden.[128] 1489 wies Herzog Friedrich den Schleswiger Rat an, eine Streitsache um ein Haus von den zwölf *Stockneffningen* entscheiden zu lassen.[129] Um *Stockneffninge* dürfte es sich wahrscheinlich auch bei jenen acht Bürgern gehandelt haben, die gemeinsam mit dem Rat „*alsze unse staetrecht ut wiset*" im Jahr 1480 die vom Adligen Heneke Storm bei Detlev von Sigghen angerichteten Zerstörungen an dessen Tür begutachteten.[130] *Stockneffninge* und *Sandleute* erscheinen in den Aufzeichnungen der ersten Hälfte des 16. Jahrhunderts nicht mehr. Ihre Aufgaben übernahmen mutmaßlich die 1550 eingesetzten „*Sühneleute*", die gemeinsam von Rat und Bürgerschaft „*uppe gehegeden ding*" ernannt wurden. Insgesamt waren es 1550 neun Personen, wovon zwei dem Rat angehörten. Die Sühneleute waren verpflichtet, auf Anzeige hin Sachschäden zu überprüfen und den Schuldigen zu ermitteln. Der Täter erhielt dann die Strafe von 1 t Bier auferlegt, noch bevor die Sache vor dem Rat verhandelt wurde.

Die Bürger, die in Kooperation mit dem Rat bei gemeinsamen Aufgaben bzw. in eigenständigen Gremien an der städtischen Verwaltung mitarbeiteten, rekrutierten sich dabei keineswegs aus der gesamten Schleswiger Bürgerschaft, sondern entstammten vorwiegend den sozial und wirtschaftlich besser gestellten Schichten, den „*vornemsten borgheren*", die gleichsam als Vertretung der ganzen Gemeinde fungierten. Auch unter der Bürgerschaft waren eben manche gleicher als andere!

## *„Upboringhe unde uthgifte to nytticheit der stad"* – Die städtischen Finanzen

Ein wichtiges Merkmal städtischer Selbständigkeit ist die Verfügungsgewalt über eigene Finanzen, die das materielle Fundament zur Gestaltung des Gemeinwesens bilden.

Die Einnahmeseite des Finanzhaushaltes der Stadt Schleswig speiste sich aus mehreren Quellen. Eine wesentliche Säule der städtischen Finanzen stellte der sogenannte „Schoß" dar, eine direkte Steuer, die sich in der einen oder anderen Form in nahezu jeder mitteleuropäischen Stadt finden läßt. In Schleswig war der Schoß laut Lorenzen-Schmidt eine *„kombinierte Immobilien- und Haushaltssteuer"*.[131] Der genaue Satz dieser Steuer ist für Schleswig nicht bekannt, dürfte sich aber ähnlich wie in anderen schleswig-holsteinischen Städten anteilsmäßig am Vermögen der Steuerpflichtigen bemessen haben; so betrug beispielsweise der Satz in Kiel und Rendsburg rund 1%. Den Schoß leisteten offenbar alle Haushaltsvorstände, d. h. also nicht nur die Bürger, sondern auch die „Einwohner" der Stadt. Von der Schoßpflicht befreit waren nur die Ratleute und Ratsbediensteten mit ihrem Haushalt und Wohnraum; sie waren in den Schoßregistern zumeist mit Zusatz *„gratia"* vermerkt.[132] Für den Besitz weiterer Immobilien mußte allerdings die Steuer gezahlt werden. Ebensowenig unterlag die große Gruppe der Geistlichen der Schoßzahlung. Aber auch hier gab es eine Ausnahme: Die Befreiung galt nicht für ererbten Grundbesitz im Stadtgebiet.[133]

Die Erhebung und Rechnungslegung des Schoßes war die Aufgabe zweier Ratmänner, der sogenannten Schoßherren. Diese gingen mit einem Schreiber durch die Straßen der Stadt, wobei sie, wie die Reihenfolge der Straßen in den Registern zeigt, im Norden begannen und am Holm endeten. In jeder Straße teilten die Schoßherren dem Schreiber mit, welche Person in den Häusern und Buden mit welchem Betrag zum Schoß herangezogen wurde. In der Ratsversammlung wurde dann der entsprechende Entwurf der Schoßzahlungen angenommen, oder es wurden Änderungen vorgenommen. Nachdem die Summen auf diese Weise festgelegt worden waren, hatten die Schoßpflichtigen ihren jeweiligen Betrag auf dem Rathaus bei den Schoßherren abzuliefern. Es kam dabei durchaus vor, daß manche statt in klingender Münze mit Naturalien zahlten: So lieferte zum Beispiel Jurgen Luchte 1510 zwei Kerzen ab, und 1544 gab Catrine Vretzen eine Muskatnuß.[134]

Die geleistete Zahlung der Steuer vermerkte ein Schreiber mit einem Zeichen in Form eines kleinen Kreises vor dem Namen des Betreffenden im Register. Wer nicht zahlte, dem drohte die Pfändung. Pfandgüter waren vor allem Haushaltsgegenstände (Pfannen, Kessel, Löffel u. ä.) sowie Handwerksgeräte. Pfändungen scheinen vorrangig bei ärmeren Leuten vorgenommen worden zu sein, während wohlhabendere Steuerpflichtige dagegen wohl eher mit einer Stundung ihrer Schuld rechnen konnten. Mit der Zahlungsmoral und -fähigkeit der Schleswiger stand es aber offenbar nicht allzu schlecht. Wie Lorenzen-Schmidt in der von ihm untersuchten ersten Hälfte des 16. Jahrhunderts feststellen konnte, kamen Pfändungen und Stundungen nur gelegentlich vor: In den Jahren 1504 bis 1546 gab es in neun einzelnen Jahren 26 Fälle von Pfändungen und 31 Stundungen.

Die bereits erwähnten Schoßregister liegen für Schleswig seit 1447 (mit Ausnahme des Jahrganges 1526) in lückenloser Folge vor, so daß sich aus ihnen ein geschlossenes Bild über die Entwicklung der Schoßeinnahmen rekonstruieren läßt.

Um den langfristigen Verlauf der Schoßeinnahmen besser sichtbar zu machen, wurden aus Tabelle 2 die einzelnen Zahlen zu fünfjährigen Durchschnittswerten zusammengefaßt. Wie Grafik 1 zeigt, gab es im Steueraufkommen kaum starke Schwankungen. Die Schoßgelder dienten vorwiegend den zahlreichen Aufgaben und der Arbeit des Rates, auch wurden aus ihnen die 50 Ml an den Landesherrn gezahlt.

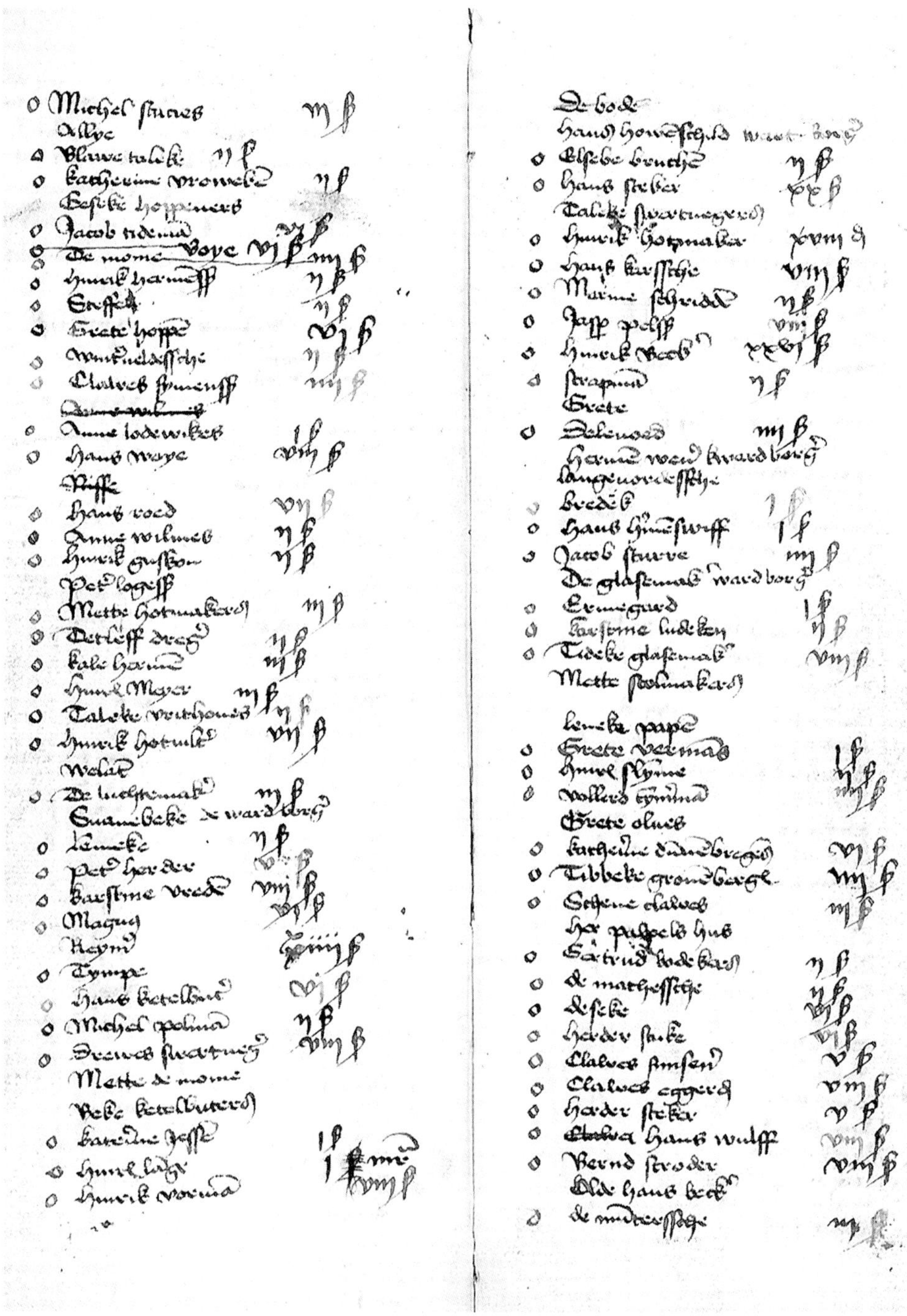

*Abb. 22. Schoßregister der Stadt Schleswig von 1463. Zweite und dritte Seite.*

**Schoßregister der Stadt Schleswig 1463.** Zweite und dritte Seite.
*Gemeinschaftsarchiv Schleswig, Abt. 3 Nr. 174.*

*Transkription.*

| | | |
|---|---|---|
| Michel Staries | | 3 ß |
| Allye | | |
| Blawe Taleke | | 2 ß |
| Katherine Vroweke | | 2 ß |
| Gescke Hoppeners | | |
| Jacob Tideman | | 6 ß |
| Boye | | 6 ß |
| De mome *[=Muhme]* | | 4 ß |
| Hinrik Hermensß | | 2 ß |
| Steffen | | 2 ß |
| Grete Hoppen | | 6 ß |
| Winterveldessche | | 2 ß |
| Clawes Symensß | | 4 ß |
| Anne Wilmes *[gestrichen]* | | |
| Anne Lodewikes | | 1 ß |
| Hans Waye | | 8 ß |
| Nisse *[gestrichen]* | | |
| Hans Roed | | 7 ß |
| Anne Wilmes | | 2 ß |
| Hinrik Guskon | | 2 ß |
| Peter Logesß | | |
| Mette Hotmakers | | 3 ß |
| Detleff Dreger | | 2 ß |
| Kale Hermen | | 3 ß |
| Hinrik Meyer | | 3 ß |
| Taleke Veithones | | 2 ß |
| Hinrik Hotvilter | | 7 ß |
| Welater | | |
| De Luchtemaker | | 3 ß |
| Svanebeke de ward borger *[=wird Bürger]* | | |
| Lemeke | | 2 ß |
| Peter Harder | | 5 ß |
| Karstine Vreden | | 8 ß |
| Magnus | | 6 ß |
| Reymer | | 10 ß |
| Tympe | | 14 ß |
| Hans Ketelbuter | | 6 ß |
| Michel Polman | | 2 ß |
| Drewes Swertveger | | 8 ß |
| Mette de mome | | |
| Beke Ketelbuters | | |
| Katerine Jessen | | 1 ß |
| Hinrik Lange | 1 mark | |
| Hinrik Vorman | | 8 ß |

| | |
|---|---|
| De bode *[=Bote]* | |
| Hans Howenschild ward borger | |
| Elsebe Bruthen | 2 ß |
| Hans Steker | 20 ß |
| Taleke Swertvegers | |
| Hinrik Hotmaker | 18 d |
| Hans Karssche | 8 ß |
| Marine Schridden | 2 ß |
| Jasper Pelsß | 8 ß |
| Hinrik Becker | 26 ß |
| Scrapman | 2 ß |
| Grete | |
| Delenoed | 4 ß |
| Hermen Wever ward borger | |
| Langevordessche | |
| Bredens | 1 ß |
| Hans Hermens wiff *[=Weib]* | 1 ß |
| Jacob Sturre | 4 ß |
| De Glasemaker ward borger | |
| Ermegard | 1 ß |
| Karstine Ludeken | 2 ß |
| Tideke Glasemaker | 8 ß |
| Mette Stolmakers | |
| Leneke Papen | |
| Grete Vermans | 1 ß |
| Hinrik Slymme | 2 ß |
| Vollerd Tymerman | 4 ß |
| Grete Olves | |
| Katherine Dunnenberges | 6 ß |
| Tibbeke Gronenberges | 4 ß |
| Scheve Clawes | 3 ß |
| Her Pawels hus | |
| Gertrud Bodekers | 2 ß |
| De Mathessche | 2 ß |
| Descke | 6 ß |
| Clawes Simsener | 5 ß |
| Clawes Eggers | 8 ß |
| Herder Steker | 5 ß |
| Hans Wulff | 8 ß |
| Bernd Scroder | 8 ß |
| Olde Hans Becker | |
| De Munterssche | 3 ß |

**Tab. 2: Schoßeinnahmen 1447–1550**
[Quelle: GA, Abt. 3 Nr. 173/174; Lorenzen-Schmidt, Sozial- und Wirtschaftsstruktur, S. 168f.; Landgraf, Kiel, S. 33]

| Jahr | Einnahme | Jahr | Einnahme | Jahr | Einnahme |
|---|---|---|---|---|---|
| 1447 | 103 Ml 13 ß | 1482 | 115 Ml 1 ß | 1517 | 99 Ml 3 ß |
| 1448 | 73 Ml 8 ß | 1483 | 105 Ml 4 ß | 1518 | 116 Ml 15 ß |
| 1449 | 54 Ml 2 ß | 1484 | 106 Ml 10 ß | 1519 | 107 Ml 1 ß |
| 1450 | 79 Ml 7 ß | 1485 | 100 Ml 6 ß | 1520 | 103 Ml 1 ß |
| 1451 | 93 Ml 15 ß | 1486 | 88 Ml 10 ß | 1521 | 101 Ml 7 ß |
| 1452 | 101 Ml 12 ß | 1487 | 107 Ml 11 ß | 1522 | 94 Ml 14 ß |
| 1453 | 92 Ml 6 ß | 1488 | 98 Ml 1 ß | 1523 | 94 Ml 8 ß |
| 1454 | 86 Ml 9 ß | 1489 | 94 Ml 8 ß | 1524 | 100 Ml 12 ß |
| 1455 | 92 Ml 3 ß | 1490 | 97 Ml 11 ß | 1525 | 98 Ml 14 ß |
| 1456 | 90 Ml 7 ß | 1491 | 92 Ml 6 ß | 1526 | Fehlt |
| 1457 | 86 Ml 14 ß | 1492 | 90 Ml 12 ß | 1527 | 106 Ml 14 ß |
| 1458 | 75 Ml 3 ß | 1493 | 97 Ml 8 ß | 1528 | 110 Ml |
| 1459 | 80 Ml 12 ß | 1494 | 93 Ml 6 ß | 1529 | 119 Ml 8 ß |
| 1460 | 73 Ml 12 ß | 1495 | 92 Ml 8 ß | 1530 | 109 Ml 2 ß |
| 1461 | 64 Ml 12 ß | 1496 | 102 Ml 3 ß | 1531 | 106 Ml 11 ß |
| 1462 | 80 Ml 6 ß | 1497 | 104 Ml 15 ß | 1532 | 106 Ml |
| 1463 | 74 Ml 4 ß | 1498 | 109 Ml | 1533 | 105 Ml 5 ß |
| 1464 | 65 Ml | 1499 | 97 Ml 14 ß | 1534 | 88 Ml 15 ß |
| 1465 | 77 Ml 3 ß | 1500 | 85 Ml 11 ß | 1535 | 97 Ml 8 ß |
| 1466 | 74 Ml 10 ß | 1501 | 87 Ml 8 ß | 1536 | 99 Ml 1 ß |
| 1467 | 82 Ml 14 ß | 1502 | 90 Ml 11 ß | 1537 | 105 Ml 9 ß |
| 1468 | 47 Ml 6 ß | 1503 | 79 Ml 8 ß | 1538 | 103 Ml 5 ß |
| 1469 | 83 Ml 1 ß | 1504 | 100 Ml 9 ß | 1539 | 106 Ml 1 ß |
| 1470 | 91 Ml 8 ß | 1505 | 89 Ml 4 ß | 1540 | 112 Ml 4 ß |
| 1471 | 86 Ml 14 ß | 1506 | 87 Ml 10 ß | 1541 | 112 Ml 12 ß |
| 1472 | 98 Ml 14 ß | 1507 | 93 Ml 7 ß | 1542 | 119 Ml 3 ß |
| 1473 | 95 Ml 9 ß | 1508 | 93 Ml 15 ß | 1543 | 107 Ml 14 ß |
| 1474 | 98 Ml 11 ß | 1509 | 96 Ml 3 ß | 1544 | 107 Ml 7 ß |
| 1475 | 92 Ml 11 ß | 1510 | 100 Ml 3 ß | 1545 | 107 Ml 13 ß |
| 1476 | 110 Ml 4 ß | 1511 | 99 Ml 14 ß | 1546 | 104 Ml 10 ß |
| 1477 | 82 Ml 8 ß | 1512 | 130 Ml 7 ß | 1547 | 102 Ml 7 ß |
| 1478 | 96 Ml 11 ß | 1513 | 111 Ml 12 ß | 1548 | 98 Ml 13 ß |
| 1479 | 104 Ml 7 ß | 1514 | 90 Ml 4 ß | 1549 | 107 Ml 8 ß |
| 1480 | 103 Ml 6 ß | 1515 | 86 Ml 1 ß | 1550 | 99 Ml 2 ß |
| 1481 | 106 Ml 6 ß | 1516 | 97 Ml 8 ß | | |

Der Schoß bildete jedoch nicht die einzige Einnahme der Stadt. Weitere Finanzquellen, aus denen sich der Haushalt Schleswigs zusammensetzte, lassen sich den Kämmereirechnungen des Rates entnehmen. Im Gegensatz zu den Schoßregistern können wir aus ihnen allerdings nur ein punktuelles Bild der Finanzverhältnisse Schleswigs gewinnen. Während Sach für seine Studie offensichtlich noch aus einem reichhaltigeren Fundus an Rechnungen schöpfen konnte[135], sind heute aus dem 15. Jahrhundert nur ganze drei Rechnungsjahrgänge (1449, 1456, 1495) überliefert, und für das 16. Jahrhundert liegen sie erst ab 1538 vor.

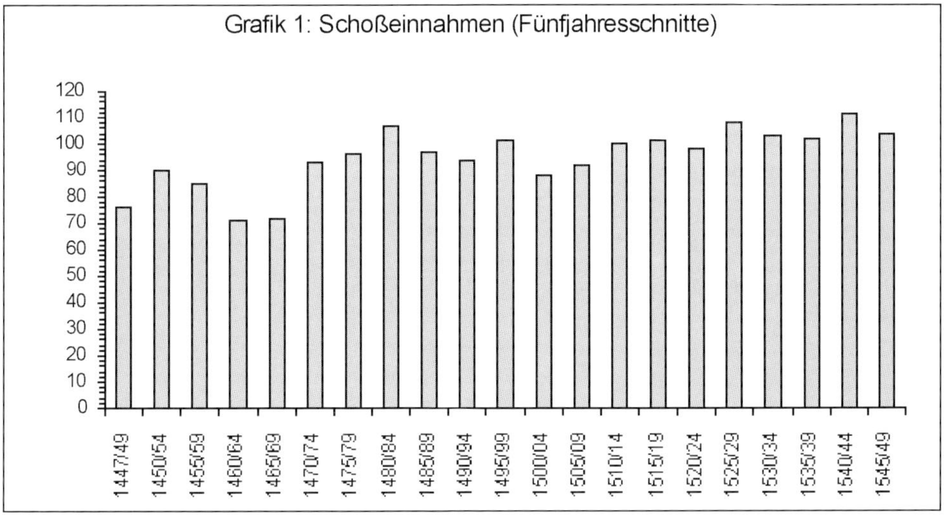


Die Verwaltung der Finanzen lag, wie erwähnt, in Händen eines oder zweier Kämmerer. Sie hatten dem Rat jährlich am St.-Petri-Tag (22. Februar) Rechenschaft über Einnahmen und Ausgaben, die *„upboringhe unde uthgifte to nytticheit der stad"*[136], zu geben. Die Technik der Abrechnung dürfte sich sicherlich nicht von derjenigen andernorts unterschieden haben. Die Rechnungslegung erfolgte mit Hilfe eines Rechentisches, auf dem Linien eingeritzt waren, die bestimmte Zahlenwerte darstellten (meist Einer, Zehner und Hunderter). Mit Rechenmünzen bzw. -steinen wurden die einzelnen Beträge auf diese Linien gelegt. Auf diese Weise waren die Grundrechenarten mit den vorwiegend benutzten römischen Ziffern überhaupt erst möglich.[137]

**Tab. 3: Einnahmen / Ausgaben in Kämmereirechnungen**
[Quelle: GA, Abt. 3 Nr. 147/148; Lorenzen-Schmidt, Sozial- und Wirtschaftsstruktur, S. 198; Sach, Schleswig, S. 128f.]

| Jahr | Einnahmen (Ml/ß/d) | Ausgaben (Ml/ß/d) | Saldo (Ml/ß/d) |
|---|---|---|---|
| 1449 | 95/ 4 /– | 58/ 1/ – | 37/ 3/– |
| 1452 | 247/–/– | 219/–/– | 28/– /– |
| 1456 | 99/6/– | 103/ 5/ 10 | 4/-/2 |
| 1471 | 128/4/– | 132/7/– | – 4/3/– |
| 1472 | | 131(?)/12/– | |
| 1495 | 92/ 6/– | 85/ 3/– | 7/ 3 – |
| 1538 | 126/ 5 / 6 | 222/ 12/– | –96/ 6/ 6 |
| 1539 | 164/–/ 8 | 144/ 13/ 2 | 19/ 3/ 6 |
| 1540 | 226/ 15/ 6 | 88/ 6/ 11 | 138/ 8/ 5 |
| 1541 | 154/ 5/ 3 | 354/ 1/ 3 | –200/ 4/– |
| 1542 | 122/–/ 9 | 98/ 14/– | 23/ 11/– |
| 1543 | 134/ 6/ 9 | 117/ – / 2 | 17/ 6/ 7 |
| 1544 | 142/ 6/ 9 | 162/ 8/ 4 | –20/ 1/ 7 |

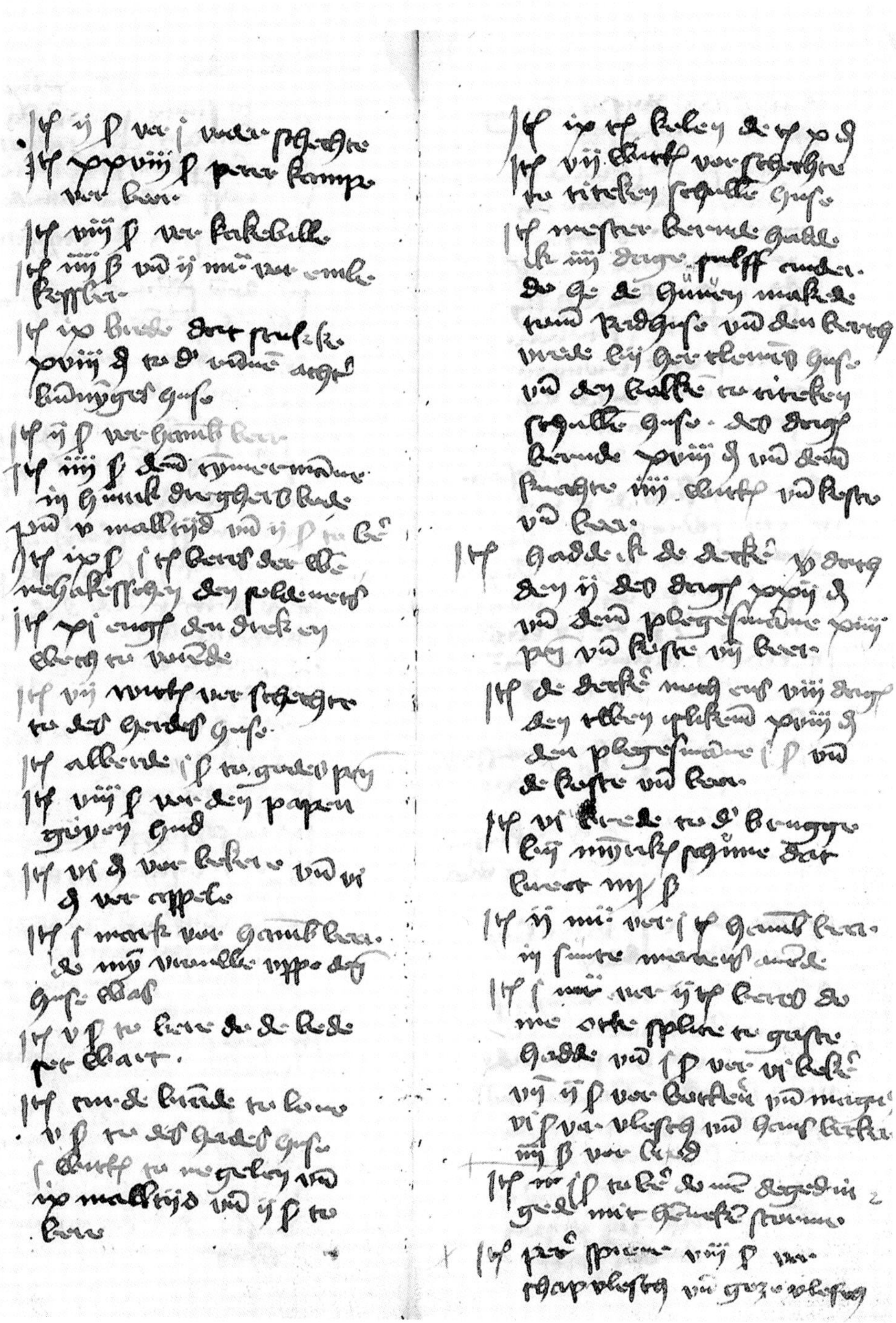

*Abb. 23. Kämmereirechnung der Stadt Schleswig von 1449. Dritte und vierte Seite.*

**Kämmereirechnung der Stadt Schleswig 1449.** Dritte und vierte Seite.
*Gemeinschaftsarchiv Schleswig, Abt. 3 Nr. 147.*

*Transkription.*

*Spalte 1:*

Item 2 ß vor 1 voder schechte.
Item 28 ß Peter Kampe vor beer.
Item 8 ß vor kakebille *[=Eckernförder Bier]*.
Item 4 ß unde 2 Mark vor Embekess ber *[=Einbecker Bier]*.
Item 9 brede dat stukke 18 d to der runnen *[=Rinne]* achter Bunnynges huse.
Item 2 ß vor Hamborger beer.
Item 4 ß deme tymmermanne in Hinrik Dreghers bode *[=Bude]*.
Item 5 malltyd unde 2 ß to beer.
Item 9 ß 1 tunne beres der Wennehakesschen den soldeners *[=für die Söldner]*.
Item 11 engelsche den drek enwech to vorende *[=den Dreck wegzufahren]*.
Item 7 witte vor schechte to des herdes *[=des Hirten]* huse.
Item Alberde 1 ß to godes penninge *[Gottespfennig=Almosen]*.
Item 8 ß vor den papengöyen hud *[=der Hut des Schützenkönigs]*.
Item 6 d vor bekere unde 6 d vor appele.
Item 1 mark vor Hamborger beer do myn vrouwe uppe deme huse was.
Item 5 ß to bere do de bede *[=Steuer]* set *[=festgesetzt]* wart.
Item Curde Brande to lone, 5 ß to des herdes huse, 1 witten to negelen unde 9 malltyd unde 2 ß to beer.

*Spalte 2:*

Item 9 tunnen kolen de tunne 10 d.
Item 7 witte vor schechte to Titeken Schullen huse.
Item Mester Bernde hadde ik 4 dage sulff ander *[selbander= zu zweit]*, do he de huven *[=Hauben]* makede tome radhuse unde den berchvrede by her Clemens huse unde den balken to Titeken Schullen huse, des dages Bernde 18 d unde dem knechte 4 witte unde koste unde beer.
Item hadde ik de deckere 4½ dach, den 2 des dages 22 d unde deme plegesmanne 14 penninge unde koste unde beer.
Item de deckere noch enß 8 dage, den twen islikeme *[=jedem]* 18 d, den plegesmanne 1 ß unde de koste unde beer.
Item 6 brede to der brugge by Mynrikes schune dat breet 3½ ß.
Item 2 mark vor 1 tunne Hamborger beer in sunte Mertenß avende.
Item 1 mark vor 2 tunnen beres do me[n] Otte Splite to gaste hadde unde 1 ß vor 6 bekere unde 2 ß vor botteren unde Magnus 6 ß vor vlesch unde Hanß Becker 4 ß vor brod.
Item 1 ß to beer do men degedingede *[=verhandelte]* mit Henneken Storme.
Item Peter Spreme 8 ß vor schapvlesch unde gozevlesch *[= Schaf- und Gänsefleisch]*.

Die Einnahmen der Kämmerei setzten sich aus verschiedenen Posten zusammen. Ein Großteil der in die Stadtkasse fließenden Gelder stammte aus den Verpachtungen von stadteigenen Ländereien und Gebäuden (Häuser, Buden): die *„erd-(*bzw. *acker-)huer, hus- und bodenhuer.“* Diese Abgabe wurde zu zwei Terminen erhoben: Ostern und Michaelis (29. September). Zu diesem Komplex gehörte noch die Rubrik *„van koelhouven unde hopffenhouven“* (von Kohl- und Hopfenhöfen), wobei es sich bei ersteren um Gartenländereien gehandelt haben dürfte; 1456 wird ein städtischer Hopfenhof in der Michaelisstraße erwähnt.[138] Des weiteren gab es noch den Posten *„hoppenwagen“*. Dabei handelte es sich um eine Gebühr für das Wiegen ge- und verkauften Hopfens auf der städtischen Hopfenwaage, pro Sack fielen 2 ß an.[139] Die *„stedegelder“* umfaßten die Gebühren für die Marktstände.[140] In die Geldtruhe der Kämmerei gelangten ebenso die von den Neubürgern der Stadt zu erlegenden „Bürgergelder“. Und schließlich profitierte die Stadt in finanzieller Hinsicht in erheblichem Maße noch von den Gesetzesübertretungen ihrer Einwohner. Die auferlegten Strafgelder, die Brüche, machten nämlich neben den Einnahmen aus den Verpachtungen den zweitgrößten Posten aus. Ihr Anteil an den Gesamteinnahmen betrug in den Jahren 1538 bis 1550 im Schnitt 28%. Tabelle 4 gibt einen Einblick über die Höhe und Entwicklung der einzelnen Posten in den überlieferten Kämmereirechnungen:

Bei den Ausgaben nahmen Aufwendungen für Bau- und Handwerksarbeiten jeglicher Art den größten Umfang ein. Daneben wurden aus den Kämmereieinnahmen noch die Gelder für festliche Anlässe, wie das Schützenfest oder Ratsfeste (St. Peter, St. Andreas), Reisen der Ratsmitglieder, der Unterhalt der niederen Stadtbediensteten sowie Kosten für die Stadtländereien bestritten.

**Tab. 4: Einnahmestruktur 1449–1544**

[Quelle: GA, Abt. 3 Nr. 147/ 148. Die Beträge in der oberen Reihe lauten auf Ml, die darunter auf ß]

| Posten | 1449 | 1456 | 1471 | 1495 | 1538 | 1539 | 1540 | 1541 | 1542 | 1543 | 1544 |
|---|---|---|---|---|---|---|---|---|---|---|---|
| Erd-, Haus- und Budenheuer | 72<br>15 | 82<br>1 | 103<br>10 | 57<br>11 | 94<br>14 | 100 | 114<br>14 | 109<br>8 | 67<br>7 | 111<br>5 | 101<br>2 |
| Kohlhöfe, Hopfenhöfe | | | | | 2<br>14 | 3<br>13 | 3<br>14 | 3<br>5 | | 2<br>14 | 2<br>11 |
| Brüche | 12<br>1 | 14<br>4 | 17<br>9 | 28<br>15 | 51<br>14 | 56<br>2 | 103<br>4 | 32<br>4 | 49<br>4 | 18 | 35<br>6 |
| Bürgergeld | 4<br>4 | | 3<br>6 | 4<br>2 | 2<br>6 | 3<br>1 | 2<br>4 | 4<br>8 | 4<br>2 | 1<br>2 | 1<br>14 |
| Hopfenwaage | 1<br>12 | 3<br>1 | 2 | 2 | 1<br>6 | 1<br>4 | 1<br>4 | 1 | 1 | 2<br>2 | 1<br>2 |
| *„Stedegelder“* | 4<br>4 | | 1<br>11 | | 1<br>8 | | 1<br>14 | <br>14 | <br>12 | | 1<br>14 |
| Diverses | | | | | | | | <br>3 | | | |
| Gesamt | 95<br>4 | | 128<br>13 | 92<br>12 | 126<br>5 | 164 | 226<br>15 | 154<br>5 | 122<br>9 | 134<br>6 | 142<br>6 |

# Die Bewohner der Stadt

## Bevölkerungszahl und Bevölkerungsentwicklung

Wie viele Menschen lebten in Schleswig? Die Bestimmung der Bevölkerungsgröße einer mittelalterlichen und frühneuzeitlichen Stadt ist generell nur unter Schwierigkeiten – wenn überhaupt – möglich. Der Grund liegt dabei in erster Linie in der unzureichenden Quellenlage. Volkszählungen, die uns einen verhältnismäßig exakten Aufschluß über die Bevölkerungsverhältnisse zu einem bestimmten Zeitpunkt geben, sind erst Instrumente des modernen Verwaltungsstaates ab dem 18. Jahrhundert; in den Herzogtümern fand die erste allgemeine Zählung 1803 statt. Solch detaillierte Auflistungen der Bewohner von Stadt und Land fehlen für das Mittelalter. Man ist daher auf Unterlagen angewiesen, die wenigstens indirekt Erkenntnisse über die Höhe der Einwohnerschaft liefern. Die in der Regel einzigen überlieferten Quellen, die zu diesem Zweck ausgewertet werden können, sind Steuerlisten mit ihren Verzeichnissen der steuerpflichtigen Haushalte. Zwar können mit Hilfe dieser Quellen keine exakten Werte der Einwohnerzahlen angegeben werden, zumindest ist es aber möglich, die ungefähre Größenordnung einer Stadtbevölkerung zu ermitteln.

Auch für Schleswig bieten sich für die Frage nach der Bevölkerungszahl die Schoßregister an, die seit Mitte des 15. Jahrhunderts lückenlos überliefert sind und die uns somit zumindest für die spätere Phase unseres Zeitraumes einen Einblick in den Bevölkerungsstand der Stadt geben.

Zu den Zahlen: Die Anzahl der in den Schoßregistern vermerkten Haushalte schwankt in den Jahren 1447 bis 1550 zwischen den beiden Extremwerten 185 (1460) und 343 (1542); durchschnittlich gab es in Schleswig in diesen gut einhundert Jahren rund 234 schoßpflichtige Haushalte. Für den Zeitraum davor liegen keine Angaben vor.

Bei der Arbeit mit diesen Werten ergeben sich jedoch zwei grundlegende Schwierigkeiten. Das eine Problem liegt darin, daß die Angaben über Zahl und Namen in den Listen nur die Haushaltsvorstände wiedergeben. Dahinter verbergen sich noch die Familienmitglieder und zum Haushalt zählende Personen, wie Dienstboten oder etwa Gesellen und Lehrlinge in Handwerkerhaushalten. Diese Personen müssen mithin noch dazugerechnet werden. Die Bestimmung der Größe eines mittelalterlichen Haushaltes ist problematisch, wird aber in der neueren Forschung im allgemeinen auf etwa 4–5 Personen veranschlagt.[141] Legen wir nun der Einfachheit halber den mittleren Faktor 4,5 zugrunde und multiplizieren diesen mit der Anzahl der registrierten Haushalte, ergibt sich somit eine durchschnittliche Personenzahl von 1053, die Bandbreite reicht dabei von 833 Personen (1460) bis zu dem Spitzenwert von 1544 Personen (1542).

Eine weitere große Schwierigkeit bei der Bestimmung der Einwohnerzahl besteht darin, daß diese errechneten Zahlen nur die steuerpflichtigen Einwohner samt ihren Haushalten umfassen. Diejenigen Gruppen also, die zwar in der Stadt wohnten, lebten und arbeiteten, aber aus unterschiedlichen Gründen keine Steuern zahlten, werden nicht erfaßt. Dazu gehörten, wie schon angeführt, die meisten Angehörigen der Welt- und Ordensgeistlichkeit sowie Bedienstete und Angehörige des Gottorfer Hofes und nicht zuletzt die untersten Schichten der städtischen Gesellschaft. Es ist kaum möglich, verläßliche Zahlenwerte für diese Personengruppen zu ermitteln, und auch annähernde Schätzungen dürften eher willkürlichen Charakter haben.

Um nun zu unserer eingangs gestellten Frage nach der Bevölkerungszahl Schleswigs zurückzukommen: Es ist bei allen zahlenmäßigen Unwägbarkeiten doch einigermaßen wahrscheinlich, wenn wir die Bevölkerungszahl der Stadt für den Zeitraum zwischen Mit-

**Tab. 5: Schleswiger Haushaltszahlen nach den Schoßregistern 1447–1550**
[Quelle: GA, Abt. 3 Nr. 173/174; Lorenzen-Schmidt, Sozial- und Wirtschaftsstruktur, S. 21f.]

| Jahr | Altstadt | Holm | Gesamt | Jahr | Altstadt | Holm | Gesamt | Jahr | Altstadt | Holm | Gesamt |
|---|---|---|---|---|---|---|---|---|---|---|---|
| 1447 | 187 | ohne | | 1482 | 188 | 43 | 231 | 1517 | 174 | 58 | 232 |
| 1448 | 187 | ohne | | 1483 | 177 | 44 | 221 | 1518 | 197 | 59 | 256 |
| 1449 | 165 | 35 | 200 | 1484 | 175 | 43 | 218 | 1519 | 186 | 56 | 242 |
| 1450 | 162 | ohne | | 1485 | 178 | 42 | 220 | 1520 | 203 | 57 | 260 |
| 1451 | 168 | 43 | 211 | 1486 | 183 | 44 | 227 | 1521 | 173 | 54 | 227 |
| 1452 | 159 | 38 | 197 | 1487 | 186 | 48 | 234 | 1522 | 175 | 56 | 231 |
| 1453 | 159 | 38 | 197 | 1488 | 188 | 49 | 237 | 1523 | 167 | 53 | 220 |
| 1454 | 162 | 44 | 206 | 1489 | 192 | 47 | 239 | 1524 | 161 | 49 | 210 |
| 1455 | 166 | 41 | 207 | 1490 | 188 | 47 | 235 | 1525 | 157 | 57 | 214 |
| 1456 | 173 | 41 | 214 | 1491 | 187 | 46 | 233 | 1526 | fehlt | fehlt | fehlt |
| 1457 | 164 | 31 | 195 | 1492 | 185 | 46 | 231 | 1527 | 171 | 61 | 232 |
| 1458 | 161 | 34 | 195 | 1493 | 181 | 43 | 224 | 1528 | 182 | 58 | 240 |
| 1459 | 169 | 34 | 203 | 1494 | 178 | 47 | 225 | 1529 | 178 | 54 | 232 |
| 1460 | 153 | 32 | 185 | 1495 | 179 | 45 | 224 | 1530 | 202 | 53 | 255 |
| 1461 | 168 | 34 | 202 | 1496 | 184 | 50 | 234 | 1531 | 214 | 64 | 278 |
| 1462 | 160 | 38 | 198 | 1497 | 179 | 45 | 224 | 1532 | 200 | 71 | 271 |
| 1463 | 168 | 38 | 206 | 1498 | 178 | 53 | 231 | 1533 | 210 | 64 | 274 |
| 1464 | 163 | 30 | 193 | 1499 | 180 | 44 | 224 | 1534 | 219 | 59 | 278 |
| 1465 | 169 | 33 | 202 | 1500 | 184 | 44 | 228 | 1535 | 213 | 59 | 272 |
| 1466 | 166 | 39 | 205 | 1501 | 172 | 46 | 218 | 1536 | 220 | 62 | 282 |
| 1467 | 180 | 37 | 217 | 1502 | 166 | 45 | 211 | 1537 | 211 | 67 | 278[142] |
| 1468 | 166 | 35 | 201 | 1503 | 174 | 45 | 219 | 1537 | 222 | 62 | 292 |
| 1469 | 183 | 39 | 222 | 1504 | 170 | 53 | 223 | 1538 | 226 | 66 | 292 |
| 1470 | 175 | 33 | 208 | 1505 | 149 | 50 | 199 | 1539 | 236 | 66 | 302 |
| 1471 | 172 | 35 | 207 | 1506 | 154 | 42 | 196 | 1540 | 266 | 67 | 333 |
| 1472 | 181 | 37 | 218 | 1507 | 160 | 46 | 206 | 1541 | 267 | 69 | 336 |
| 1473 | 182 | 34 | 216 | 1508 | 161 | 52 | 213 | 1542 | 269 | 74 | 343 |
| 1474 | 175 | 32 | 207 | 1509 | 169 | 52 | 221 | 1543 | 262 | 74 | 336 |
| 1475 | 184 | 31 | 215 | 1510 | 172 | 44 | 216 | 1544 | 243 | 73 | 316 |
| 1476 | 184 | 37 | 221 | 1511 | 171 | 54 | 225 | 1545 | 241 | 69 | 310 |
| 1477 | 190 | 40 | 230 | 1512 | 174 | 55 | 229 | 1546 | 228 | 69 | 297 |
| 1478 | 181 | 38 | 219 | 1513 | 172 | 54 | 226 | 1547 | 250 | 68 | 318 |
| 1479 | 185 | 41 | 226 | 1514 | 159 | 51 | 210 | 1548 | 247 | 71 | 318 |
| 1480 | 195 | 44 | 239 | 1515 | 164 | 58 | 222 | 1549 | 244 | 71 | 315 |
| 1481 | 191 | 47 | 238 | 1516 | 167 | 55 | 222 | 1550 | 238 | 65 | 303 |

te des 15. und Mitte des 16. Jahrhunderts auf die Größenordnung von 1500 bis höchstens 2000 Menschen beziffern. Zum Vergleich: Für Kiel wurden für die erste Hälfte des 16. Jahrhunderts rund 1800, für Rendsburg und Krempe je 1100 Haushalte ermittelt; die Einwohnerzahl dieser Städte bewegte sich also in der gleichen Größenordnung wie die Schleswigs.[143] Flensburg dürfte etwas größer gewesen sein und soll 2000 Bewohner gehabt haben.[144] Im mittelalterlichen Maßstab nahmen Schleswig und die anderen hier angeführten Städte in Schleswig und Holstein den Rang größerer Kleinstädte ein, womit sie zu einer Kategorie gehören, die zusammen mit den Klein- und Zwergstädten die Städtelandschaft Mitteleuropas dominierte. Die Reichs- und Hansestadt Lübeck hingegen zählte mit ihren rund 20.000 Bewohnern bereits zur verschwindend kleinen Gruppe der mittelalterlichen Großstädte.[145]

Die Bevölkerungszahl der Stadt bildete aber naturgemäß keine feste Größe, sondern war vielfachen, durch das Verhältnis von Geburt und Tod sowie durch Zu- und Abwanderung bewirkten Wandlungen unterworfen. Über die Entwicklung der Bevölkerung im Laufe der Jahrhunderte in Schleswig läßt sich allerdings kaum etwas Genaueres mitteilen; sie unterlag aber den allgemeinen demographischen Rahmenbedingungen des Mittelalters.[146]

Die Geburtenrate bewegte sich im Mittelalter und in der Frühen Neuzeit für heutige Begriffe auf einem recht hohen Niveau. Eine Frau konnte im Verlauf ihrer Fruchtbarkeitsphase während der Ehe im Schnitt vier bis acht Kinder bekommen. Die Anzahl der Kinder konnte in der Oberschicht sogar höher liegen, da dort die jungen Frauen in frühem Alter verheiratet wurden, wohingegen die Frauen der unteren, der ärmeren Schichten wegen der schlechteren wirtschaftlichen Bedingungen erst später heirateten. Ein Kind hatte bei seiner Geburt eine durchschnittliche Lebenserwartung von 33-35 Jahren. Die Ursache für die geringe Lebenszeit lag in erster Linie in der extrem hohen Säuglings- und Kindersterblichkeit. Man schätzt, daß 15-20% aller Kinder im ersten Lebensjahr starben, nach anderen Befunden erreichten 50% der Kinder nicht das 14. Lebensjahr.[147] Zwar waren die Aussichten auf ein langes Leben vergleichsweise besser, wenn die gefährlichen Säuglings- und ersten Kinderjahre überstanden waren. Doch hohe körperliche Belastungen, unzureichende bzw. einseitige Ernährung und mangelnde Hygiene in den eng bebauten und schmutzigen Gassen führten zu verstärkten körperlichen Abnutzungserscheinungen und Krankheiten, die die damalige Medizin nur unzureichend, wenn überhaupt, zu behandeln vermochte.

All diese Faktoren führten dazu, daß die meisten Menschen jener Zeit in der Regel kein sehr hohes Alter erreichten.[148] Dies belegen zum Beispiel auch die Untersuchungen

Grafik 2: Zahl der Haushalte (Fünfjahresschnitte)

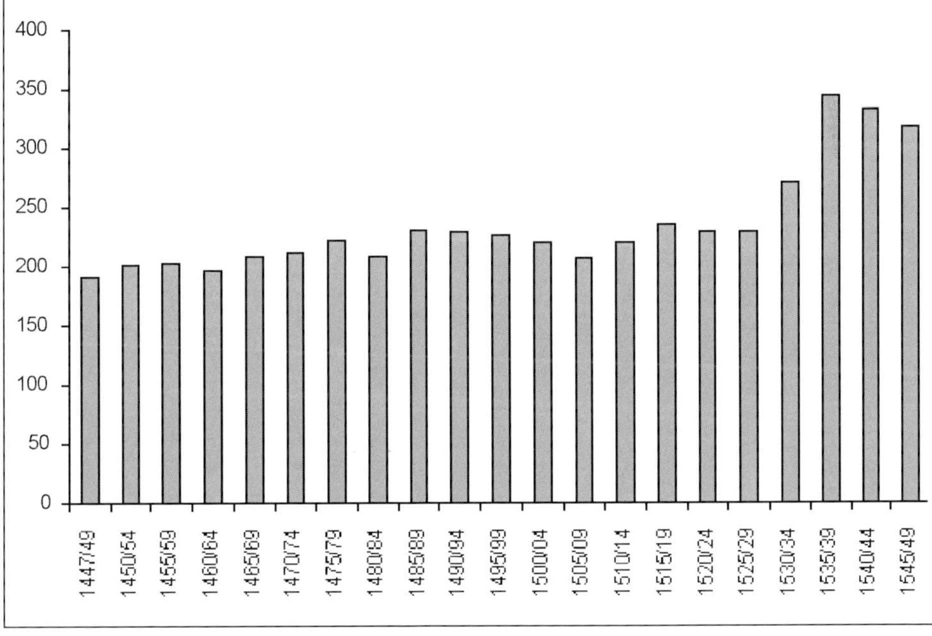

an den Skelettfunden, die bei Ausgrabungen des Schleswiger Dominikanerklosters zutage kamen und die aus der Zeit des 13. bis 16. Jahrhunderts stammen: Von den dort Bestatteten waren der Altersbestimmung zufolge gut zwei Drittel vor dem 40. Lebensjahr verstorben; die Hälfte davon machte die Altersgruppe der 20-29jährigen aus. Obgleich es sich in diesem Fall überwiegend um Klosterangehörige handelte und kaum Kinder bestattet wurden, so daß sich die große Kindersterblichkeit hier nicht niederschlug, paßt das Ergebnis doch zum allgemeinen Bild.[149] Einen ähnlichen Befund ergaben die Untersuchungen der auf dem ehemaligen Nikolaifriedhof aufgefundenen Gebeine, dessen Belegungszeit wohl bis 1275, womöglich aber sogar bis ins 16. Jahrhundert reicht: Von den untersuchten Toten war gut ein Fünftel im Kinder- und Jugendalter verstorben, ein Drittel erreichte nur das dritte bzw. vierte Lebensjahrzehnt, und das Alter eines weiteren Drittels lag zwischen 40 und 60 Lebensjahren.[150]

Die Lebenserwartung der weiblichen Bevölkerung lag in diesem Zeitraum einige Jahre niedriger als die der männlichen. Der geringe Wert kommt vor allem deshalb zustande, weil die Sterberate unter den Frauen im gebärfähigen Alter, bedingt durch die Gefahren der Niederkunft und des Kindbettes, ausgesprochen hoch war.[151]

Neben den bereits genannten Faktoren der starken physischen Beanspruchung im Alltags- und Arbeitsleben jener Zeit und der Krankheiten, die gleichsam permanent auf die Bevölkerungsentwicklung einwirkten, waren es besonders die außerordentlichen Faktoren wie Seuchen und Kriege, die immer wieder in die demographische Entwicklung eingriffen.

Besonders ist in diesem Zusammenhang der berühmt-berüchtigte „Schwarze Tod" zu erwähnen. Über die Verluste unter der Schleswiger Bevölkerung in dieser Pestzeit ist so gut wie nichts bekannt. Nach einer jedoch nicht weiter belegten Aussage von Sach sollen in der Stadt am 9. August 1350 innerhalb eines Tages 100 Menschen gestorben sein.[152]

Der „Schwarze Tod" ebbte 1350/51 ab. Doch blieb diese todbringende Seuche auch weiterhin bis ins beginnende 18. Jahrhundert hinein eine immer wieder sporadisch auftauchende Gefahr für die Menschen. Aus Schleswig liegen allerdings über die weiteren Pestzüge des 15. und 16. Jahrhunderts kaum Nachrichten geschweige denn Angaben über Opferzahlen vor. Einen Anhaltspunkt für das Auftreten von Seuchen und deren demographische Folgen können aber in gewissem Maße die Schoßregister durch einen Vergleich der Haushaltszahlen mit Seuchenjahren liefern. So ist etwa denkbar, daß der Rückgang der Zahlen zwischen 1482 und 1485 von 231 auf 218 Haushalte mit der in diesen Jahren in Schleswig-Holstein herrschenden Pest zusammenhängt. In anderen Jahren in diesem Zeitraum, in denen die Pest bezeugt ist, lassen sich in den Registern jedoch keine nennenswerten Änderungen feststellen, so daß davon ausgegangen werden kann, daß Schleswig entweder verschont blieb oder – zumindest unter den Steuerzahlern – nur wenige Todesfälle zu beklagen hatte, z. B. Mitte des 15. und Anfang des 16. Jahrhunderts.

Deutlicher hinterließen die Pestjahre in den zwanziger Jahren des 16. Jahrhunderts ihre Spuren in den Schoßregistern: Schoßten 1520 noch insgesamt 260 Personen, waren es im darauffolgenden Pestjahr nur noch 227; auch in den weiteren Jahren blieb die Anzahl der Steuerhaushalte auf einem niedrigen Niveau. Der Schreiber des *Schotell-Boeck*, Johann Boye, vermerkte unter dem Jahr 1524: „*Anno 24 was hir eine schreckliche pestilentz und storven de vornemesten burger in der Langen Straten van deme einen eck huse ahn wente* [bis] *thom andern der Oster Rege, de straten vam dore hendalewardes, dat men vaken* [oft] *up einen dach 9 edder 10 doden hadde, ane* [ohne] *den Holm, is nicht gerekent wurden.*"[153] Zwar läßt sich in diesem Jahr ein leichter Rückgang der Haushalte feststellen, die Aussage des Schreibers scheint aber in ihrer Dramatik eher auf das Jahr 1521 zu passen, in dem die Anzahl der steuerpflichtigen Haushalte von 260 auf 227 absackte. Erst ab 1527 zeigen die Zahlen dann wieder einen Aufwärtstrend, den auch die Pest des Jahres 1537 nicht aufhalten konnte.

Neben der Pest wurden die Menschen in Schleswig auch noch von anderen Seuchenkrankheiten heimgesucht. So wird für das Jahr 1338 vom Ausbruch einer nicht näher benannten *„boshaften krankhed"* berichtet.[154] 1529 herrschte die sogenannte *„Schweißseuche"*, die, aus England kommend, in diesen Jahren Europa befiel und auch Schleswig nicht verschonte. Die Bewohner der Stadt kamen allerdings bei dieser Seuche noch einmal glimpflich davon. Denn obwohl viele Menschen von dieser rätselhaften Krankheit befallen waren, starb daran doch nur ein Kranker, nämlich der Prediger Marquard Schuldorp.[155]

Genauere Angaben über die Auswirkungen der Kriegszüge auf die Schleswiger Bevölkerung sind nicht überliefert. Zwar hatte die Stadt, wie bereits im Überblick zur politischen Geschichte gezeigt wurde, bei den Kämpfen und Plünderungen Opfer zu beklagen, deren Anzahl aber ist unbekannt.

Generell gilt, daß in den spätmittelalterlichen und frühneuzeitlichen Städten die Sterblichkeit höher lag als die Geburtenrate, d. h. die Bevölkerungsbilanz der Städte war negativ. Um den Bevölkerungsstand zumindest zu halten, waren sie also auf den Zuzug von außen angewiesen. Es waren dabei vor allem die Menschen vom Lande, die in der Hoffnung auf bessere Lebens- und Arbeitsbedingungen in die Städte strömten, wo sie allerdings zumeist in den Unterschichten aufgingen und wo sich viele Träume vom wirtschaftlichen Glück zerschlugen. Von einer Zuwanderung vom Lande nach Schleswig dürfen wir sicherlich ausgehen, wenngleich keinerlei Zahlen über ihren Umfang vorliegen. Allenfalls kann die Anzahl der Neubürger, derjenigen Personen also, die das Bürgergeld erlegten und so erstmalig in den Schoßregistern auftauchen, beziffert werden: So erscheinen z. B. in den Registern 1477 bis 1487 im Schnitt sechs Personen mit der Bezeichnung *„ward borger"*; die größte Anzahl läßt sich 1486 mit 15 Neubürgern finden.[156] In den Kämmereirechnungen der Jahre 1538 bis 1544 zahlen durchschnittlich sieben neue Bürger ihr Bürgergeld.[157]

Hinsichtlich der Herkunftsgebiete der Schleswiger Bürger konnte Erich Hoffmann anhand der Herkunftsnamen in den Registern zeigen, daß seit der Wende zum 15. Jahrhundert die Zuwanderung in die Schleswiger Bürgerschaft aus dem deutschsprachigen Raum bei weitem überwog. Die meisten neuen Bürger stammten aus Holstein und den wirtschaftlich florierenden und stark bevölkerten nordwestdeutschen Gebieten. Namen dänischer oder friesischer Herkunft waren dagegen in der Minderzahl.[158] Die Fluktuation unter der Schleswiger Bevölkerung – und hier besonders unter der nichtbürgerlichen Schicht – war allerdings hoch: So hielt sich knapp ein Drittel der Bewohner nur ein Jahr in der Stadt auf, ein weiteres knappes Drittel blieb zwei bis fünf Jahre, und nur ein Zehntel wohnte einen Großteil seines Lebens in Schleswig.[159]

Werfen wir abschließend vor diesem Hintergrund noch einen Blick auf die Entwicklung der Schleswiger Haushaltszahlen: Die Zusammenfassung der einzelnen Angaben zu Fünfjahreswerten (s. Grafik 2) zeigt, daß es kaum größere Schwankungen gab und die Zahlen bis ins dritte Jahrzehnt des 16. Jahrhunderts auf annähernd gleichem Niveau liegen. Eine deutliche Änderung tritt dann aber ab den 1530er Jahren auf: Die Anzahl der Haushalte wuchs auffallend. Eine exakte Erklärung für diese Entwicklung ist schwierig. Eine Ursache könnte im allgemeinen Bevölkerungsanstieg im Europa des 16. Jahrhunderts liegen, der sich nun in steigenden Schleswiger Haushaltszahlen niederschlug. Dagegen spricht aber, daß sich eine ähnliche Entwicklung in anderen schleswig-holsteinischen Städten nicht feststellen läßt. Für den Anstieg der Bevölkerungszahlen in Schleswig in jenen Jahren dürften also noch andere, womöglich für Schleswig spezifische Faktoren eine Rolle gespielt haben, die jedoch im dunkeln bleiben.

## Reich und Arm in Schleswig – Die Vermögensstruktur

Wir haben bereits erfahren, daß sich die Bewohner Schleswigs auf drei große Rechtsgruppen aufteilten. Die städtische Gesellschaft der Schleistadt war aber nicht nur rechtlich, sondern auch noch in sozialer Hinsicht differenziert und gliederte sich in Ober-, Mittel- und Unterschicht. Eine gewisse Orientierung über die soziale Schichtung der spätmittelalterlichen Bevölkerung Schleswigs bietet die quantitative Erfassung der Vermögensstruktur. Grundlage für die Ermittlung der Vermögen sind die Schoßregister. Da die Schoßzahlungen einen bestimmten Anteil (ca. 1%) des Steuervermögens ausmachten, kann somit für jeden Schoßzahler anhand seiner Leistung auf sein zu versteuerndes Vermögen geschlossen werden.

In dieser Hinsicht wurden die überlieferten Register von Lorenzen-Schmidt für die erste Hälfte des 16. Jahrhunderts ausgewertet. Dabei bildete er zur Vereinfachung fünf Steuerklassen: 1 Ml und mehr, 8 – 15 ß, 6 d – 7 ß, Arme und Nichtzahler.

Die Zusammenfassung der einzelnen Schoßzahlungen, die in Schleswig von 6 d bis zu 3 Ml reichten, unter diese Klassen zeigt schließlich, daß im betreffenden Zeitraum 50–60 % der Steuerpflichtigen 6 d – 7 ß zahlten, also höchstens 42 Ml an steuerbarem Vermögen besaßen; 20–30 % gehörten in die nächsthöhere Klasse mit einem Vermögen von 48 – 90 Ml, und nur 5–20 % der Steuerzahler besetzten die höchste Klasse mit mindestens 100 Ml. Am unteren Ende der Skala wurden bis zu 3 % der angeführten Schoßpflichtigen als *„arm"*, *„armoedt"* oder *„pauper"* bezeichnet. Allerdings sind diese Bezeichnungen eher als steuertechnische Begriffe zu sehen und bedeuten nicht, daß die Betreffenden völlig mittellos waren. Sie konnten durchaus Vermögen besitzen, das aber unterhalb der Steuergrenze lag. Das Armutspotential lag sicherlich weitaus höher, aber die wirklich Armen, insbesondere aus den unteren Schichten der Bevölkerung, tauchen erst gar nicht in den Steuerlisten auf, so daß ihre Anzahl uns daher auch verborgen bleibt.

Bis zu 20 % der Steuerpflichtigen firmierten als Nichtzahler, wobei die Gründe unterschiedlich waren und nicht immer eindeutig zu benennen sind. So können unter der Bezeichnung *„nihil"* (nichts) bzw. *„nihil habent"* auch Arme verzeichnet sein, während Anmerkungen wie *„liber"*, *„fryg"* oder *„gratia"* offensichtlich vom Schoß Befreite meinen; dazu gehören auch Personen, bei denen der Vermerk *„ward borger"* steht und Neubürger bezeichnet, die ihr Bürgergeld erlegt hatten und für das betreffende Jahr noch nicht zur Steuer herangezogen wurden.[160]

Als allgemeine Tendenz läßt sich für die erste Hälfte des 16. Jahrhunderts feststellen, daß in dessen Verlauf zwar der Anteil der obersten Steuerklasse generell abnimmt, während derjenige der unteren Klasse hingegen ansteigt, die mittlere Vermögensklasse jedoch weitgehend stabil bleibt. Es zeigt sich hier also, daß *„bei großer Vermögensdifferenzierung und relativer Polarisierung eine bedeutende Verschlechterung der Vermögenslage beim Großteil der Schleswiger nicht stattgefunden hat."*[161]

Eine entsprechend genaue Untersuchung der Schoßregister des vorangegangenen Zeitraums, also der zweiten Hälfte des 15. Jahrhunderts, fehlt und konnte hier in wünschenswerter Ausführlichkeit nicht geleistet werden. Doch deuten Zehnjahresstichproben aus den Rechnungsreihen darauf hin, daß sich obige Aussagen durchaus ebenso auf die Jahre zwischen 1450 und 1500 beziehen lassen.

Die Verteilung der Schoßzahlungen auf die einzelnen Klassen sieht folgendermaßen aus: 1 Ml und mehr zahlten 11–20 %, in die Kategorie 8 – 15 ß fielen 16-19 % und in diejenige von 6 d – 7 ß 32–48 % der Steuerzahler, 22-30 % zahlten keinen Schoß. Sofern in den Registern eine Unterscheidung von Arm und Nichtzahlern möglich ist, beträgt der Anteil der als arm bezeichneten Pflichtigen 5–6 % und derjenige der Schoßbefreiten 15–18 %.[162]

Zur Veranschaulichung sei ein Beispiel herausgegriffen: Im Jahr 1470 gehörten von insgesamt 208 aufgeführten Schoßpflichtigen 25 zur obersten Klasse, die mindestens 1 Ml zahlten, 8 ß – 15 ß leisteten 38 Personen, zur unteren Schoßklasse zählten 95 Steuerzahler, 13 wurden als *„pauper"* vermerkt, und weitere 37 Personen erscheinen als Nichtzahler, darunter neun Neubürger und acht mit der Bezeichnung *„gratia"*. Diese wie auch die anderen Stichproben zeigen, daß anteilsmäßig die unteren Vermögensgruppen bei den Schoßpflichtigen, wenngleich weniger ausgeprägt als im 16. Jahrhundert, dominierten, und die oberste Kategorie bestenfalls ebenso nur von einem Fünftel der Schoßpflichtigen besetzt wurde.

Während in anderen Städten, wie beispielsweise in Rendsburg, die Reichen im Laufe der Zeit reicher wurden bzw. die Anzahl der vermögenden Personen zunahm und sie damit das meiste zum Gesamtsteueraufkommen beitrugen[163], ist eine ähnliche Entwicklung für Schleswig nicht zu beobachten. Dort lag die Steuersumme der obersten Klasse in der ersten Hälfte des 16. Jahrhunderts immer unter 50 %. Gleiches gilt für die untersuchten Jahrgänge des 15. Jahrhunderts; hier schwankte der Anteil der wohlhabendsten Bürger zwischen einem Drittel und der Hälfte der Gesamtsumme. Es waren also hauptsächlich die Vertreter der mittleren Steuerklassen, welche die Hauptlast am gesamten Steueraufkommen in Schleswig trugen.

Eine umfassende Zuordnung von Berufsgruppen zu den einzelnen Steuerklassen ist aufgrund der Quellenlage kaum möglich. Wir erfahren zwar, daß etwa ein Otto Schütte im Jahr 1470 3 Ml 4 ß, ein Clawes Kornepaghe 3 Ml, Marquart Gotschke und Hans Bringmann jeweils 2 Ml 4 ß an Schoß zahlten und damit zu den vermögendsten Bürgern der Stadt zählten, doch liegen keine näheren Informationen darüber vor, mit welcher Tätigkeit sie ihr Vermögen erworben hatten. Hinweise zu Berufen der Schoßpflichtigen finden sich nur in sehr spärlicher Anzahl. Zu den wohlhabenden Angehörigen der obersten Steuerklasse gehörten etwa um 1500 die als Kaufleute bzw. Händler tätigen Marten Bruggeman und Timme Teke. Daneben lassen sich noch einige Handwerker identifizieren, die über ein großes Vermögen mit entsprechender Steuerzahlung verfügten (vgl. auch Tab. 10), so etwa der Goldschmied Hinrich Frese[164] oder der Schneider Michael Scroder/Snyder, der mit seinem Schoßbetrag von bis zu 2 Ml unter seinen Berufskollegen herausragte.[165] Wohlhabend waren auch der im metallverarbeitenden Handwerk tätige Karsten Werneke, der ein Haus vor dem Stein- bzw. Holmer Tor besaß, sowie die beiden Schuhmacher Jurgen Ruthlandt und Jurgen Negelssen.[166]

Ansonsten bieten die Schoßzahlungen von Angehörigen der verschiedenen Handwerkszweige ein stark differenziertes Bild und schwanken zumeist zwischen der unteren und mittleren Klasse. Große Unterschiede gab es etwa bei den Schneidern, wo die Beträge von 1 ß bis 2 Ml reichten; gleiches gilt für die Schmiede.[167] Die Schuhmacher scheinen überwiegend recht gut gestellt gewesen zu sein. Ihre Schoßbeträge pendelten zwischen 6 ß und 28 ß.[168] Ausschließlich im unteren Vermögensbereich lagen die drei Handlanger – *„plegeslude"* – im Bauwesen, deren Schoß 4 ß nicht überstieg.[169]

Die Analyse der Vermögensstruktur von Schleswiger Bürgern zeigt, daß die mittlere Vermögensgruppe vorherrschte. Dieses Ergebnis ist letztlich ein *„Indiz für die ökonomische Bedeutungslosigkeit"*[170] Schleswigs. Die Stadt an der Schlei besaß eben kein ausgeprägtes Exportgewerbe mit einem dementsprechend ausgerichteten Handel, betrieben von Händlern und Kaufleuten, die dank ihrer wirtschaftlichen Aktivitäten in der Lage waren, große Vermögen zu erwirtschaften. Schleswig war im ausgehenden Mittelalter längst keine Stadt mehr, in der man große Reichtümer anhäufen konnte.

## Wer wohnte wo? – Sozialtopographie

Während im vorigen Kapitel die soziale Zusammensetzung der städtischen Bevölkerung – genauer: der Steuerzahler – nach Vermögenslage dargelegt wurde, geht es in diesem Kapitel nun darum, wie sich die verschiedenen sozialen Lagen in der Stadt topographisch verteilten. Es soll also der Frage nachgegangen werden, ob es Straßen oder Gegenden gab, die bevorzugt von reicheren Bürgern bewohnt wurden, und ob sich dementsprechend auch Gebiete ausmachen lassen, in denen sich vorwiegend die ärmeren Schichten der Schleswiger Bevölkerung niederließen. Zu diesem für die Stadtgeschichtsforschung interessanten Aspekt liegen für Schleswig Ergebnisse aus der ersten Hälfte des 16. Jahrhunderts vor.[171]

Die geographische Verteilung von Arm und Reich in der Stadt Schleswig kann aber nur für einen relativ kleinen Zeitraum in diesem Abschnitt bestimmt werden, da die

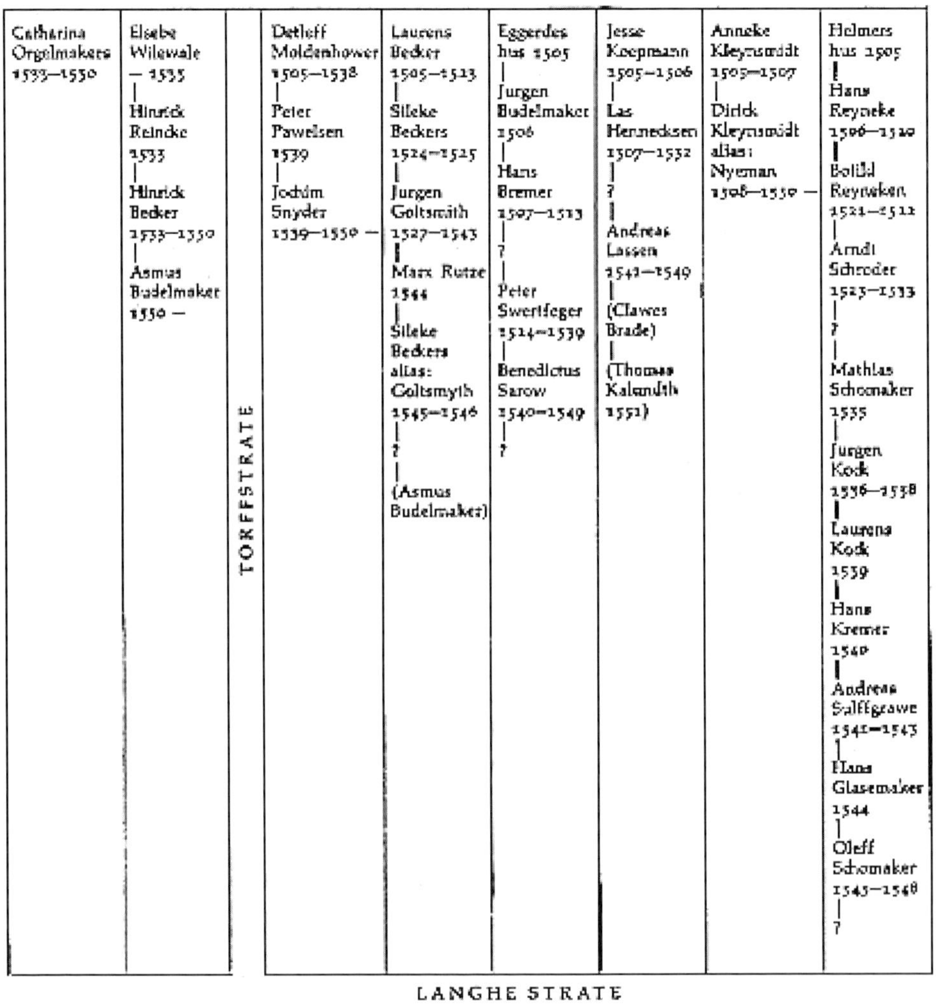


Grafik 3: Beispiel für Nachbarschaft: Besitzerfolgen Ostseite Lange Straße. [Quelle: Lorenzen-Schmidt, Sozialtopographie, S. 22]

Quellenlage äußerst bruchstückhaft und zumeist wenig aussagekräftig ist. Zwischen 1506 und 1523/24 jedoch werden in den Schoßregistern die Steuerpflichtigen nach Straßenzügen aufgelistet, so daß eine topographische Zuordnung der Personen möglich ist. Auf dieser Basis sowie anhand anderer Quellen, wie dem *Schotell-Boeck*, dem *Braunen Buch*, Kirchenrechnungen und Urkunden, rekonstruierte Lorenzen-Schmidt Nachbarschaften und verband ihre Namen mit den jeweiligen Schoßzahlungen. Auf diese Weise ließ sich feststellen, ob die ermittelten Straßen, Häuser bzw. Gebiete zu den reichen oder armen städtischen Gegenden gehörten.

Bezogen auf die Jahre 1507 und 1520 sah die räumliche Vermögensverteilung in Schleswig folgendermaßen aus: Am Markt läßt sich eine gemischte Vermögenslage feststellen, die sich zudem 1520 im Vergleich zu 1507 leicht verschlechtert hatte. Dieses Ergebnis ist insofern überraschend, als allgemein gilt, daß der Markt als das politische und wirtschaftliche Zentrum einer Stadt einen Siedlungsschwerpunkt reicher Bürger bildet.[172] In Schleswig hingegen fehlen an diesem Ort die Vermögendsten. Ebenso ungewöhnlich ist die Tatsache, daß sich „*buten vor dem dore*", in der sogenannten Neustadt, gleichfalls eine gemischte Struktur der Vermögen findet, denn in anderen mittelalterlichen Städten ist eine solche Gegend eher ein Wohnquartier für ärmere Bevölkerungsschichten. Ein uneindeutiges Bild zeigen die „*Molenstrate*" und die „*Torffstrate*", in denen zwei Sozialgruppen wohnten: im oberen Teil der Straße vorwiegend erbgesessene Bürger, im unteren Bereich dagegen die ärmeren Schichten der zur Miete wohnenden

**Tabelle 6: Schoßdifferenzierung 1507 und 1520**
[Quelle: Lorenzen-Schmidt, Sozialtopographie, S. 24]

| Ort/Jahr | nichts | arm | 6 d – 7 ß | 8 ß – 15 ß | 1 Ml + |
|---|---|---|---|---|---|
| vor dem dore 1507 | | | 4 | 5 | 4 |
| buten dem dore 1520 | | | 6 | 1 | 4 |
| vor dem dore 1507 | | | 2 | 5 | 3 |
| van de nigen porte 1520 | 5 | | 11 | 9 | 3 |
| Molenstrate 1507 | | | 6 | 2 | 1 |
| Molenstrate 1520 | 2 | | 4 | | 5 |
| in der Torffstraten 1507 | 1 | | 6 | 2 | 1 |
| Torffstrate 1520 | 2 | | 7 | 4 | |
| under dem Rathuse 1507 | | | 2 | | |
| upm Schilde by Hans Rethagen 1507 | | | 1 | 3 | 3 |
| (ohne) 1520 | 2 | | 1 | 2 | 5 |
| achter den grawen moneken na dem visscher dore 1507 | | | 9 | 3 | |
| achter dem hilligen gheist 1520 | 2 | | 2 | 2 | |
| bi der langen brugge 1520 | 3 | | 18 | 7 | 3 |
| (ohne) 1507 | | | 6 | 4 | |
| Visscherstrate 1520 | 2 | | 4 | 3 | |
| bym Markede 1507 | 2 | | 7 | 3 | 2 |
| upm Markede 1520 | 2 | | 4 | 4 | |
| upm Schilde by Hinrik Meyneke 1507 | | | 6 | 7 | 6 |
| (ohne) 1520 | 2 | | 11 | 9 | 11 |
| (Lange Str. Ostseite) 1507 | | | | 4 | 4 |
| (Lange Str. Ostseite) 1520 | | 1 | | | 7 |

**Tabelle 7: Schoßklassen Altstadt und Holm 1510, 1535 und 1550**
[Quelle: Lorenzen-Schmidt, Sozialtopographie, S. 26]

| Jahr | Steuersatz | Altstadt | | | Holm | | |
|---|---|---|---|---|---|---|---|
| | | Steuerzahler | % der Gesamtzahl | % der Altstadt | Steuerzahler | % der Gesamtzahl | % des Holms |
| 1510 | nichts | 19 | 8,8 | 11,0 | – | 0,0 | 0,0 |
| | arm | – | 0,0 | 0,0 | – | 0,0 | 0,0 |
| | 1– 7 ß | 80 | 37,0 | 46,6 | 38 | 17,6 | 86,5 |
| | 8–15 ß | 36 | 16,7 | 20,9 | 6 | 2,8 | 13,5 |
| | 1 Ml + | 37 | 17,1 | 21,5 | – | 0,0 | 0,0 |
| | | 172 | 79,6 | 100,0 | 44 | 20,4 | 100,0 |
| 1535 | nichts | 33 | 12,1 | 15,5 | 3 | 1,1 | 5,2 |
| | arm | – | 0,0 | 0,0 | 4 | 1,5 | 6,8 |
| | 1– 7 ß | 103 | 37,9 | 48,8 | 46 | 16,9 | 77,7 |
| | 8–15 ß | 48 | 17,6 | 22,5 | 6 | 2,2 | 10,3 |
| | 1 Ml + | 29 | 10,7 | 13,6 | – | 0,0 | 0,0 |
| | | 213 | 78,3 | 100,0 | 59 | 21,7 | 100,0 |
| 1550 | nichts | 21 | 6,9 | 8,8 | 9 | 3,0 | 13,8 |
| | arm | 5 | 1,7 | 2,1 | 5 | 1,7 | 7,7 |
| | 1– 7 ß | 125 | 41,3 | 52,5 | 43 | 14,2 | 66,2 |
| | 8–15 ß | 64 | 21,2 | 26,9 | 8 | 2,6 | 12,3 |
| | 1 Ml + | 23 | 7,6 | 9,7 | – | 0,0 | 0,0 |
| | | 238 | 78,7 | 100,0 | 65 | 21,5 | 100,0 |

Insten und der Budenbewohner, wobei die „*Torffstrate*" etwas schlechter abschneidet als die „*Molenstrate*".

Als bevorzugte Wohngegend vieler begüterter Schleswiger zu Anfang des 16. Jahrhunderts erweisen sich die Gebiete „*upm Schilde by Hans Rethage*" und „*upm Schilde by Hinrik Meyneke*". Dort finden sich beispielsweise im letzteren Fall für das Jahr 1507 von insgesamt 19 aufgelisteten Bürgern ~~sechs~~ Personen (31,6%), die 1 Ml und mehr an Schoß zahlten, sieben zahlten einen Betrag von 8 – 15 ß (36,8%); 1520 befanden sich von diesmal insgesamt 33 Personen 11 (33,3%) Bürger in der obersten Schoßklasse und neun (27,2%) in der nachfolgenden – von den schoßpflichtigen Bewohnern des Bereichs „*upm Schilde by Hinrik Meyneke*" besaßen mithin zwei Drittel ein solches Vermögen, daß sie zu entsprechend hohen Schoßleistungen veranschlagt wurden. In besonderem Maße gilt das Prädikat „reiche Gegend" für die Ostseite der Langen Straße („*Langhe Strate Osterrege*"). Wie die Zahlen in der Tabelle 6 ausweisen, zahlte dort 1507 die Hälfte der Schoßpflichtigen mindestens 1 Ml an Steuern; 1520 waren es sogar sieben von insgesamt acht Personen. Schon der Stadtschreiber Boye sprach Mitte des 16. Jahrhunderts von „*den vornemsten burgern in der Langhen Strate.*"

Neben dem Fehlen einer Schicht von Bürgern mit besonders hohem Vermögen, wie im vorangegangen Kapitel festgestellt werden konnte, spricht nach Lorenzen-Schmidt auch dieses Ergebnis dafür, daß sich in Schleswig zu Beginn des 16. Jahrhunderts keine bedeutenden Kaufleute und Händler angesiedelt hatten. Denn die Lange Straße lag entfernt vom Hafen und somit weit abseits vom günstigsten Verkehrsweg, wo sich die Kaufleute, wie die Beispiele anderer Städte zeigen, bevorzugt niederließen.

Eine Wohngegend von weniger gut situierten Bürgern war der Holm. Dort belegen die Schoßregister, daß die oberste Vermögensgruppe völlig fehlte. Hingegen galten 1510

86,5% der aufgelisteten Personen als arm oder zahlten nur den geringen Satz von 1–7 ß. Zwar zeigt die Tendenz in den folgenden Jahren eine leichte Verbesserung von 84,5% (1524) zu 73,9% (1550), doch liegt der Holmer Anteil damit immer noch höher als der der Altstadt.

Generell können wir anhand der Zahlen feststellen, daß der Anteil der als *„arm"* bezeichneten Steuerpflichtigen auf dem Holm höher lag als in der restlichen Stadt. Es scheint auch kaum zu Abwanderungen sozialer Aufsteiger vom Holm in die wohlhabendere Altstadt gekommen zu sein. So wohnte etwa der reichste Holmer im untersuchten Zeitraum, Johann Sarow (er schoßte zwischen 1504 und 1541 12-15 ß und 1531 9 ß), ständig auf der Insel. Eine Ausnahme ist jedoch sein Sohn, Benedictus, der das Haus 1531 übernahm und zwischen 1533 und 1539 4 ß an Schoß zahlte; er läßt sich nun aber ab 1540 in der Altstadt, und zwar in der „vornehmen" Gegend der Langen Straße, wiederfinden, wo er mit dem hohen Schoßbetrag von 14 ß aufgeführt wird. Der Holm blieb hingegen *„stets das ärmere Quartier mit hohem Anteil von Haushalten der unteren Vermögensgruppe."*[173]

## Stadt und Adel

Neben der Geistlichkeit, auf die wir später zurückkommen werden, war als eine weitere Sondergruppe von Bewohnern auch der umliegende Adel in der Stadt präsent, bot sie ihm doch den geeigneten Rahmen für Festlichkeiten und Zusammenkünfte. Adlige erwarben Grund- und Hausbesitz in der Stadt, den sie entweder verpachteten oder selbst für eine bestimmte Zeit bewohnten. Am deutlichsten zeigt sich diese Entwicklung in Kiel. Die Fördestadt zog den schleswig-holsteinischen Adel vorrangig an wegen des dort im Januar stattfindenden Marktes, des *„Umschlags"*, der sich zu einem der bedeutendsten Geldmärkte Nordeuropas entwickelte und auf dem der Adel seine Geschäfte und finanziellen Transaktionen tätigte. Verstärkt kauften Adlige deswegen in Kiel städtisches Grundeigentum, wobei es mit dem dortigen Rat wegen der Abgabenfreiheit ihres Besitzes immer wieder zu Auseinandersetzungen und langwierigen Prozessen kam. Die adligen Verbindungen nach Kiel waren vielfältig und ausgeprägt, so daß sich die Stadt im 16. Jahrhundert *„auf dem Wege zu einer adligen Landesstadt"*[174] befand. Davon kann nun im Falle Schleswigs zwar nicht die Rede sein, doch auch hier haben Adlige im Stadtleben ihre Spuren hinterlassen.

Im Bederegister aus dem Jahr 1406 tauchen mit Tydeke van Lune, Brunkhorst und Hans van Zelle auch drei Ritter auf, die somit über Grundbesitz in der Stadt verfügt haben müssen.[175] Vor allem trug in späteren Zeiten die Nähe zum landesherrlichen Hof auf Gottorf dazu bei, daß Mitglieder des Adels innerhalb der Stadt Haus und Grund erwarben. 1499 zahlte Claus von Ahlefeldt 100 Ml für das Haus *„dar he ynne wanet"*, und Jasper von Buchwaldt entrichtete 180 Ml für sein Haus.[176] Auch ein Otto van Anevelden (Ahlefeldt) besaß ein Haus *„by der andern syde dem dore na dem westen."*[177] Für sein Haus und Erbe *„bynnen den plancken to Sleszwyck"* war er verpflichtet, wie die anderen Bürger auch, alle damit verbundenen Lasten und Bürden nach dem Stadtrecht mitzutragen. Darauf wies zu Beginn des 16. Jahrhunderts der Rat ausdrücklich in einem Schreiben an die Landesherrschaft hin, als sich einige Adlige offenkundig entsprechenden Zahlungen zu entziehen suchten. Der Rat sah sich auf diese Weise in seinen Einnahmen geschmälert, so daß *„de stadt nu grot nadel* [Nachteil] *hefft."*[178]

Wie sich das Verhältnis von Bürgern und Adligen in der Stadt gestaltete, darüber erfahren wir aus den Quellen nichts. Daß es allerdings mitunter spannungsreich sein konnte, verdeutlicht der 1470 vom Schleswiger Rat zusammengestellte Klagekatalog über die dem Adligen Heneke Storm zur Last gelegten Taten. Dem insgesamt 15 Punkte umfassenden Sündenregister zufolge hatte Storm etliche Bürger auf offener Straße belästigt und beraubt. So nahm er beispielsweise einer Frau, die Bier geholt hatte, die Kanne weg und zerschlug diese auf ihrem Körper; einer anderen Frau entwendete er Riemen und Geldbeutel samt Inhalt. In anderen Fällen griff Storm sogar zur Waffe. Einem Schmiedeknecht etwa fügte er mehrere Wunden zu, einen Schneiderknecht stieß er mit einem *„rutingh"*, einem langen Messer, in den Arm und Knochen, und einen Dienstjungen von Detlef von der Wisch verletzte Storm im Ratskeller mit der Pike mehrere Male am Leib. Außerdem war der Junker mehrere Male in Häuser und Buden eingedrungen und hatte dort zumeist für erhebliche Schäden an Fenstern und Türen gesorgt. Dreist vertrieb er zwei Bewohnerinnen eines Hauses, um sich dann in deren Bett niederzulegen. In einem andern Fall brach er nächtens in ein Haus ein *„und jaghede ut dem huß al dat dar yn was, vortmer gank he van dar und gank to Otte Broderßen huß und brak dar de doer yn und sloch syne werdyne* [Hausfrau] *blaw und blodich in er eghen huß und wolde ze nothagen hebben an* [ohne] *eren dank* [Willen]. "[179]

1480, zehn Jahre später, sind erneut tätliche Auseinandersetzungen mit mehreren Adligen überliefert, die gleichsam Ausmaße einer Fehde annahmen.[180] Den Junker Pavel Breide beschuldigte der Rat, einem Stadtbewohner einen grauen Mantel geraubt zu haben. Über Hans von Buchwaldt wurde berichtet, daß er sich mit seiner Gesellschaft im Ratskeller gewalttätig aufgeführt hatte, indem sie Kannen und Pötte zerschlugen und den Kellerknecht hinauswarfen. Zudem war Buchwaldt über die Stadtplanken gestiegen und hatte den Wächter angegriffen; einen *„borgerknecht"*, der dem Wächter zur Hilfe eilte, schlug Buchwaldt lahm. Einem anderen Knecht schlug er einen Finger ab. Anschließend ritt Buchwaldt aus der Stadt und ließ dem Rat selbstbewußt ausrichten *„wat dar gescheen were, dath hadde he gedan, und nemand anders."*

Ein weiterer Adliger, der sich bei diesen Übergriffen hervortat, war ein Karsten Wonsfleth. Ihn beschuldigte der Rat, eine Bürgerin von der Holmer Brücke ins Wasser geworfen zu haben, wobei diese unglücklicherweise auf einen Pfahl fiel und dadurch vier Wochen krank lag. Außerdem hatte Wonsfleth im Ratskeller einem Hans Kakryksen drei Verletzungen mit seinem Degen beigebracht und ein andermal den königlichen Diener Hans Nygenkirken verwundet, so daß der ganze acht Wochen beim Arzt liegen mußte. Den Bürger Marten Been schlug er auf offener Straße mit einer Schaufel, mit der Folge, daß Been mehrere Wochen lang seine Arme nicht mehr richtig gebrauchen konnte. Und am Weihnachtsabend ging Wonsfleth gemeinsam mit Mathias Hake bewaffnet vor die Tür des Stadtwächters im Hohen Tor: Dort brachen sie die Fenster auf, stiegen ein und zerschlugen die Stühle. Die anwesende Frau des Wächters schrie um Hilfe, woraufhin sie von beiden Eindringlingen beschimpft wurde. Schließlich *„vel se uppe ere kne, alse he nha er houw, unde bad umme Gades willen, dath he se nycht houven scholde, und gheven er dat liv."*

Auch für den beteiligten Mathias Hake war dies nicht die einzige von ihm begangene Tat. Daneben hatte er einem Bürger in die Schulter gestochen sowie einem Kaufmann trotz freien Geleites die Hand lahm geschlagen. Des weiteren hatte Hake am Haus des Hartich Seffeke Fenster und Türen zerschlagen und am Weihnachtsabend einige Knechte ihrer Schwerter beraubt und diese in den Graben geworfen sowie eine Armbrust verbrannt. Schließlich hatte er in der Nacht Steffen Harrynk aus dem Bett gezogen, in dem dieser mit seiner Ehefrau lag.

Da der Rat gegenüber den Adligen keinerlei rechtliche Befugnisse besaß, blieb ihm nichts anderes übrig, als in einem Schreiben an die Königin Dorothea die Vorfälle zu schildern und um Abhilfe zu bitten. 1481 forderte König Christian I. schließlich den Rat auf, ihm jedes Jahr über die adligen Übergriffe zu berichten.[181]

## Die städtische Wirtschaft

### Handel

Die große Zeit Schleswigs als blühendes und bedeutendes Fernhandelszentrum umfaßte das 11. und 12. Jahrhundert. Die Schleistadt diente in dieser Phase als Drehscheibe zwischen den beiden Wirtschaftsräumen der Ostsee und Westeuropas. In Schleswig mit seinen ausgedehnten Hafenanlagen kamen Kaufleute aus dem niederrheinisch-westfälischen Raum, aus Friesland und Händler aus Skandinavien sowie den baltischen und russischen Gebieten zusammen, um am lukrativen Warenaustausch von Gütern des Ostseeraums, vor allem Pelzen und Wachs, mit Luxusgütern und Fertigwaren aus Nordwesteuropa wie etwa Tuchen, Wein, Salz und Gerätschaften gewinnbringend teilzuhaben. Die Stadt besaß damals das Monopol auf den Transithandel zwischen Ost und West. Die in Schleswig erworbenen Güter wurden auf einem kurzen Landweg nach Hollingstedt transportiert, wo sie dann per Schiff über die Wasserwege der Treene und Eider in die Nordsee gelangten und von dort schließlich auf den nordwesteuropäischen Märkten landeten bzw. auf diesem Wege in umgekehrter Richtung nach Schleswig gelangten.

Im Verlauf der zweiten Hälfte des 12. Jahrhunderts setzte jedoch der allmähliche Niedergang Schleswigs als Fernhandelsstadt ein. Ursache dafür war vor allem die Verlagerung der Haupthandelswege. Insbesondere der Mitte des 12. Jahrhunderts von Heinrich dem Löwen gegründeten Stadt Lübeck, seit 1226 Reichsstadt, gelang es im Laufe der Zeit, immer mehr Kaufleute und Händler anzulocken und damit eine größere Handelsaktivität zu entwickeln. Lübeck profitierte dabei besonders von der Gründung weiterer Städte im Ostseeraum, die mit der Travestadt in rege Handelsbeziehungen traten. Der neuen Konkurrenz war Schleswig auf Dauer nicht gewachsen. An die Stelle des Transithandels Schleswig-Hollingstedt trat die Passage Lübeck-Hamburg, zumal die Schlei und die Treene in dieser Zeit versandeten, so daß diese Wasserwege für die neuen, größeren Typen der Kauffahrteischiffe, die Koggen, nicht mehr befahrbar waren.[182]

Ein deutliches Anzeichen für den Bedeutungsverlust Schleswigs, darauf wurde schon hingewiesen, war die topographische Umgestaltung der Stadt um 1200 mit dem Rückbau des Hafens sowie der Anlage des Marktes als neuem städtischen Zentrum. Auch archäologische Grabungsfunde belegen den schleichenden ökonomischen Niedergang der Stadt: Bei der Auswertung von Schleswiger Keramikresten des 11. bis 14. Jahrhunderts hinsichtlich ihrer Herkunft ließ sich nach der Phase einer Vermittlungsrolle der Stadt an der Schlei zwischen Nord- und Ostsee im 11. und 12. Jahrhundert *„eine Zeit des Umbruchs im 13. Jahrhundert erkennen, in dessen Verlauf Schleswig gegenüber Lübeck zumindest eine Zeitlang noch die größere Bedeutung besaß, und es zeigt den weitgehenden Verlust überregionaler Verbindungen an, der sich in der Importarmut des 14. Jahrhunderts spiegelt.“*[183] In Zahlen liest sich das so, daß in diesem Zeitraum der Anteil der importierten Keramik von 12% auf ganze 2% absank und deren Produktionsorte sich auf das südliche Niedersachsen beschränkten, während zuvor ein breiteres Herkunftsspektrum vorhanden war.[184] Diese Aussage scheint sich gleichfalls anhand der Herkunftsbestimmung und Datierung der in Schleswig aufgefundenen Glasreste zu bestätigen: *„Für die Zeit des 11. bis beginnenden 14. Jahrhunderts sind relativ viele und außergewöhnliche Glasfunde für Schleswig zu registrieren. Die Glasfunde aus den darauffolgenden Jahrhunderten haben einen deutlich weniger exklusiven Charakter, Massenware aus einheimischen Glashütten tritt in größeren Mengen auf, besonders herausragende Stücke sind in Relation zum gesamten Glasaufkommen nun sehr selten. Auch das Glasmaterial spiegelt also offenbar den allmählichen wirtschaftlichen Niedergang dieser Stadt …“*[185]

Wenngleich Schleswig seine monopolartige Stellung im Fernhandel spätestens im Verlauf des 13. Jahrhunderts eingebüßt hatte, so blieb der Handel der Stadt doch weiterhin von regionaler Bedeutung. Es fehlte, worauf schon hingewiesen wurde, in dieser Zeit auch nicht an Bemühungen seitens der dänischen Könige und der Schleswiger Herzöge, den Schleswiger Handelsverkehr und die Wirtschaftskraft der Stadt mittels Privilegien zu fördern und zu beleben. So gewährte 1252 König Christoph I. der Stadt Zoll- und Handelsfreiheit für das Königreich.[186] Einige Jahre später, im Jahr 1261, erteilte Herzog Erich I. den Bürgern der Stadt, *„deren klägliche und gänzliche Verwüstung wir mit einem billigmäßigen guten Werke oder Privilegien wiederum aufzuhelfen schuldig“*, das Recht, an zwei Tagen in der Woche (Dienstag und Freitag) einen Markt abzuhalten; fremde Besucher erhielten dabei Zollfreiheit und freies Geleit; drei Jahre später gewährte auch er Zoll- und Handelsfreiheit für das ganze Herzogtum.[187] Im Jahr 1265 sicherte der Herzog dem Rat und der Gemeinde von Bremen zu, daß ihre Kaufleute, wenn sie nach Schleswig kämen, freies Geleit genießen sollten; falls sie Opfer eines Raubes würden, sollten sie für ihren Verlust doppelten Ersatz erhalten.[188] Einen ähnlichen Versuch, Bremer Kaufleute unter Umgehung Lübecks weiterhin an den Handelsweg über Schleswig zu binden, unternahm 1284 Herzog Waldemar IV., der ebenfalls den Händlern freies Geleit auf dieser Strecke zusagte.[189] Im selben Jahr erteilte der Herzog der Stadt das Recht auf freien Handel im Herzogtum, und zwei Jahre später erließ er der Stadt den Zoll. Der dänische König Erich V. Glipping wiederum befreite die Schleswiger Bürger 1282 wegen *„vielfältigen Schadens, Verlust und Beschwerlichkeit, so unsere geliebten Bürger zu Schleswig für uns und unser Reich vielfältig ausstehen“* vom Zoll auf den schonischen Messen in Skanör und Falsterbo.[190] Dieses Privileg ist insofern bemerkenswert, als nur wenige Städte in den Genuß einer solchen Befreiung gekommen sind. Die Marktorte im Süden Schonens waren nämlich zum wichtigsten Umschlagplatz insbesondere für Hering, aber auch etlicher anderer Waren aufgestiegen und stellten mit ihren Zollabgaben eine bedeutende Einnahmequelle für die dänische Krone dar, die daher an einer übermäßigen Privilegierung kein Interesse haben konnte.[191] Ob nun aber tatsächlich Schleswiger Händler auf den schonischen Messen auftauchten, ist nicht bekannt. In einem weiteren Privileg aus dem ausgehenden 13. Jahrhundert sicherte König Erichs Nachfolger, Erich VI. Menved, 1289 der Stadt die Zollfreiheit im Königreich zu.

*Abb. 24. Handelsvertrag zwischen den Städten Schleswig und Flensburg 1386. Das von Flensburg ausgestellte lateinische Exemplar für Schleswig (stark verkleinert).*

*Abb. 25.*
*Marktszene, spätes 15. Jahrhundert. Verkäufer und Kaufinteressenten handeln um den Preis eines Sacks Getreide.*

Besaß Schleswig in dieser Phase noch eine herausgehobene Funktion als regionales Handelszentrum, so sah sich die Stadt seit dem ausgehenden 13. Jahrhundert auch auf diesem Gebiet zunehmend einer stärkeren Konkurrenz Ripens, das die dänischen Könige seit Mitte des 13. Jahrhunderts mit Blick auf den wachsenden Einfluß der Herzöge in Schleswig förderten, und insbesondere Flensburgs ausgesetzt. Flensburg erlebte einen langsamen wirtschaftlichen Aufschwung und begann, der Stadt Schleswig ihre noch dominierende Rolle im Hinterland streitig zu machen. Der Fördestadt kam dabei vor allem ihre im Vergleich zu Schleswig günstigere verkehrsgeographische Lage zugute, da sie für die größeren Schiffe leichter erreichbar war. Die aufkommende Rivalität zwischen Flensburg und Schleswig führte 1282 zu einer Übereinkunft beider Städte, die hauptsächlich die Rechtsstellung der Bürger in der jeweils anderen Stadt behandelte: Niemand dürfe einen Bürger aus der anderen Stadt ohne Wissen des Rates und der Bürgerschaft beim Fürsten anklagen. Flensburger und Schleswiger wurden außerdem zur gegenseitigen Hilfe bei Schiffbruch verpflichtet, und ihnen wurde der Vorkauf verboten. Sollte es dennoch zu Klagen zwischen Flensburgern und Schleswigern kommen, waren beide Parteien gehalten, mit jeweils zwei Bürgen in ihre Stadt zu kommen, damit dort die Angelegenheit behandelt werden konnte. Wer sich nicht an diese Bestimmungen hielt, dem drohte eine Strafe von 3 Mark Silber.[192] Gut einhundert Jahre später, 1386, gab es ein weiteres Abkommen zwischen beiden Städten, in dem die Bestimmungen des Vertrages von 1282 bekräftigt wurden. Darüber hinaus legte man fest, daß kein Bürger außerhalb, sondern nur vor dem jeweiligen Rat verklagt werden durfte, außerdem mußten flüchtige Bürger ausgeliefert werden.[193]

Zu jener Zeit, ausgangs des 14. Jahrhunderts, hatte Flensburg die Konkurrenz an der Schlei bereits wirtschaftlich überflügelt. Die Schleistadt besaß fortan im wesentlichen nur noch Nahmarktfunktion für das Umland. Überregional tätige Kaufleute zog es kaum mehr nach Schleswig, da sich der bedeutende und lukrative Handelsverkehr nun anderswo, vorrangig in den aufstrebenden Hansestädten, abspielte. Schleswig lag jetzt abseits der großen Warenströme im Ostseeraum.

Wer waren die Menschen, die in Schleswig den Handel betrieben? Informationen über Geschäftsbeziehungen mit Nennung der Namen von Beteiligten sowie Angaben über Art und Umfang des gegenseitigen Warenverkehrs sind besonders aus der Zeit des 13./14. Jahrhunderts leider äußerst selten. Wenn Namen mit der Herkunftsbezeichnung „Schleswig" in den Quellen auftauchen, besteht häufig das Problem, ob die Stadt oder das Herzogtum gemeint ist. So werden im Rostocker Stadtbuch aus der zweiten Hälfte des 13. Jahrhunderts folgende Personen als *„de Sclezewick"* bezeichnet: Tote, Ewerlus, Geihe, Willikinus, Gunne, Ecbertus, Bole, Heige, Vedderike, Halle, Ollavus, Petrus und Amec.[194]

*Abb. 26.*
*Kauf eines Ochsen, spätes 15. Jahrhundert*

Wie gesagt ist es nicht sicher, ob es sich hierbei nun um Schleswiger Kaufleute oder solche aus dem Herzogtum handelt; die dem Eintrag folgende Aufzählung von Personen mit der Bezeichnung *„de Flenseborch"* könnte allerdings erstere Annahme nahelegen.[195] Dasselbe Problem trifft auf jenen unglücklichen *„Hermannus de Sleswic"* zu, der 1260 in Rostock mitsamt seinen Genossen von einem Schiff geworfen wurde.[196]

Eine gesicherte Verbindung nach Schleswig zeigen uns dagegen zwei Einträge im Lübecker Niederstadtbuch aus dem 14. Jahrhundert, in denen ein Bertram von Heideby aus Lübeck und Nicholaus de Sleswik, Sohn des Schleswiger Bürgermeisters Peter und Bruder des Domherrn Nanno, ihre Geschäftsvereinbarung vom 11. November 1339 und 6. März 1345 schriftlich niederlegten. Aus dem Eintrag von 1339 erfahren wir, daß beide Partner zusammen ein Kapital von knapp 200 Ml eingebracht haben. Bertram übergibt eine Hälfte Nicholaus, der mit dieser Summe für Bertram entsprechende Waren besorgt und sie dann nach Lübeck zurücksendet; bei dieser Verbindung konnte Nicholaus später auf eine angemessene Gegenleistung seines Partners bauen. Darüber hinaus waren beide eine Gesellschaft eingegangen, wobei mit der anderen Hälfte des Geldes – 98 Ml – auf gemeinsame Rechnung Geschäfte betrieben wurden; während hierbei Nicholaus aktiv tätig war, fungierte Bertram als stiller Gesellschafter. Offenbar hatten Nicholaus und Bertram mit ihrer Gesellschaft gute Erfahrung gemacht, denn 1345 gingen beide erneut eine ein.[197]

Aber auch dem Schleswiger Handel im 15. und 16. Jahrhundert kann aufgrund der dürftigen Quellenlage nur skizzenhaft nachgegangen werden. Einen gewissen Anhaltspunkt über geschäftliche Aktivitäten Schleswiger Bürger auf dem Handelssektor liefern uns die Register der verschiedenen Zollstellen in den Herzogtümern, wo die Händler je nach Warenart einen bestimmten Betrag zu zahlen hatten. Die Schleswiger betrieben demnach eher kleineren Landhandel vorwiegend mit anderen Städten der Herzogtümer, wobei die Handelsgüter neben Bier, Salz, Tuchen und Wein vor allem Vieh umfaßten.

Durch das Wachstum der Städte im Verlauf des Spätmittelalters und den damit verbundenen höheren Bedarf an Lebensmitteln erlebte der dänische Ochsenhandel seit Mitte des 15. Jahrhunderts einen beträchtlichen Aufschwung. In großen Herden wurden die auf den Frühjahrs- und Herbstmärkten aufgekauften Ochsen auf den großen Verbindungsstraßen, vor allem dem Ochsenweg, zu den Hauptabnehmern des jütischen Viehs, den norddeutschen und niederländischen Städten, getrieben. Die Händler durchquerten auf ihrem Weg nach Süden mehrere Zollstellen, so daß wir dank der überlieferten Register der Zolleinnahmen die steigende Entwicklung des Ochsenhandels zahlenmäßig nachvollziehen können: Am Gottorfer Zoll wurden beispielsweise 13.000 Stück Vieh im Jahr 1485 verzollt, zehn Jahre später, 1495, waren es 18.000 und 1501 sogar 26.000 Ochsen. Der Viehhandel entwickelte sich demnach zu einem einträglichen Geschäft, an dem sich in der Hoffnung auf satte Gewinne Gutsbesitzer und wohlhabende Bauern ebenso beteiligten wie Adlige und Stadtbürger.[198] Auch Schleswiger Bürger ergriffen diese Chance einer guten Verdienstmöglichkeit und widmeten sich haupt- oder nebenerwerblich dem Handel mit Vieh. So entrichteten an der Plöner Zollstelle Ende des 15. und Anfang des 16. Jahrhunderts folgende Schleswiger Zoll (siehe Tabelle 8).

Handelsverbindungen bestanden auch in den Westen des Herzogtums. Bereits im niederdeutschen Stadtrecht Schleswigs von ca. 1400 findet sich der Passus, daß die Friesen für Salz 2 d pro Doppelzentner zahlen sollten, eine Kuh und ein Pferd kosteten 4 d und ein Schaf bzw. ein Schwein 2 d.[199] An der Westküste war Husum im Verlauf des 15. Jahrhunderts zum wichtigsten Hafen aufgestiegen, über den ein umfangreicher Handel mit anderen norddeutschen und westeuropäischen Hafenstädten lief. Die Stadt fungierte gleichsam als westlicher Gegenhafen zu Flensburg, und die Verkehrsachse Husum-Flensburg bildete eine wichtige Transitstrecke über die jütische Landenge, deren Bedeutung vor allem in politischen Krisenzeiten deutlich wurde. Als die Hanse um die Mitte des 15. Jahrhunderts mehrmals den Öresund sperrte, um die unerwünschten niederländischen Exporte in den Ostseeraum zu unterbinden, erteilte der dänische König Christian I. 1461 den Niederländern ein Privileg, wonach diese ihre Waren gegen Zoll über die Strecke von Husum nach Flensburg und von dort in die Ostsee verfrachten durften. Dieses Recht

**Tab. 8: Passagen von Schleswigern in Plön 1491–1518**
[Quelle: Lorenzen-Schmidt, Sozial- und Wirtschaftsstruktur, S. 133]

| Jahr | Name | Waren |
|---|---|---|
| 1491 | Johan Harringk | 2 Pferde |
| 1492 | Mathias Goltsmit<br>Hinrik Schroder | 12 Ochsen<br>30 Ochsen |
| 1496 | Hans Markessen | 16 Ochsen |
| 1497 | Peter Knakenhower<br>Hans Petersen<br>Hinrick Ruter<br>Michel Scroder<br>Timme Teke | 6 Ochsen; 12 Ochsen<br>44 Ochsen<br>21 Ochsen<br>8 Ochsen<br>80 Ochsen |
| 1503 | Hinrick Ruter | 20 Schweine |
| 1505 | Timme Teke | 1 Pferd |
| 1509 | Clawes Petersen | Wand, Grapen, Leinwand, 2 Wagen |
| 1511 | Hinrick Goltsmit<br>Marten Bruggeman | 16 Ochsen<br>30 Ochsen |
| 1513 | Hans Scroder<br>Peter Sort<br>Johan Greve | 3 Pferde<br>16 Ochsen<br>24 Ochsen |
| 1518 | Tomes Oleffsen | 49 Ochsen |

**Tab. 9: Schleswiger in den Husumer Zollrechnungen 1497–1506**
[Quelle: Poulsen, Land-by-marked, S. 229, Beilage 4]

| Name | Jahr | Ausfuhr | Einfuhr | lokale Produkte |
|---|---|---|---|---|
| Timme Teke | 1497 | | 6 Ohm Wein | |
| Merten Bruggeman | 1504<br>1505<br>1506 | | 9 t Hamburger Bier<br>3 t Hamburger Bier<br>4 Fässer Bier | 3½ t Hering |
| Johan Greve | 1504<br>1506 | 16 t Malz | ½ Pipe Öl | 2 Ochsen<br>1 t Hering,<br>250 Weißlinge |
| Willem Kop | 1504<br>1506 | 6 t Malz<br>13 t Malz | | |
| Michel Lucht | 1504<br>1506 | 13 t Malz<br>30 t Malz | | |
| Hans Pomerening | 1506 | | 2 Fässer Bier | |

wurde auch auf Schleswig ausgedehnt; sowohl in Flensburg als auch in Schleswig durften die Niederländer mit Kaufleuten Handel treiben. Allem Anschein nach aber wurde dieses Privileg nie besonders in Anspruch genommen.[200] Husum war ein beliebter Anlaufhafen für Hamburger Schiffe, die vor allem das Hamburger Bier als Ladung mit sich führten, das von Husum aus dann in die verschiedenen Städte und Orte des Herzogtums exportiert wurde.[201] In den Husumer Zollisten finden sich denn auch einige Schleswiger, die über Husum überwiegend Malz exportierten, während sie aus Husum vor allem Bier nach Schleswig brachten.

Der Gerstensaft spielte angesichts der oftmals schlechten Trinkwasserqualität als Grundnahrungsmittel in der spätmittelalterlichen Gesellschaft eine große Rolle. Bier stellte vor allem in Norddeutschland und Skandinavien für die Menschen aller Schichten das Hauptgetränk dar. Den städtischen Verbrauch hat man auf 300 bis 400 Liter pro Jahr und Kopf veranschlagt.[202] In Schleswig wurde zwar, wohl zumeist nebenberuflich, eigenes Bier gebraut, das jedoch offenbar von minderer Qualität und dementsprechend billig war. Daher stellten die Importbiere ein wichtiges Handelsgut dar. Da gab es etwa die bessere „*Kakebille*“ aus Eckernförde, und wer es sich leisten konnte und dies auch zeigen wollte, konsumierte das hochwertige und daher teurere Hamburger und Rostocker Bier, daneben findet sich auch noch das gleichfalls qualitätvolle Wismarer Bier.[203] Gelegentlich, und dann vor allem bei festlichen Anlässen, gönnte man sich sogar Einbecker Bier, das nach damaliger landläufiger Meinung als das beste Bier in Norddeutschland galt.[204] Wein wurde zwar auch importiert, als teures Produkt für vorwiegend wohlhabendere Bürger war die Menge aber wesentlich geringer als beim Bier.

Wie in Plön und Husum erscheinen Schleswiger ebenfalls in den Listen der Gottorfer Zollstelle, auch hier leisteten sie hauptsächlich für Ochsen und Pferde ihren Obolus: In Gottorf zahlte 1547 beispielsweise Hinrick Funcke für einen Wagen, ein Faß und 106 Ochsen; ein Jahr später verzollte er in Rendsburg 173 Ochsen und ein Pferd. Eine größere Palette an Waren gab Jurgen Koppersmyt 1547 in Gottorf an, der sich vor allem mit Rohstoffen eingedeckt hatte: 4 Schiffspfund Kupfer und ein Faß, in Rendsburg im selben Jahr 5½ Schiffspfund Kupfer, 2 Fässer, 2 Ferndel, 4 Wagen und 6 Laken sowie 1548 3 Schiffspfund Kupfer, 2 Fässer, 2 Wagen, 1 „*vur*“ [mageres Schwein?].[205]

Nachweisen lassen sich außerdem Schiffspassagen aus Schleswig nach Svendborg auf Fünen. Wie die dortigen Register aus den Jahren 1519 bis 1521 belegen, importierten die

Schleswiger Händler von dort in diesem Zeitraum 500 Häute, 1 t Bauchfett, 3 t Hering sowie 2 Last Hafer.[206]

Über die in den Registern überlieferten Beteiligten wissen wir wenig. Manche Namen begegnen einem jedoch in den Quellen häufiger, so z. B. der Händler sowie Ratmann und Bürgermeister Timme Teke, der außer in den oben angeführten Belegen in der Husumer und Plöner Zolliste zudem noch in den Jahren 1490/91, 1495, 1497, 1498 und 1501 in den Gottorfer Zollrollen und im Koldinger Zoll für die Jahre 1501 bis 1503 (dort insgesamt 486 Ochsen) verzeichnet wird.[207] Darüber hinaus hatte Teke gemeinsam mit dem ebenfalls in verschiedenen Zollstellen mehrfach vermerkten Schleswiger Willem Kop von Herzog Friedrich im September 1502 den Auftrag erhalten, auf dem Markt in Kolding 200 Ochsen zu kaufen.[208] Kop erscheint in den Quellen vorwiegend als Pferdehändler, wenngleich er auch mit anderen Waren und Gütern handelte, wie etwa mit dem in der obigen Liste angeführten Malz. Er verkaufte zudem Wein nach Gottorf und besorgte Holz und Zaumzeug für die herzoglichen Stallungen. Kop besaß in Schleswig ein Haus, in dem mitunter Gäste des Herzogs bewirtet wurden.[209] Geschäftliche Verbindungen zum herzoglichen Hof unterhielt auch der Händler Heylen Kopes, der im August 1494 für die Lieferung von Leinwand, Zucker und Kraut mit 12 Ml 4 ß bezahlt wurde.[210]

Der städtische Handel lag keinesfalls nur in den Händen der Kaufleute und Händler, wie es Timme Teke und Willem Kop waren, sondern wurde von vielen Gruppen betrieben. So taucht in der Plöner Liste etwa der Goldschmied Hinrick Goltsmit auf, und auch bei einigen weiteren aufgeführten Personen läßt sich anhand ihrer Zunamen auf andere Berufsfelder schließen. In der Gottorfer Liste von 1547/48 finden sich beispielsweise auch Schleswiger Apotheker, die sich also keineswegs auf ihr eigentliches Metier beschränkten, sondern Hamburger Bier importierten, mit Steinen und Latten handelten und ebenso im Ochsen- und Tuchhandel tätig waren.[211]

Der Handel barg viele Risiken, und dies betraf nicht allein die Frage, ob man als Kaufmann aus einem Geschäft mit Gewinn oder Verlust hervorging. Daß Handel und Handelsreisen nicht ungefährlich waren, besonders in politisch unruhigen Zeiten, verdeutlicht der Fall der beiden Schleswiger Kaufleute Everd und Klaus, die 1364 von einem Ritter namens Waldemar Zappy beraubt und auf der Burg Arnsholm festgesetzt worden waren. Der Wert des geraubten Gutes belief sich auf 120 Ml. Zwei Jahre später wandte sich der Schleswiger Rat an seine Kollegen in Lübeck mit der Bitte, den beiden Kaufleuten zu ihrem Recht zu verhelfen, nachdem sie schon das Schiff und Gut des Ritters beschlagnahmt hatten, weil er die versprochene Entschädigung nicht gezahlt hatte.[212] Im Dezember 1342 beschwerte sich der Lübecker Rat wegen der Übergriffe des Grafen Heinrich und seiner Söhne sowie deren Gefolgschaft auf Lübecker und fremde Kaufleute in Dänemark und Holstein, u.a. wurden im Fehmarnsund zwei Schiffe aufgebracht, wovon eines aus Schleswig, das andere aus Eckernförde stammte.[213]

Eine große Gefahr für den Handel bildeten die Kaperfahrten in Kriegszeiten, die dazu dienen sollten, die Wirtschaft des Kontrahenten zu schädigen und damit dessen Widerstandskraft zu schwächen. So heuerten die Schauenburger Herzöge während ihres Konfliktes mit dem dänischen König Erich von Pommern Kaperfahrer an, die allerdings nicht nur den dänischen, sondern auch den lübischen Handel empfindlich schädigten. Vor diesem Hintergrund trat im Herbst 1419 der Schleswiger Rat in einem Schreiben nach Lübeck energisch einem Gerücht entgegen, das dem dortigen Rat zu Ohren gekommen war, wonach ein Volquin Hollander in Schleswig einen Kriegszug zur See vorbereite, um *„dem coopman to beschedigende“;* darüber hinaus versicherte der Schleswiger Rat den Lübeckern, daß man grundsätzlich, sofern man es vermöchte, feindliche Unternehmungen aus Schleswig nicht dulden werde.[214]

Ort des wirtschaftlichen Austausches in der Stadt war der Markt. Hier boten die Bauern aus der Umgebung ihre landwirtschaftlichen Überschußerzeugnisse an und warteten in Verkaufsbuden und Schrangen die Handwerker mit ihren Produkten, während die Schar der Käufer darauf hoffte, das Gewünschte zu günstigen Preisen erwerben zu können. In Schleswig existierte seit dem erwähnten Privileg Herzog Erichs von 1261 ein Wochenmarkt an zwei Tagen der Woche, nämlich am Dienstag und Freitag. Einen sogenannten freien Markt gab es in Schleswig offenbar nicht, denn 1471 teilte der Rat der Stadt Hamburg dem Schleswiger Rat mit, daß auf Betreiben der Pferdehändler neben dem allgemeinen Markttag noch vier weitere *„perde margkede"* in Hamburg abgehalten werden sollten; die Hamburger verbanden diese Mitteilung mit der Forderung an Schleswig, dort ebenfalls freie Märkte einzurichten.[215]

Außerdem besaßen die Händler und Handwerker im Dommarkt eine weitere Gelegenheit, ihre Waren und Produkte zu verkaufen. Wann dieser zwei Wochen dauernde Markt eingerichtet wurde, ist nicht bekannt. Die Kaufleute und Händler boten ihre Waren vorwiegend im Kreuzgang des Doms an, obwohl das Aufstellen von Verkaufsständen dort 1337 und 1355 verboten worden war. Über die Mißachtung des Verbotes scheinen die Domgeistlichen womöglich auch deshalb hinweggesehen zu haben, weil das von den Betreibern der Stände zu zahlende Stättegeld an die Domherren ging.[216]

## Handwerk und Gewerbe

Das vielfältige und in sich stark differenzierte mittelalterliche Handwerk gehörte zu den tragenden Säulen der städtischen Wirtschaft, und insbesondere in kleineren Orten war es der bedeutsamste ökonomische Faktor.[217] So findet sich denn auch in Schleswig eine ganze Reihe von Handwerksarten von den für die Versorgung der Bevölkerung wichtigen Bäckern und Knochenhauern bis hin zu den hochspezialisierten Zweigen des metallverarbeitenden Gewerbes.

Die Quellenlage zum Handwerk und zum Arbeitsalltag der Handwerker im spätmittelalterlichen Schleswig ist allerdings dünn. Vorrangig tauchen die Handwerker und ihre Tätigkeiten in den überlieferten Rechnungen der Stadt auf. Ein Beispiel aus der Kämmereirechnung von 1449: *„Item hadde ik de deckere 4½ dach, den 2 des dages 22 d und deme plegesmanne 14 penninge unde koste unde beer."* Aus diesem Fall erfahren wir also, daß der Schreiber einige Tage lang Dachdecker beschäftigt hatte, von denen zwei mit 22 d pro Arbeitstag entlohnt wurden, während der Hilfsarbeiter, der *„plegesman"*, 14 d erhielt; zu ihrem Lohn erhielten die Handwerker noch freie Kost.[218]

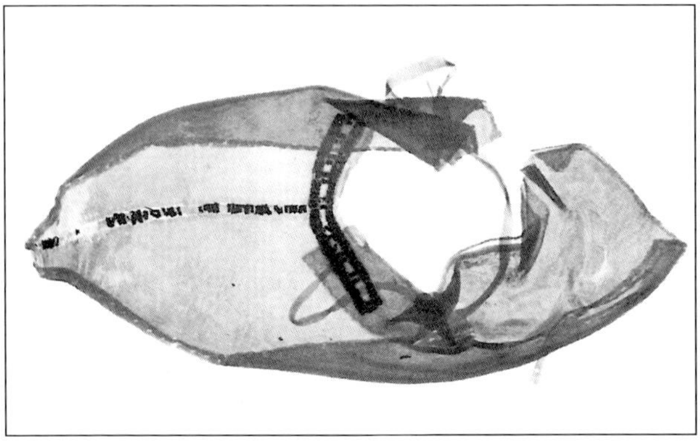

*Abb. 27. Handwerksprodukt aus Schleswig: ein silberdrahtverzierter Schuh aus Leder. Röntgenaufnahme eines Grabungsfundes.*

*Abb. 28.*
*Handwerksprodukt aus Schleswig: ein Kamm aus Horn mit Futteral. Grabungsfund.*

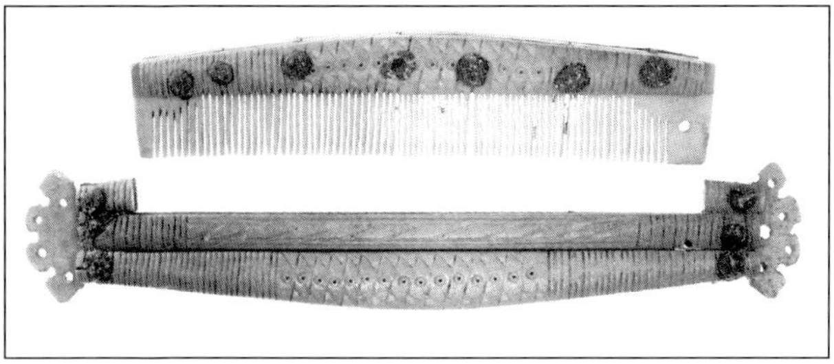

Die wenigen schriftlichen Belege werden durch die Ergebnisse der archäologischen Grabungen ergänzt, in denen zahlreiche Überreste der Handwerksarbeit zutage gefördert wurden, beispielsweise in Form von Lederstücken, Schuhresten, Tonscherben, Eisengegenständen oder Werkzeugteilen bzw. Gerätschaften aller Art.[219] Mitunter sind solche Funde überhaupt die einzigen Nachweise von der Existenz eines Handwerkszweiges in Schleswig. Dies trifft etwa auf die Kammacher zu, von deren aus Geweih und Horn gefertigten kunstvollen Produkten sich etliche im Schleswiger Boden fanden.[220] Alle diese Überreste bieten uns somit im wahrsten Sinne des Wortes ein bruchstückhaftes Bild der materiellen Seite des Schleswiger Handwerks.

Neben dem städtischen Markt hatte für die Handwerker die Nähe zum landesherrlichen Hof auf Schloß Gottorf große Bedeutung, da von dessen Aufträgen so mancher Handwerkszweig profitierte. Das betraf hauptsächlich die Spezialisten der Goldschmiedekunst sowie die Plattner und Harnischmacher. 1499 erhielt der *„platener uth der stat* 10 fl *up rekenschopp"*, wahrscheinlich für ausgeführte Arbeiten.[221] 1494 bekam der Goldschmied Matiese aus Schleswig 3 ß dafür, daß er dem Herzog einen *„guldenen oer* [=?]" innerhalb eines Tages anfertigte.[222] In den Rechnungen des Hofes läßt sich auch ein Riemenschneider finden, der 11 Ml 14 ß im Jahr 1494 verdient hatte; vier Jahre später taucht wieder ein Riemenschneider aus Schleswig – womöglich der gleiche – mit einer Summe von 6 Ml in den Rechnungen auf.[223]

Aber auch die vielen geistlichen Einrichtungen und Bruderschaften traten als Nachfrager von hochwertigen Handwerksprodukten in Erscheinung, was besonders den Malern, Glasern, Goldschmieden und Bildschnitzern zugute kam. Der Maler Lutke Meler etwa fertigte für die Schleswiger Rosenkranzbruderschaft ein Altarbild an, die Franziskaner bekamen von Herzog Friedrich ein Glasfenster gestiftet, und aus der Werkstatt eines Schnitzers des 16. Jahrhunderts stammt eine bei Grabungen aufgefundene kleine hölzerne Heiligenfigur.[224]

Eine relativ breite Informationsgrundlage hinsichtlich des Schleswiger Handwerks und der sozialen Lage der Handwerker besitzen wir für die erste Hälfte des 16. Jahrhunderts, die in der folgenden Tabelle zusammengefaßt wird (siehe Tabelle 10, Seite 97).

Das Handwerk der vorindustriellen Zeit war gekennzeichnet durch die Einheit von Haus- und Produktionsstätte, d. h. man wohnte und arbeitete am selben Ort, eine Trennung beider Bereiche existierte nicht. Der handwerkliche Haushalt bildete zudem eine Arbeitsgemeinschaft, bei der alle Mitglieder mithalfen, und zu diesem Haushalt gehörten auch die Gesellen und Lehrlinge, die mit ihrem Brotherrn und seiner Familie unter einem Dach wohnten. Die Arbeitszeiten im Handwerk waren lang, wenngleich die Arbeitsintensität weitaus geringer ausfiel als heutzutage. Ein Arbeitstag im Sommer dauerte gewöhnlich von Sonnenaufgang bis -untergang, im Winter entsprechend kürzer.[225] Außer diesen allgemeinen Grundzügen erlauben uns die Quellen kaum einen Einblick in den Alltag der Schleswiger Handwerker und in ihr soziales Umfeld.

Die überlieferten Amtsrollen geben uns dagegen zumindest einige Informationen zur Arbeitsorganisation des Handwerks. In Schleswig sind für das Spätmittelalter die Rollen für drei Zünfte, hier „Ämter" genannt, belegt: Schneider (1415), Bäcker (1418) und Knochenhauer (1421).[226] Die Anzahl ihrer Mitglieder war sicherlich nicht sehr hoch. Die Leitung des Amtes lag in den Händen des von den Amtsmeistern gewählten Ältermannes, auch Werkmeister genannt; bei den Schneidern waren es zwei Ältermänner. Dort wurden 1501 noch weitere sieben Meister gezählt; bei den Knochenhauern werden acht Meister erwähnt, die Anzahl der im Bäckeramt versammelten Meister ist nicht bekannt.

Ähnlich der Entwicklung in anderen Kleinstädten hatte auch in Schleswig der Rat einen entscheidenden Anteil am Zusammenschluß der Handwerksmeister. Im ersten Abschnitt der Schneiderrolle heißt es bezeichnenderweise: *„Wii radmanne der stat Sleßwik bekennen unde betugen vor alle den jennen, de nu unde noch tokomende ßint, dat wii deß enß worden ßint mit unseren leven medeborgeren, den beschedenen mannen in deme ampte der scrodere, wodane wiße ße unde ere nakomelinge in deme sulven ampte ere rechticheit unde wilkore holden scholen, de nutte unde vromlick vor ße unde ere nakomelinge wesen scal in tokamenden tiden in der wiß, alse nascreven steit, stede unde vast to holdende."*[227] Bis Ende des 16. Jahrhunderts trug der Rat die Rollen der Ämter in das Stadtbuch ein und siegelte sie. Darüber hinaus übte der Rat die Aufsichts- und Kontrollfunktion über die Ämter aus. So behielt er sich etwa vor, beim Amt der Knochenhauer die Mitgliederzahl bei einer Änderung der Bevölkerungszahl in der Stadt zu ändern. Vor allem aber sicherte sich der Rat die Wahrung seiner Interessen dadurch, daß er Beisitzer in die Ämter entsandte.

Um einem Amt beitreten zu können, mußte der Bewerber mehrere Anforderungen erfüllen. Grundsätzlich hatte er von *„echter und rechter"* Geburt und unbescholten zu sein. Zu diesen moralischen Qualitäten kamen noch fachliche Kriterien hinzu. So konnte der Bewerber erst nach Ableistung der *„Muthzeit"*, einer Probezeit bei einem Meister, die beispielsweise bei den Schneidern ein halbes Jahr dauerte, um Aufnahme in das Amt bitten. Diese Bitte, das sogenannte *„eschen"*, geschah bei den Älterleuten des Amtes. Das Eschen fand meistens drei Mal zu verschiedenen Terminen statt, bei den Schneidern war

*Abb. 29.*
*Werkstatt eines Schmieds, spätes 15. Jahrhundert.*

**Tab. 10: Schleswiger Handwerker in der ersten Hälfte des 16. Jahrhunderts**
[Quelle: Lorenzen-Schmidt, Sozial- und Wirtschaftsstruktur, S. 32–62]

| Handwerk | Name | Bemerkungen |
|---|---|---|
| Schneider | Michael Lucht | 1501 Ältermann, Ratmann |
| | Jurgen Dowe | 1501 Ältermann, Ratmann |
| | Peter Scroder | 1501–1514 belegt; wohnte in der Molenstrate; schoßte bis 1513 knapp 1 Ml, 1514 dann nur noch die Hälfte (8 ß); undat. Hausverkauf an Hans Platensleger |
| | Hans Aschenborg | 1520/21 am Markt; nur geringes Vermögen: schoßte 1504–1512 6 ß, sinkt dann bis 1515 auf 3 ß |
| | Hermen Overscherer | Wandschneider; wohnte 1504 bis 1522 in der Langen Str. vor dem Hohen Tor; Hausbesitz (zahlte Wassergeldbeiträge); schoßte zwischen 11–14 ß, damit eher wohlhabend |
| | Jacob Overscherer/ Wantscherer | wohnte 1507 auf dem Schild, 1508 dann in der Fischerstr.; geringe Schoßleistung |
| | Marcus Scroder/Snyder | besaß Haus am Schild in der Langen Str.; sehr wohlhabend: Schoßbetrag stieg von 20 ß (1504) auf 32 ß (1512–1531) |
| | Wulff Snyder | verheiratet mit Marcus Scroders Tochter, 1539 Kooptation in den Rat (s. Tab. 1) |
| | Eler Scroder | uneinheitliche Entwicklung: Schoßleistungen stiegen 1527–1530 von 8 ß auf 20 ß, fielen dann bis 1538 wieder auf 8 ß, 1538 war er für 6 Jahre Schoßbeträge schuldig, zudem hatte er vom Rat 50 Ml Kredit aufgenommen, der mit 3 Ml zu verrenten war; fertigte zusammen mit Wulff Snyder 1538 *„dat fenlein"* für die Stadt an |
| | Luder Schroder | Schoßzahlungen belegt ab 1527; kaufte 1532 vom Domkapitel ein Haus an der Südseite des Marktes; nahm 1537 Kredit von 50 Ml vom Rat auf, der mit 3 Ml verzinst wurde; relativ gute wirtschaftliche Lage von 1527 bis 1540: schoßte in der Regel 16 ß, dann allmählicher Abstieg auf 8 ß, 1542 und 1543 wegen Nichtzahlung des Schoßes gepfändet; häufig als Schotmelder eingesetzt |
| | Mathias Schroder | 1529 Kauf eines Hauses in der Langen Str., wohnte dort bis 1541, erwarb 1543 ein Haus *„buten dem Stendor in der Westerrege"*, das er aber im gleichen Jahr wieder verkaufte |
| Bäcker (der Name *„Becker"* kommt | Hermen Kremer, ab 1516 mit dem Namen Becker in den Schoßlisten geführt | nur für 4 Jahre in Schleswig nachgewiesen; verschoßte geringes Vermögen; arbeitete wahrscheinlich als Geselle |
| zwischen 1504 und 1550 bei 33 Personen vor, es lassen sich aber nur zwei | Mathias Guleke | erstmals 1533 erwähnt; kaufte 1533 ein Haus in der Heiligen-Geist-Str., welches er 1534 wieder verkaufte; arbeitete als *„becker und kellerknecht"* auf Gottorf; vermutlich 1549 verstorben, da ab dann eine Gretke Guleken |

| Handwerk | Name | Bemerkungen |
|---|---|---|
| eindeutig als Bäcker identifizieren) | | 1 ß Schoß zahlte |
| Knochenhauer | Peter Jenssen | ab 1515 in Schleswig, ab 1520 erbgesessener Bürger; 1528 als Knochenhauer erwähnt; wirtschaftlich erfolgreich: Schoßleistungen stiegen von 3 ß (1515) bis 18 ß (1550); mehrmals als Schotmelder tätig; Vorsteher des Armenhauses; 1551 als Zeuge an einem Hexenprozeß beteiligt |
| | Laurens Nissen | 1538 als *„amptbroder der knakenhower"* bezeichnet; Hausbesitz am Markt, nahm darauf vom Graukloster 30 Ml Kredit zu 2 Ml Zins auf; zahlte erst ab 1539 Bürgergeld und Schoß; mittelmäßiges Vermögen: Schoßbeträge schwankten zwischen 5 ß und 12 ß |
| | Jacob Hansen | 1538 Schoßzahler, erlegte 1539 Bürgergeld; 1543 als *„slachter"* belegt; 1543 Hauskauf in der Torfstr.; offenbar wirtschaftlich schlecht gestellt: 1 ß – 10 ß Schoß, mehrmalige Unregelmäßigkeiten bei Steuerzahlungen, zahlte 1546 nicht zum Termin, 1548 stand das Haus leer |
| Maler Glaser Bildschnitzer | Unbekannt | 1537 ein Maler erwähnt |
| | Hermen Glasemaker | 1511 Bürger; 1524 als Glaser erwähnt, lieferte der Stadt neue Fenster, ebenso 1543 und 1548 in dieser Funktion belegt; beschäftigte 1539 und 1548 einen Knecht; besaß 1521/24 offenbar ein Haus, wohnte 1524 in einer Wohnung in der Heiligen-Geist-Str., während er zuvor in städtischer Wohnung zur Miete (3 Ml 8 ß) gelebt hatte; mittleres Vermögen: Schoßleistungen bei starken Schwankungen zwischen 3 ß–16 ß |
| | Dirick Glasemaker | lebte seit 1529 in Schleswig; erwarb 1540 eine Wohnung in der Kälberstr.; 1550 als Lieferant von drei Fenstern an den Rat belegt; mittleres Vermögen, das sich gegen Ende verringerte: Schoß sinkt von 12 ß (1529) auf 4 ß (1550) |
| | Mathias Glasemaker/ Vinstermaker | 1516 wohnhaft in der Torfstr., dort wohl auch bis 1537 Hausbesitz; 1538-1541 keine Schoßleistungen, zahlte stattdessen *„bodenhure"*, lebte also offenbar in Armenwohnung |
| | Lutge Maler/ Bildensnider | lebte nicht ständig in Schleswig, als Schoßzahler 1513–1515, 1518–1524, 1534–1544 belegt; lebte 1518–1520 am Markt, dann bis 1524 in der Mühlenstr.; zahlte Wassergeld |
| | Marten Maler | wohnte in einer Bude von Carsten Moldorp in der Heiligen-Geist-Str.; später Hausbesitz östlich der Trinitatiskirche, dort noch 1543 erwähnt; 1544–1549 Zahlung von Budenmiete, offenbar hatte er das Haus verkauft: seit 1529 sinkende Schoßbeträge deuten auf schlechte Lage |

| Handwerk | Name | Bemerkungen |
|---|---|---|
| Beutelmacher (Name „*Budelmaker*" bei 10 Personen belegt, doch nur eine eindeutig als Beutelmacher zu identifizieren) | Hans van Aken | 1540 Bürger; 1545 Hauserwerb am Markt vom Ratmann Michel Grote; 1545/46 offenbar wirtschaftlicher Aufstieg: Schoßbetrag steigt von 6 ß auf 14 ß 1546; bis 1550 dann auf 16 ß |
| Bartscherer Bader (auch hier gibt es 10 Träger dieser Bezeichnung) | Clawes Bartscher/ Badstover | 1528/1529 und 1532–1550 in Schleswig belegt; geringes Vermögen: Schoßbetrag von 4 ß bis kurzfristig (1531/32) 11 ß |
| | Marx Beke | 1537/38 und 1541–1550 belegt; wohnte ab 1542 auf dem Holm; ebenfalls nur wenig Vermögen: konstant 2 ß Schoß |
| Böttcher | Jochim Bodeker | 1520 –1530 belegt; womöglich Hausbesitz, wenig Vermögen: 6 ß – 12 ß Schoß |
| | Clawes Brase | wohnte in einer gemieteten Wohnung auf dem Holm, geringes Vermögen: 2 ß – 3 ß Schoß |
| | Hermen Bodeker | gleichfalls nur geringe Schoßleistungen (2 ß) |
| Buntmacher Pelzer | Andreas Buntmaker | Hausbesitz in der Torfstr.; 1538 Vorsteher der Armen im Graukloster; wirtschaftlich erfolgreich: steigende Beträge von 4 ß (1504) auf 18 ß (1538) |
| | Hans Iwersen/ Buntmaker | mittleres Vermögen, 1549 Schoßbetrag gepfändet wegen Zahlungsunfähigkeit, vermutlich wegen schwerer Krankheit |
| | Peter Treringk | 1508, 1516/17, ab 1522 in Schleswig ansässig; 1521 Hausbesitz, 1535 Kauf zweier Häuser: „*olt strohus*" an Holmer Brücke und „*kleyn hus*" am Steintor; gute wirtschaftliche Lage: 1522–1547 bei kurzfristigem Einbruch (1534–1536) 10 ß Schoß |
| Hutmacher (10 Personen mit Namen „*Hoetfilter*" bzw. „*Hothmaker*") | Unbekannt | 1524 einer als „*de hotfilter*" bezeichnet |
| Maurer Dachdecker Steinsetzer | Hans Ladewich | wohnte 1527–1533 auf dem Holm, als Hilfsarbeiter („*plegesman*") tätig: bekam 1538 3 Ml 14 ß 4 d Lohn für 38 Tage Arbeit; sehr geringe Schoßleistung: 2–4 ß |
| | Hans Budelmaker | „*plegesman*"; erhielt 1538 Lohn aus der Kämmerei; 1–2 ß Schoßleistung |
| | Clawes Boeth | ebenfalls ein „*plegesman*"; wohnte 1540–1543 in einer Bude, die früher zur Trinitatiskirche gehörte; schuf 1543 für den Rat eine Lehmdiele; 1548 arbeitete er 6 Tage für den Rat |
| | Jochim Ropemake | nur 1544 und 1548 belegt; nicht in Schoßregistern erwähnt, kam daher vermutlich von außerhalb |

| Handwerk | Name | Bemerkungen |
|---|---|---|
| | P. Nigelsen | Maurer; Schoßzahlungen 1509–1542: 1-7 ß, bis Mitte der 1520er Jahre steigend, dann kontinuierlich fallend |
| | K. Petersen | Maurer; Schoßzahlungen 1511–1539: 3–10 ß, höchste Zahlungen 1518–1529 |
| | P. Petersen | Maurer; Schoßzahlungen 1521–1523 belegt: geringer Satz von 2 ß |
| | H. Muel | Maurer; Schoßzahlungen 1528–1547: 2–12 ß, steiler Anstieg 1538/39, 1542 ebenso steiler Abfall |
| | W. Kellerknecht | Maurer; Schoßleistungen 1523-1540: bis 1530 Anstieg, danach 1531 steiler Abfall auf 2 ß, 1532 wieder starker Anstieg auf 12 ß, danach Abfall auf schließlich 1 ß |
| | J. Petersen | Maurer; Schoßleistung 1546–1550: geringer Betrag von 2–3 ß |
| | A. Stenhower | Maurer; Schoßzahlungen 1540–1549: von 5 auf 3 ß fallend |
| | Jacob Frame | Dachdecker; deckte 1506/07 eine Bude der Heilig-Geist-Kirche (Lohn 5-6 ß); anfänglich geringe Schoßleistungen von 4–7 ß, dann aber 1513/14 starker Anstieg auf schließlich 16 ß, damit wohlhabend |
| | Hans Kake | 1537 Bewohner eines Hauses in der Kälberstraße; 1545 deckte er im Auftrag des Rates eines der Stadttore für 4 ß Lohn; geringe Schoßzahlungen: 1–2 ß |
| | Clawes Prutze | „*stenbruggher*“; 1544 arbeitet er für den Rat; geringe Schoßbeträge: 1-3 ß |
| | Michel Slot | „*plegesman*“ von Clawes Prutze, ebenfalls 1544 erwähnt |
| Muldenhauer | Hinrick Moldenhower | 1516 belegt; besaß Haus in der Torfstr.; relativ gute Lage: 8-16 ß Schoß |
| | Detleff Moldenhower | 1537 erwähnt; womöglich weitere Tätigkeit, da er 1504 1 Tonne Bier an Rat lieferte; Hausbesitz Ecke Lange Str./Torfstr.; nahm vom Rat 50 Ml Kredit auf, getilgt erst vom Nachbesitzer Peter Pawelsen; langjährig (1509-1524) hoher Schoßbetrag von 16 ß, anschließend altersbedingter rascher Abfall auf 7 ß |
| Müller (Name nicht selten, doch sind nur zwei eindeutig als Müller zu identifizieren) | Hans Poleman/Moller | wohnte auf dem Holm; 1529–1550 Schoßbeträge von 4 ß |
| | Clawes Selke | 1549 Bürger, aber schon 1548 Schoßzahlungen belegt; zahlte 1548 an Rat Haus- und Budenmiete (womöglich Pacht für Stadtmühle) |
| Stellmacher | Unbekannt | 1527–1537 nicht bekannter „*rademaker*“ |
| Sattelmacher | Unbekannt | 1527 Schoßzahlungen eines „*sadelmakers*“ |
| Weber | Gerth Bloete | 1540 Bürger; Schoßleistungen 1541–1550 nur 2 ß |

| Handwerk | Name | Bemerkungen |
|---|---|---|
| Tischler | Hinrick Durkop | 1508–1511 belegt; geringe Schoßleistungen um 2 ß |
| | Balthazar Fingk | 1531–1550 belegt; geringe Schoßleistungen um 2 ß |
| | Mathias Fulle | 1529–1541 belegt; schoßte um 6 ß |
| | Jurgen Horneman | 1540–1550 belegt; geringe Schoßleistungen um 2 ß |
| | Bartolt Frese/Clawessen | 1519–1542 belegt; geringe Schoßleistungen um 2 ß |
| Schuhmacher | Jochim Schulte/Toffelmaker | erwarb 1537 ein Haus Ecke Hunde-/Norderdomstr. von Jacob Meineke; nahm vom Rat Kredit von 50 Ml zu 3 Ml Zins auf; gute wirtschaftliche Lage: schoßte über Jahre 12-14 ß; oft als Schotmelder tätig |
| | Laurens Schomaker | 1528 in Rat kooptiert (s. Tab. 1); wohlhabend: schoßte 12–19 ß |
| | Jurgen Pawelsen | 1529–1538 wohnte er in der Torfstr., kaufte Haus in der Langen Str., 1548 bis nach 1550 wohnte er auf dem Holm; langjähriger Vermögenszuwachs: Schoßbetrag stieg von 11 ß (1529) auf 24 ß (1547), danach steiler Abfall auf 6 ß |
| | Jurgen Ruthlandt | wohnte vor dem Hohen Tor, womöglich Mühlenstr.; sehr wohlhabend: schoßte 1527–1545 26–28 ß, danach bis 1550 relativ starker Abfall auf 14 ß; 1532–1540 viermal Schotmelder |
| | Jurgen Negelsen („grote Jurgen“) | ebenfalls sehr vermögend: Schoßleistungen lagen 1524–1543 um 24-26 ß, mehrmals Schotmelder; 1521 und 1524 Eintreiber der Wassergelder mit Las Hennecksen |
| Zimmermann | H. Becker | Schoß 1504–1511: 3–4 ß |
| | H. Rutze | Schoß 1510–1550: mit leichten Schwankungen um 6 ß |
| | A. Tymmerman | Schoß 1511–1523: 1–2 ß |
| | N. Kremer | Schoß 1518–1527: 3 ß |
| | H. Roth | Schoß 1527–1550: 1–5 ß |
| | J. Tymmerman | Schoß 1527–1550: starker Anstieg von 8 ß 1527 auf 12–14 ß 1541, anschließend starker Abfall auf 1 ß |
| Schmied | Harmen Bockwold | Hufschmied; 1542 Bürger, schon 1541 zum Schoß herangezogen; besaß Tattersall am Mühlenteich; vermögend: 24 ß Schoßleistung |
| | Hinrick Brun | Kleinschmied; lieferte 1505 und 1507 Schmiedewerk für Trinitatiskirche; Schoßzahlungen 1504–1508 fallend von 13 ß auf 6 ß |
| | Hans Brun | Kleinschmied; wohnte in der Torfstr.; 1521–1536 niedrige Schoßbeträge (1–2 ß) |
| | Michel Grote | Kleinschmied; 1542/43 in Rat aufgenommen (s. Tab. 1); Schoßzahlungen 1527–1543: von 1532 bis 1535 stark steigend von 2 ß auf 12 ß |
| | Jasper Grotevader | Kleinschmied; wohnhaft vor dem Tor in der Langen Str.; schlechte wirtschaftliche Lage: Schoßleistungen 1523–1549 1– 2 ß, einmal (1549) gepfändet, zweimal als arm eingetragen (1546, 1548) |

| Handwerk | Name | Bemerkungen |
|---|---|---|
| | Hans Klensmyth | Grobschmied; 1532/33 belegt; Hausbesitz |
| | Dirick Nigeman | Kleinschmied; besaß Haus am Schild; Schoßleistungen (1508–1550) deuten auf anfänglichen Wohlstand: Höhepunkt 1518-1525 mit 22 ß, danach langsamer Abfall auf 8 ß 1550 |
| | Peter Meyer | 1536 Bürger; 1541, 1548, 1549 mit Lieferungen an den Rat belegt; besaß Wohnung an der Ostseite der Langen Str. vor dem Hohen Tor; mittleres Vermögen: schoßte 6 ß–11 ß |
| | Bernt Munder | herzoglicher Hufschmied; als Schleswiger Bürger erwähnt, aber in Schoßregistern nicht aufgeführt, da vermutlich zum Hofstaat gehörend; reiste 1552 mit Herzog Adolf ins kaiserliche Kriegslager vor Metz |
| | Wilm Prutze | Kleinschmied; wohnhaft in Schleswig 1524–1531; kaufte 1529 von Peter Swertfeger Haus und Hof; vermögend: 1529/30 14 ß, lieh sogar 1528 dem Rat 40 Ml zu 2 Ml 8 ß Rente |
| | Peter Smytt | wohnte 1511–1543 in der Torfstr. *„bi deme markede"*; nahm auf das Haus vom Rat 4 Ml Kredit auf, mit dessen Zinsen er in Rückstand geriet; dennoch überwiegend gute Vermögenslage: bis 1533 16 ß, 1534–1545 zumeist 10 ß, danach fallend auf 1–2 ß; mehrmals als Schotmelder aktiv |
| | Karsten Werneke | 1521 und 1524 Arbeit an Wasserleitung; lieferte 1544 Feuerhaken und anderes an Rat |
| | H. Schroder | Büchsenschmied; wechselnde Lage: schoßte 1511 4 ß, 1512–1517 12 ß, danach Abfall bis 1520 auf 5 ß |
| | H. Bussensmytt | Büchsenschmied; geringes Vermögen: schoßte 1519–1523 2–4 ß |
| | A. Nieman | Büchsenschmied; wachsendes Vermögen: Schoßbetrag stieg von 8 ß 1537 auf 24 ß 1548–1550 |
| | Hinrick Frese | Goldschmied; 1523/24 in Rat aufgenommen (s. Tab. 1) |
| | Andreas Koppersmyt | Kupferschmied; 1521 Wassergeldzahler, sonst keine Belege |
| | Marx Brase | 1549 in Rat kooptiert (s. Tab. 1) |
| Harnischmacher Plattner Schwertfeger | Clawes Dudesk | Plattner; wohnte bis 1538 auf dem Holm; wenig Vermögen: schoßte 1534–1550 1–5 ß |
| | Hans Platensleger | Plattner; besaß bis 1529 kleines Haus in der Mühlenstr., später in Kälberstr. erbgesessen; 1534 und 1536 in Schoßregistern ohne Zahlungen verzeichnet; vom Rat nahm er 40 Ml Kredit zu 3 Ml Rente auf |
| | Hinrick Pollerer | Harnischmacher; zahlte Hausmiete an Rat; geringes Vermögen: schoßte 1537–1543 2–3 ß |
| | Reymer Dow | Schwertfeger; 1549/50 vom Schoß befreit wegen Arbeiten an Richtschwertern; sonst 1531–1545 meist 6 ß Schoß, bis 1547 dann Anstieg auf 13 ß, 1548 fallend auf 5 ß |

| Handwerk | Name | Bemerkungen |
|---|---|---|
| Kannengießer | Unbekannt | einer zwischen 1535–1537 belegt |
| Kesselflicker | Unbekannt | 1505 eine „ketelbotersche" erwähnt, auch 1529–1532 ein „ketelboter" belegt |
| | Peter Dreiger/ Jasperssen, 1520–1522 als Ketelboter bezeichnet | wohnte 1504 in einer Bude unter den Treppen des Rathauses, 1510 wohnhaft in der Torfstr., 1523 hinter Heiligen-Geist-Kirche; schoßte nur 2 ß |

dies zu Johannis (24. Juni), am Montag nach Michaelis (29. September) und zu Weihnachten der Fall.

Zum Beweis seines handwerklichen Könnens hatte der Kandidat, den Bestimmungen bei den Bäckern und Schneidern zufolge, in Anwesenheit der Älterleute und der Mitglieder des jeweiligen Amtes ein Meisterstück anzufertigen: Im Schneideramt wurde die Anfertigung eines Unterrocks, eines Umhanges mit Kapuze sowie einer Hose aus gutem Stoff verlangt; dem Kandidaten des Bäckeramtes oblag es, aus einem Scheffel Mehl *„schön rogge und wegge"* zu backen. Bei den Bäckern war der Geselle dabei gehalten, dem Ältermann und dem Beisitzer Freibier zu spendieren. Genügte die vorgelegte Arbeit nicht den Anforderungen des Amtes, war es also nicht *„ordentlich"*, sollte der Geselle der Bäckerrolle zufolge entweder weiterwandern oder in Schleswig weiterlernen.

Des weiteren verlangte das Amt von den Bewerbern ein gewisses Vermögen, das bei den Schneidern 2 englische Pfund und bei den Bäckern und Knochenhauern 10 Ml betrug. Dieses Geld durfte nicht geliehen sein, sondern mußte als Barschaft vorhanden sein. Der Kandidat war verpflichtet, sein entsprechendes Vermögen nachzuweisen und zu beschwören. War er hierzu nicht imstande, durfte er Bürgen stellen. Konnte der Bewerber alle Anforderungen erfüllen, mußte er dem Amt eine Gebühr erlegen, die im 15. Jahrhundert noch vorwiegend aus Naturalien bestand; so betrug diese Leistung bei den Schneidern ½ t Bier, 1 Schinken und 1 Brot, die Knochenhauer und Bäcker hatten jeweils 1 t Bier zu erlegen, bei letzteren kam dann noch eine Geldzahlung von 18 ß hinzu. Zusätzlich zu dieser Gebühr an das Amt hatten die neuen Meister Aufnahmezahlungen an die städtische Obrigkeit zu leisten, deren Höhe derjenigen der Amtsgebühren entsprach (Schneider 12 ß), wobei die Schneider Bürgen stellen mußten. Für den Eintritt von Meistersöhnen galten diese Bestimmungen nicht; sie konnten erst nach dem Tod des Vaters dem Amt beitreten und mußten zudem in der Stadt geboren sein; von den Aufnahmeabgaben an das Amt waren sie allerdings befreit. Darüber hinaus war das neue Mitglied gehalten, das Schleswiger Bürgerrecht zu erwerben sowie sich zu verpflichten, in der Stadt zu wohnen und aus dieser bei Verlust des Amts- und Bürgerrechts innerhalb eines Jahres nicht wegzuziehen. Zu seiner Aufnahme gehörte es auch, daß der neue Meister für seine Amtsgenossen ein Festessen veranstaltete, dessen Termin der Ältermann festlegte, der auch die Erlaubnis für die Teilnahme von Nichtamtsmitgliedern erteilte.

Frauen konnten von sich aus keine Mitgliedschaft im Amt erwerben. Doch wurde den Witwen von Amtsgenossen des Bäcker- und Knochenhaueramtes erlaubt, das Amt noch ein Jahr nach dem Tod ihres Mannes fortzuführen. In einem späteren Zusatz aus dem Jahr 1501 billigten die Schneider den Witwen und Töchtern verstorbener Meister sogar zu, das halbe Amt auf Lebenszeit zu genießen.

Mit der Aufnahme in das Amt hatte der Meister Anteil an allen Rechten und Pflichten erworben, die allesamt darauf abzielten, das entsprechende Handwerk zu schützen und das Auskommen seiner Mitglieder zu sichern. So war die Ausübung des Handwerks im

Geltungsbereich der Amtsrolle, also innerhalb der städtischen Bannmeile, an die Zunftzugehörigkeit gebunden: *„Ock szo wille wij, dat nument van buten to edder binnen, man edder fruwen, hir in der stat sniden edder neien scholen niewes wark"*, wie es dazu in der Schneiderrolle hieß.[228] Nicht zünftig organisierten Handwerkern, vor allem aus dem ländlichen Handwerk, war die Arbeit in der Stadt untersagt.

Die Amtsangehörigen suchten aber nicht nur nach außen keinerlei Konkurrenz aufkommen zu lassen. Auch innerhalb des Amtes legten die Rollen Bedingungen fest, die der wirtschaftlichen Chancengleichheit und dem Ausgleich zwischen den Mitgliedern dienen und ihren Wettbewerb verhindern sollten. So wurde beispielsweise die Anzahl der zu beschäftigenden Hilfskräfte festgelegt sowie der Gesellenlohn festgeschrieben. Bei den Schneidern war es daher verboten, heimlich Arbeitskräfte zu beschäftigen, und auch die Abwerbung von Gesellen durch einen anderen Meister war nur zu bestimmten Terminen möglich. Des weiteren untersagten Bäcker und Knochenhauer die Einfuhr fremder Fertigware, und das Abwerben von Kunden war ebenfalls verboten. Zur Vermeidung eigener Konkurrenz legten die Ämter Richtlinien fest, die dafür sorgen sollten, daß die Meister sich beim Einkauf ihrer jeweiligen Rohstoffe nicht in die Quere kamen. Sollten sich etwa zwei Knochenhauer beim Kauf von Vieh treffen, hatten sie den Einkauf gemeinsam abzuschließen. Ähnliches galt für die Bäcker: War ein Bäckermeister mit einem Händler über den Verkauf von mehr als 3 Heitscheffel Getreide einig und kam dann ein anderer Meister hinzu, so konnte letzterer von dieser Verkaufsmenge die Hälfte für sich beanspruchen, falls er Bedarf hatte.

Es gab jedoch im Zunftzwang der Ämter gewisse Einschränkungen, bei denen die Bestimmungen der Rollen nicht galten. Dies betraf insbesondere den Markt, auf dem der freie Verkauf erlaubt war. Die Bäcker etwa sahen einen freien Markt, einen Jahrmarkt und einen Markt am Gründonnerstag vor; die Knochenhauer hingegen gewährten nur einen freien Wochenmarkt zwischen dem Sonnabend nach Jacobi (25. Juli) und dem Sonnabend nach Martini (11. November). Ebenso waren den Schleswiger Bürgern handwerkliche Tätigkeiten erlaubt, sofern sie nur *„tho erer egene koste"*, wie es in der Knochenhauerrolle hieß, sprich ihrem Eigenbedarf dienten.

Die Ämter sorgten aber nicht nur für den Schutz ihrer Genossen und statteten diese mit Privilegien aus, sondern unterwarfen die Tätigkeit der Amtsmeister auch strikten Qualitätsvorschriften, deren Einhaltung kontrolliert wurde. Stellte man beispielsweise bei einem Schneidermeister Pfusch fest, hatte dieser an den Rat 1 t Wismarer Bier und an das Amt 1 t dänisches Bier zu liefern. Die Knochenhauer waren gehalten, sowohl an Vor- als auch an Nachmittagen frisches Fleisch anzubieten. Fanden sich beim Fleisch Mängel,

*Abb. 30.
Werkstatt eines Harnischmachers, spätes 15. Jahrhundert. Im Hintergrund hängen bereits fertige Teile einer Rüstung.*

*Abb. 31.*
*Werkstatt und Laden eines Schuhmachers, 16. Jahrhundert. Im „Schaufenster“ fertige Schuhe.*

waren die betreffenden Stücke zur Kennzeichnung auf einem weißen Tuch auszulegen. War ein Schlachter bereits am Vormittag mit einer Strafe belegt worden und hatte dann am Nachmittag immer noch kein Frischfleisch im Angebot, wurde eine Strafe in Höhe von 3 ß an den Rat und 18 ß an das Amt verhängt.[229]

Bei den Bäckern wiederum ging der Werkmeister zweimal wöchentlich bei seinen Meistern umher und unterzog deren zum Verkauf ausliegende Waren einer Kontrolle; versäumte er jedoch diese Pflicht, mußte er seinerseits 8 ß zahlen. Genügte das Brot den Anforderungen an Größe, Gewicht und Qualität nicht, sahen die Bestimmungen vor, daß das mangelhafte Brot an die Armen des St.-Jürgen-Hospitals verteilt werden sollte, oder der Verkauf des beanstandeten Backwerks wurde verboten bzw. der Bäcker hatte drei statt zwei Brote für den entsprechenden Preis anzubieten. Schon im älteren Schleswiger Stadtrecht findet sich der Passus, nach dem ein Bäcker 9 ß an den Rat als Strafe zu zahlen hat, falls er schlechtes Brot backt; sollte der Ältermann indes diese Zahlung nicht fordern, muß er seinerseits 3 Ml brüchen.[230] Ebenso hatten Schuster und Kürschner laut Stadtrecht bei schlechter Qualität ihrer Arbeit 3 Ml zu leisten.[231]

Die wichtigste Einrichtung der Ämter war die *„Morgensprache“*, die Versammlung aller Amtsmitglieder. Das Treffen fand beim Schneideramt einmal im Jahr am Johannistag statt, während die Bäcker zweimal jährlich zu Ostern und an Michaelis tagten. Für die Amtsgenossen herrschte Anwesenheitspflicht; ein „einfaches“ Nichterscheinen zog bei Schneidern und Schlachtern eine Strafe von 6 d nach sich, „frevelhaftes“ Fernbleiben hingegen konnte sogar den Verlust der Amtszugehörigkeit zur Folge haben. Verspätetes Erscheinen kostete den Betreffenden bei den Knochenhauern 18 d. Entschuldigt wurde das Fehlen von Amtsmeistern nur, wenn wichtige Gründe diese vom Kommen abgehalten hatten. Dem jüngsten Meister des Amtes, gleichsam Hilfskraft der Älterleute, oblag es, die *„Morgensprache“* bei den anderen Meistern anzusagen; versäumte er diese Pflicht, sah die Schneiderrolle eine Buße von 1/2 t Bier sowie 1 Pfund Wachs vor. Die Versammlung konnte allerdings nur in Anwesenheit der Beisitzer eröffnet werden. Mit dieser Bestimmung sorgte der Rat dafür, daß keine Versammlung ohne sein Wissen stattfinden konnte.

Auf dem Treffen wurden Amtsangelegenheiten besprochen und geregelt, Klagen vorgebracht und Recht gesprochen, sofern es sich nicht um Sachen von „Hals und Hand“ handelte, die ausschließlich vor den Rat gehörten. Die Gerichtsbarkeit der Ämter übten entweder die Älterleute allein (Schneider) oder die Älterleute samt Beisitzern (Bäcker, Knochenhauer) aus. Dabei waren deren Urteile unanfechtbar, eine Appellation an den Rat wurde in der Bäckerrolle bei einer Strafe von 1 Ml 2 ß ausdrücklich untersagt. In der Rolle der Knochenhauer ist hierzu zu lesen: *„we syck schutt vam ampte vor den radt vor jenygerleye broke, de hefft gebraken den hogesten broke, ..., dath schall stede und faste blyven.“*[232]

Neben ihren sozialen und ökonomischen Aufgaben besaßen die Schleswiger Ämter wie die meisten genossenschaftlichen Zusammenschlüsse jener Zeit auch eine bedeutende Funktion im religiösen und karitativen Bereich. Die Ämter hatten ihre Altäre im Dom, und der jüngste Meister hatte dort für die Aufstellung der Lichter sowie für ihr Entzünden zu sorgen. Die Amtsgenossen waren zur Teilnahme an den Messen im Dom verpflichtet. Ebenso hatten sie an Totenwachen und Leichenbegängnissen verstorbener Meister teilzunehmen. Bei den Bäckern sollten *„man und fruwe ... bywesen by de tho der vigilien unde tho der missen unde offern dar iszlich eynen lubesschen pennynck und blyven dar by, wente dath lich begraven is.“*[233] In der Knochenhauerrolle gibt es eine entsprechende Bestimmung; darüber hinaus sollten auf ihrem Altar zur Vigilie und Seelenmesse die Lichter angezündet werden. Die Schneidermeister konnten sich bei der Totenwache allerdings vertreten lassen. Das Schneideramt sah zudem noch eine Unterstützung für Kranke und Arme vor. Wurde jemand krank und brauchte Geld, erhielt er aus der Amtskasse, der *„buchse“*, einen Betrag. Nach der Genesung hatte der Betreffende jedoch die erhaltene Summe zurückzuzahlen, vorher durfte er die Stadt nicht verlassen. Starb der solchermaßen bedachte Kranke aber, war das Amt berechtigt, aus dem hinterlassenen Vermögen des Verstorbenen den entsprechenden Betrag zu pfänden.

Neben den Ämtern der Schneider, Bäcker und Knochenhauer gab es womöglich in unserem Zeitraum noch ein Amt der Glaser und Maler.[234] Darauf deutet zumindest ein Passus in der Rolle der Malergesellengilde hin, wo es heißt, daß ihre Beliebung der *„oldeste Meister effter Oldermann“* aufbewahren solle. Den Gesellenzusammenschluß selbst datiert Petersen auf die Zeit vor 1527, da in der Rolle religiöse Praktiken beschrieben werden, die seiner Meinung nach auf die vorreformatorische Zeit deuten. Für Lorenzen-Schmidt hingegen scheinen diese Passagen eine Übernahme aus einer älteren Rolle zu sein, und die restlichen Bestimmungen sowie die vorhandenen Personennamen legen eher eine zeitliche Verortung in die Zeit nach der Reformation nahe. Gleichwohl spiegeln sich in der Rolle der Glaser- und Malergesellen offenbar ältere Verhältnisse wider. Die Gilde umfaßte sieben Gesellen. Ihre Organisation glich derjenigen der Ämter, den Vorstand bildeten die Schaffer. Die Abfassung der Rolle kam im Gegensatz zu denen der anderen Handwerksämter offenkundig ohne Mitwirkung der Obrigkeit zustande. Ihre Bestimmungen galten vorwiegend zum einen der Unterstützung von kranken und bedürftigen Gesellen und zum andern dem arbeitsrechtlichen Verhältnis zum Meister. Zog etwa ein Geselle aus Schleswig fort und kam er innerhalb eines Jahres wieder, so war er gehalten, erneut bei dem Meister zu arbeiten, den er verlassen hatte. Kehrte er aber mehr als ein Jahr später zurück, war es dem Gesellen freigestellt, bei welchem Schleswiger Meister er in Arbeit trat. Wenn ein reisender Geselle ankam und *„leth sick beschencken“*, hatte er bei dem Meister zwei Wochen zu arbeiten, falls dieser Arbeit hatte.[235]

Neben dem Handwerk gab es in Schleswig nur noch kleineres Gewerbe. Im Dienstleistungsbereich sind die Fuhrleute zu erwähnen, die den Warentransport ins Schleswiger Umland besorgten. Aus den Quellen der ersten Hälfte des 16. Jahrhunderts lassen sich insgesamt vier Fuhrmänner feststellen. Symon Frame fuhr beispielsweise 1541 im Auftrag des Rates Lehm, Sand und Steine. Da er allerdings auch 1542 mit Holzarbeiten für die Stadt vermerkt ist, waren die Transporte womöglich nur *ein* Erwerbszweig, dem die Fuhrleute nachgingen. Personentransporte waren eher selten. 1542 erhielt der Fuhrmann Bartelt Vorman vom Rat 1 Ml 8 ß dafür, daß er Dr. Bugenhagen, den bekannten Reformator und Verfasser der schleswig-holsteinischen Kirchenordnung, von Schleswig nach Flensburg gefahren hatte. Alle vier Fuhrmänner gehörten zu den ärmeren Steuerzahlern, deren Zahlungen kaum über 8 ß hinausgingen. Der Transport zu Wasser war offenbar weniger gefragt, denn mit Severyn Bosman oder Pyndt ist nur *ein* Schleswiger Schiffer in den Quellen faßbar.

Am Fuß des Hesterberges in Richtung Gottorf lag ein Gasthaus namens *„Langenesse“*. Wir wissen von seiner Existenz deshalb, weil dort 1540 die Schleswiger ein Kamel bestaunen konnten; dabei kam es zu einer Bluttat, als Marcus Brase von einem Peter Bartscheer erschlagen wurde.[236] 1471 wird in der Kämmereirechnung ein *„Nyenkrog“* erwähnt.[237] Daß in Schleswig aber auch das „älteste Gewerbe der Welt“ zu finden war, bezeugt – vermutlich – nicht nur das oben erwähnte *„verdächtige Haus“*, sondern darauf deutet auch der kleine Quellenhinweis hin, in dem das Haus einer Gastwirtin namens Anna Krogerske scherzhaft auch *„Junckfrowkrogen“* oder *„fuit virgo“* genannt wurde.[238]

## Landwirtschaft und Fischerei

Neben Handel, Handwerk und Gewerbe gehörte auch die landwirtschaftliche Produktion zum charakteristischen Bild der spätmittelalterlichen Stadtwirtschaft. Die Bewirtschaftung von städtischen Ländereien bzw. im Besitz der Bürger befindlichen Gütern sowie die Nutzung der Wälder rund um die Stadt trugen dabei ihren mehr oder minder großen Anteil bei an der Versorgung der Stadt und ihrer Bewohner mit Nahrungsmitteln und Holz, dem wichtigsten Energieträger und Baustoff.[239]

Der Schleswiger Landbesitz dürfte, soweit wir wissen, nicht besonders umfangreich gewesen sein. Nördlich der Stadt befanden sich das Stadtholz sowie das Stadtfeld. Während ersteres neben seiner Funktion als Lieferant für Brenn- und Bauholz auch zur Schweinemast genutzt wurde, hatte man auf dem Stadtfeld Viehweiden sowie Anbauflächen für Korn, Gemüse und Hopfen angelegt, die an Bürger ebenso verpachtet wurden wie die Kohlhöfe, die hauptsächlich dem Anbau von Obst, Gemüse und Kräutern dienten. Ebenfalls in Pacht bewirtschafteten einzelne Bürger kleinere Landstücke, in den Rechnungen als *„wurt“*, *„acker“* oder *„eng“* bezeichnet, auf denen sie Korn anbauten bzw. ihr Vieh hielten.[240] 1453 zahlten zum Beispiel Hans Langevorde 3 ß für eine Drittel-Wurt, Marquart Schomaker 18 ß für eine Wurt oder Vorbeke Ludwyges und Junghe Marquart 18 ß für zwei Äcker.[241] Der Kreis der landbesitzenden Bürger war klein. Die Liste über die Erträge der Ackerhure des Jahres 1453 umfaßt 19 Namen, und auch die entsprechenden Aufstellungen in der ersten Hälfte des 16. Jahrhunderts zählen höchstens 30 Personen.[242] Die Gruppe der Pächter schloß sich als *„buwleute“* zusammen, *„die* *bestimmte Selbstverwaltungsrechte wahrnahmen (etwa bei Transaktionen von Parzellen), aber der Ratsobrigkeit voll unterworfen waren.*“[243]

Bis in das frühe 14. Jahrhundert hinein besaß die Stadt noch ein Landstück zwischen Schleswig und Gottorf namens „*Stubbe*“, das sich der Rat unrechtmäßig vom Flensburger Rudekloster angeeignet hatte. 1321 mußte die Stadt diesen Grundbesitz wieder an das Kloster abgeben, erhielt aber im Gegenzug die Zusage der Mönche, die Stadt von jeder Entschädigung wegen der zwischenzeitlichen Nutzung des Landes zu befreien.[244] Daneben gehörten noch einige kleinere Parzellen inner- und außerhalb der Stadt zum Landbesitz Schleswigs. So werden 1413 Ländereien in Lusestedt und Bucksund, ein Grundstück „Likkoe“ bei Solterbek, ein „Likkoe“ bei den Königswiesen, das 4 ß einbrachte, ein Kamp zwischen Michaeliskirche und Likkedal, der 3 ß einbrachte, sowie ein Grundstück bei Apenstorf mit 4 ß Ertrag als städtische Besitzungen aufgeführt.[245] 1471 erscheint die Stadt im Besitz jeweils einer Lanstenstelle in Moldenit und Nienkrog.

Daß mancher Bürger auch über Landbesitz jenseits der städtischen Feldmark verfügte, geht aus der Urkunde Graf Gerhards III. als Herzog von Schleswig aus dem Jahre 1327 hervor, wonach die Bürger mitsamt ihren Gütern, „*in welchen Dörfern sie auch liegen*“, von Abgabenleistungen befreit wurden.[246]

Zur Verarbeitung des geernteten Getreides standen in Schleswig einige Kornmühlen zur Verfügung. Die „*Alte Stadtmühle*“ wird erstmals 1352 erwähnt. Sie lag am Stadtwall „*an der Molenbeke unterhalb der Langen Straße*“, d. h. in der heutigen Schlachterstraße. Die Stadt besaß an dieser Mühle, die dem Landesherrn gehörte, ein Nutzungsrecht. Aus dem gleichen Jahr wie die Stadtmühle ist eine zum Kapitel gehörige Mühle am Dom belegt. Eine weitere Kornmühle stand bei der St.-Jürgen-Kapelle. Darüber hinaus existierten außerhalb Schleswigs noch vier weitere Mühlen, deren genaue Lage allerdings unbekannt ist und die zu den Pfründeneinkommen der Vikare am Dom zählten.[247]

Aufgrund der Lage Schleswigs an der Schlei spielte der Fischfang eine besondere Rolle bei der Versorgung der Bevölkerung mit Nahrungsmitteln. Die Verfügung über Strände und Gewässer gehörte zu den Rechten des Landesherrn, der diese im Laufe der Zeit an die Städte übertrug, wo sie Eingang in das Stadtrecht fanden. Im ältesten Schleswiger

*Abb. 32.*
*Fischer. Ende des 15. Jahrhunderts.*

Stadtrecht ist unter § 61 zu lesen, daß die Schlei dem König gehöre. Doch in § 71 findet sich dann der *„erste überlieferte Beleg einer Fischereisatzung."*[248] Dort heißt es nämlich: *„Die Fischer mögen frei fischen, auf der ganzen Schlei, und das Waden-Reep auf das Land setzen, so weit, als man aus dem Schiff mit einem Ruder werfen kann, und die Fischer sollen nicht ziehen auf Krockwat* [Zugwade] *auf Pfingsten ohne Erlaubniß vom Rath."*[249] Der gleiche Passus befindet sich auch in der mittelniederdeutschen Fassung aus dem 15. Jahrhundert.[250] Der letzte Satz dieser Bestimmung zeigt überdies, daß statt des Königs nunmehr der Rat die Aufsicht über die Fischerei besaß.

Die städtischen Rechte blieben jedoch keineswegs unbestritten. Die sinkende Macht des Landesherrn im 15. Jahrhundert führte dazu, daß der erstarkende Adel und der Klerus königliche Privilegien okkupierten. Adlige Grundherren, deren Besitzungen bis an die Schlei reichten, reklamierten den Strand und damit den Zugang zur Förde für sich und setzten zum Schaden der städtischen Fischerei *„Hamerzeune"*, Heringszäune, in die Schlei. Auch die Geistlichkeit beteiligte sich an der Fischerei. Im Zinsbuch des Schleswiger Bischofs für die Jahre 1509 bis 1511 ist beispielsweise verzeichnet, daß die dem Bistum untertänigen Bauern in der Heringssaison einmal fischen mußten; auch wurden Heringszäune an Bauern verpachtet.[251]

Konflikte, mitunter durchaus handgreiflicher Art, blieben naturgemäß nicht aus. Im Jahr 1480 beschwerte sich der Schleswiger Rat in einem Schreiben an die Königin Dorothea u.a. über das Vorgehen einiger Adliger gegenüber Schleswiger Fischern: Otto Sehestedt nahm dem Fischer Olef Stapelholm mit Hilfe zweier mit Armbrüsten bewaffneter Knechte *„alle ere vysche, de se hadden"* ab, obwohl der Fischer ihm den ersten Fisch vom Fang übergeben hatte und auch von allen danach gefangenen Fischen so viel ablieferte, wie Sehestedt verlangte hatte. Das gleiche widerfuhr Olef Stapelholm nach dem Fang auf der Füsinger Au, als Pavel Breide ihm alle Fische wegnahm und es auch nichts nutzte, daß der Fischer dem Junker noch anbot, *„eyne Lass* [Lachs] *von den besten, de he hadde ghekregen"*, abzugeben. Ebenso mußte der Fischer des Bürgers Drewes Schwerdtfeger seinen Fang Breide überlassen. Darüber hinaus stieß der Adlige die Drohung aus, er wolle allen denjenigen die Fische wegnehmen und die Netze zerhauen, die auf seinem Noor fischten, wiewohl, wie der Rat dazu bemerkte, *„dat doch went* [bis] *in dysse tyd is vryg ghewest eynem isliken Sleswyker tho vyskende."*[252]

Der Stadt kam bei ihrer Klage zugute, daß es König Christian I. auf dem Rendsburger Landtag im Juli 1480 gelungen war, die Beachtung königlicher Privilegien einzufordern, *„dat alles syner gnaden strome in synen landen, wo de belegen syn, scholen vrygh wesen, unde in besunderheyt der Sly."*[253] Ganz in diesem Sinne erteilte der König der Stadt Schleswig am 28. September 1480 das Schleiprivilegium. Der Landesherr wies in diesem Privileg noch einmal darauf hin, daß die Bewohner *„unser stad Sleßwigk [van unsen seligen vorfarn, hertogen to Schleßwigk] tor tiid wesende begifftiget unde bepriviligeret sin mit der fryheyt unses stromes unde waters Sligh."*[254] Die Stadt durfte fortan die Schlei abwärts der Stadt bis eine Meile hinter Schleimünde *„to erer visscheryen, kopenschopp, segelatien unde neringe"* frei nutzen.[255] Dieses Recht durch Zäune und Pfähle zu behindern wurde ausdrücklich verboten.

Doch trotz der Privilegierung der Stadt kam es auch in der Folgezeit immer wieder zu Interessenkonflikten zwischen der städtischen Fischerei und den adligen Schleianrainern, wobei sich der Rat der landesherrlichen Unterstützung nicht immer sicher sein konnte. So begab sich 1540 König Christian III. mit einigen Ratspersonen und 63 Bürgern auf die Schlei, um die errichteten *„Hamerzeune"* zu besichtigen, begleitet von allen Fischern, die sich mit Ketten und Haken versehen hatten, um etwaige Zäune zu entfernen. Obwohl dem König offenbar die Beseitigung der Hindernisse widerstrebte, gab er doch die Order, die hinderlichen und für die städtische Fischerei schädlichen Heringszäune zu entfernen. Als Christian III. aber auf dem Gut Buckhagen mit dessen Herrn Wulf Pogwisch zusammentraf, änderte er seine Meinung und schlug die Schleswiger Wünsche ab. Die Stadt, die sich diese königliche Schleibesichtigung mit Bier und Verköstigung einiges hatte kosten lassen, mußte zu ihrem Leidwesen feststellen, daß der *„gedane expens is umsunß gescheen, durch wat middel is Gade* [Gott] *bewusth.“*[256]

Während die rechtlichen Grundlagen der Schleswiger Fischerei verhältnismäßig gut überliefert sind, wissen wir jedoch über die Menschen, die den Fischfang hauptberuflich oder als Nebenerwerb betrieben, und ihren Alltag so gut wie nichts. Bekannt ist jedenfalls, daß sie nicht zu den wohlhabenden Gruppen in der Stadt gehörten, denn Reichtümer vermochten die Fischer wegen der personal- und kostenintensiven Wadenfischerei kaum zu erwirtschaften. Immerhin wurden pro Zugnetz acht Fischer benötigt; ein kleines Netz kostete zu Beginn des 15. Jahrhunderts 11 Ml, der Preis eines anderen Netzes mit Ausrüstung betrug mit 48 Ml sogar ein kleines Vermögen. Und für ein Boot sind Kosten in Höhe von 1 Ml 1 ß 4 d überliefert. Auf der anderen Seite standen die Erlöse, die beispielsweise 1437 für 1 t Schleihering 3 Ml 8 ß betrugen.[257] Die schlechte soziale und wirtschaftliche Lage der Fischer zeigt sich vor allem daran, daß sie überwiegend auf dem Holm, dem ärmsten Quartier der Stadt, wohnten.

Geht man von den bei archäologischen Grabungen in Schleswig gefundenen hoch- und spätmittelalterlichen Fischüberresten aus, so trugen die städtischen Fischer mit ihrem Fang aus der Schlei und den nahegelegenen Süßgewässern, wie beispielsweise aus dem Brautsee, mit 50 Prozent zur Versorgung der städtischen Bevölkerung mit Fisch bei, darunter Heringe, Forellen, Hechte, Aale, Karpfen u. a. m. Einen weiteren Anteil machten Fische aus der weiteren Umgebung aus, also von der nahen Nord- und Ostseeküste oder der Eider, wie Zander, Steinbutt oder Scholle. Daneben gelangten auch noch Fische aus entfernteren Fanggebieten – Kabeljau, Köhler, Schellfisch u. a. – nach Schleswig. Ob und inwieweit Schleswiger Fischer das 1417 von König Erich von Pommern erteilte Privileg der freien Fischerei im Sund ausübten, ist nicht bekannt. Wahrscheinlich ist es aber, daß diese Fischarten in konservierter Form über den Fernhandel auf die Tische der Schleswiger Verbraucher kamen. Bedeutendster Handelsplatz hierfür waren die schonischen Messen, für die Schleswig das Privileg der Zollfreiheit verliehen bekommen hatte. In Schleswig selbst lag der vorrangige Verkaufsort der zahlreichen Fischarten am Ufer bei der Schleibrücke; eine Marktordnung liegt erst aus späterer Zeit, der zweiten Hälfte des 16. Jahrhunderts, vor.

## Steffen Arndes und das *„Missale Slesvicense“* oder wie der Buchdruck nach Schleswig kam

Zu den bedeutendsten technischen Innovationen des späteren Mittelalters zählt der Buchdruck, der den weiteren historischen Prozeß tiefgreifend prägen sollte. Mitte des 15. Jahrhunderts entwickelte Johannes Gensfleisch zu Laden genannt Gutenberg ein Verfahren, das es auf der Basis einzelner Bleilettern, die zu Zeilen und Seiten zusammengesetzt wurden, ermöglichte, Bücher und Schriften effizienter herzustellen, als es bisher verwandte Techniken wie handschriftliche Kopie oder der Holzschnitt vermochten. Es war nun möglich, Bücher in verhältnismäßig kurzer Zeit in beliebiger Anzahl und in gleichbleibender Qualität zu drucken. Das Druckwesen breitete sich angesichts der steigenden Nachfrage nach preiswerten Büchern rasch aus und erreichte schließlich auch den Norden.

Für die Geschichte des Buchdrucks in Schleswig-Holstein besitzt Schleswig eine besondere Bedeutung, ist die Stadt doch derjenige Ort, an dem zum ersten Mal in den Herzogtümern ein Buch auf diese Art erstellt wurde. Diese Ehre verdankt Schleswig dem

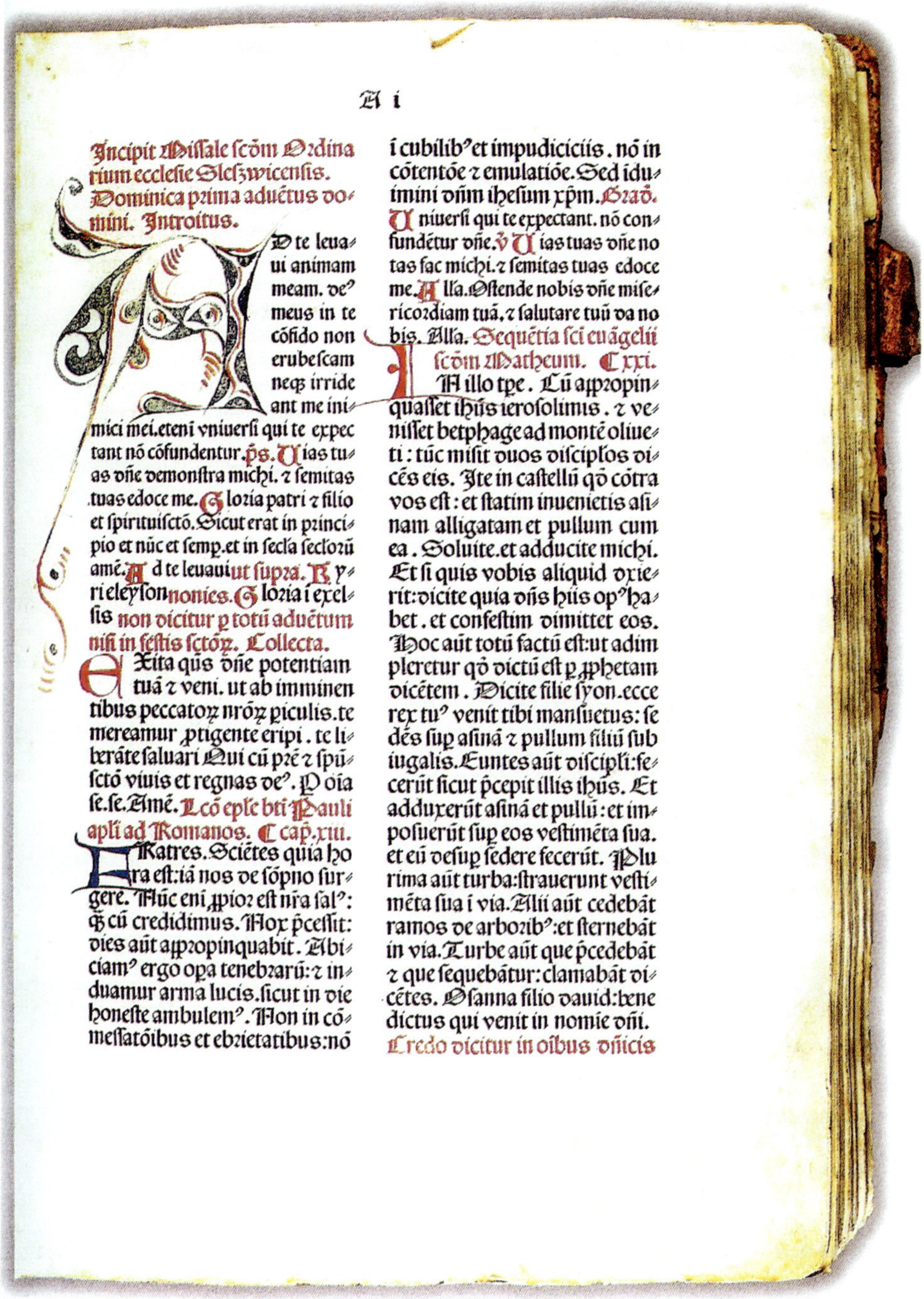

A i

Incipit Missale scdm Ordinarium ecclesie Sleszwicensis. Dominica prima aduentus domini. Introitus.

Ad te leuaui animam meam. de' meus in te cõfido non erubescam neq3 irrideant me inimici mei. eteni vniuersi qui te expectant nõ cõfundentur. ps. Uias tuas dñe demonstra michi. r semitas tuas edoce me. Gloria patri r filio et spirituisctõ. Sicut erat in principio et nũc et semp. et in secla seclorũ amẽ. Ad te leuaui ut supra. Kyri eleyson nonies. Gloria i excelsis non dicitur p totũ aduẽtum nisi in festis sctõꝝ. Collecta.

Excita quẽs dñe potentiam tuã r veni. ut ab imminentibus peccatoꝝ nrõꝝ piculis. te mereamur ꝓtegente eripi. te liberãte saluari Qui cũ prẽ r spũ sctõ viuis et regnas de'. P oia se. se. Amẽ. Lcõ eplẽ bti Pauli apli ad Romanos. Cap. xiii.

Fratres. Sciẽtes quia hora est: iã nos de sõpno surgere. Nũc eni ꝓpior est nrã sal': q̃3 cũ credidimus. Nox pcessit: dies aũt appropinquabit. Abiciam' ergo opa tenebrarũ: r induamur arma lucis. sicut in die honeste ambulem'. Non in cõmessatõibus et ebrietatibus: nõ i cubilib' et impudiciciis. nõ in cõtentõe r emulatiõe. Sed induimini dñm ihesum xpm. Grad. Uniuersi qui te expectant. nõ confundẽtur dñe. v Uias tuas dñe notas fac michi. r semitas tuas edoce me. Alla. Ostende nobis dñe misericordiam tuã. r salutare tuũ da nobis. Alla. Sequẽtia sci euãgelii scdm Matheum. C xxi.

In illo tpe. Cũ appropinquasset ihũs ierosolimis. r venisset bethphage ad montẽ oliueti: tũc misit duos discipl'os dicẽs eis. Ite in castellũ qd cõtra vos est: et statim inuenietis asinam alligatam et pullum cum ea. Soluite. et adducite michi. Et si quis vobis aliquid dixerit: dicite quia dñs hũs op' habet. et confestim dimittet eos. Hoc aũt totũ factũ est: ut adimpleretur qd dictũ est p ꝓphetam dicẽtem. Dicite filie syon. ecce rex tu' venit tibi mansuetus: sedẽs sup asinã r pullum filiũ subiugalis. Euntes aũt discipli: fecerũt sicut pcepit illis ihũs. Et adduxerũt asinã et pullũ: et imposuerũt sup eos vestimẽta sua. et eũ desup sedere fecerũt. Plurima aũt turba: strauerunt vestimẽta sua i via. Alii aũt cedebãt ramos de arborib': et sternebãt in via. Turbe aũt que pcedebãt r que sequebãtur: clamabãt dicẽtes. Osanna filio dauid: benedictus qui venit in nomie dñi. Credo dicitur in oibus dñicis

*Abb. 33. Das „Missale Slesvicense“, gedruckt 1486 in der Stadt Schleswig und damit das älteste in Schleswig-Holstein gedruckte Buch. Erste Seite der Meßtexte.*

Druckermeister Steffen Arndes, der im Jahr 1486 in Schleswig mit dem Druck eines Meßbuchs, des „*Missale Slesvicensis*", begann.[258]

Steffen Arndes' früher Werdegang ist uns weitgehend unbekannt. Geboren wurde er vermutlich um 1450 in oder bei Hamburg. Frühere Annahmen, daß er seine Ausbildung zum Drucker in Mainz, der Stadt Gutenbergs, erhalten habe, haben sich aufgrund einer Namensverwechslung als falsch erwiesen. Das erste gesicherte Dokument seiner Tätigkeit stammt aus dem Jahr 1477 und erwähnt Arndes als Druckergesellen im mittelitalienischen Perugia, wo er sich offenbar seit Mitte der 1470er Jahre aufhielt. 1478 gründete Arndes dort mit dem Meister Johannes Johannis eine eigene Werkstatt. Die gemeinschaftliche Arbeit war auf sechs Jahre befristet worden, doch hielt sie augenscheinlich nicht so lange an, da Arndes bereits 1480 ein neues Gemeinschaftsunternehmen mit den beiden Studenten des Kirchenrechts Leve Leve und Dietrich Tzenen gründete, wobei diese als Geldgeber fungierten. Leve Leve war der Sohn des Nordstrander Stallers Laurens Leve, der seinen Sohn offenbar schon frühzeitig für eine geistliche Laufbahn vorgesehen hatte. In diesem Sinne ist wohl eine Vikarienstiftung des Vaters am Dom 1459 zu sehen, die später sicherlich dem Sohn zugute kommen sollte. Leve hatte 1468 mit seinem Studium in Rostock begonnen, das er 1470/71 als Magister abschloß. Anschließend zog es ihn nach Perugia, wo er kanonisches Recht studierte. 1475 bekleidete er bereits die Ämter eines Subdiakons des Bistums Schleswig, eines Domherrn in Lübeck und Schleswig sowie das eines Propstes von Eiderstedt. Doch 1478 wurden ihm aufgrund eines blutigen Streits, in den er verwickelt war, das Kanonikat in Schleswig sowie das Propstenamt entzogen.[259] Das Unternehmen der Partner ließ sich offenbar gut an. 1481 erschienen vier Drucke, und im selben Jahr beschäftigte Arndes zwei weitere Drucker. Ein Jahr später erscheint der Name Steffen Arndes zum letzten Mal im Druckvermerk eines italienischen Buches.

Wie sein Lebensweg in den folgenden Jahren verlief, bleibt im dunkeln. Erst 1486 taucht Arndes wieder in den Quellen auf, nun als Drucker in Schleswig. Es ist bemerkenswert, daß Steffen Arndes das liebliche und kulturell pulsierende Mittelitalien mit den rauhen und eher unterentwickelten Herzogtümern im Norden Europas vertauschte. Die genauen Umstände dieses Wechsels bleiben weitgehend unbekannt. Von großer Bedeutung dürfte aber dabei die Verbindung Arndes' zum Vater seines Partners Leve Leve, dem Staller Laurens Leve, gewesen ein, dem es offenbar gelang, den Drucker nach Schleswig zu holen. Laurens Leve war ein vermögender Mann und tritt in den zeitgenössischen Aufzeichnungen häufig als Stifter in Erscheinung.[260] Neben der bereits erwähnten Vikarie am Schleswiger Dom schenkte er z. B. 1466 der Alten Kirche auf Pellworm einen Abendmahlskelch, und 1475 stiftete er den Neubau des Gotteshauses in Morsum auf Nordstrand. Es ist also nicht weiter erstaunlich, daß Laurens Leve allen überlieferten Nachrichten zufolge als Auftraggeber sowohl für die Drucklegung des Missale als auch für das heute verschollene „Breviarium Slesvicense" fungierte und Arndes mit den Arbeiten betraute. Einer 1494 abgeschlossenen Schuldverschreibung nach gründeten Laurens Leve und Arndes zu diesem Zweck eine Gesellschaft.

Wo Arndes seine Werkstatt in Schleswig betrieb, ist ungewiß, sie könnte jedoch am Dom gestanden haben. Ebenso unbekannt ist der Druckbeginn am Meßbuch. Für die Einrichtungen und die Vorbereitungen ist sicherlich einige Zeit vergangen, da Arndes seine Werkstatt aus Perugia kaum den ganzen weiten Weg nach Schleswig transportiert haben dürfte. Fest steht jedenfalls, daß das Missale laut Druckvermerk im Jahr 1486 weitgehend fertiggestellt war – und damit ist es das älteste gedruckte Werk in Schleswig-Holstein, wenn man von dem Druck in der Reichsstadt Lübeck 1474, die nicht zu den Herzogtümern gehörte, absieht. Laurens Leve hatte dieses Werk offenbar zum Verkauf an alle Kirchen, Klöster und sonstigen geistlichen Einrichtungen und Bruderschaften im Bistum Schleswig, die eines solchen Buches bedurften, vorgesehen. Damit ist die Auflage auf etwa 300 Exemplare zu veranschlagen, wovon heute lediglich vier Werke erhalten sind.

Die Tätigkeiten Arndes' in Schleswig dauerten indes nicht lange. Bereits im selben Jahr verließ der Meister die kleine Stadt an der Schlei und zog in die reiche Hansestadt Lübeck, wo er vermutlich langfristig bessere Arbeits- und Absatzmöglichkeiten für sein Gewerbe sah. In Lübeck schloß Arndes die Arbeiten am Missale ab, und hier setzte er auch den wohl schon in Schleswig begonnenen Druck des Breviariums fort. Trotz des Ortswechsels rissen die geschäftlichen Verbindungen nach Schleswig und zu Laurens Leve nicht ab. Noch 1498 schlossen beide erneut einen Gesellschaftsvertrag. Auch druckte Arndes in Lübeck noch einige Werke für das Schleswiger Domkapitel. Die Hoffnungen, die er in den Umzug nach Lübeck gesetzt hatte, erfüllten sich jedoch nicht. Arndes wurde nach anfänglichem Erfolg von der allgemeinen Krise des Lübecker Buchmarktes um 1500, wie viele andere Drucker auch, getroffen. Das Amt eines Gerichtsschreibers, das er von 1498/99 bis 1504/05 bekleidete, half ihm nur vorübergehend aus seinen wirtschaftlichen Schwierigkeiten. Denn anschließend sah er sich genötigt, Hypotheken auf ein Haus aufzunehmen, und 1513 wurde sogar ein anderes Haus verpfändet, weil Arndes die Zinsen schuldig geblieben war. Gleichwohl erledigte er in diesen Jahren noch einige kleinere Druckerarbeiten. 1519 ist Steffen Arndes noch mit der bezeichnenderweise geringen Steuerleistung von 4 ß im Lübecker Register verzeichnet; am 14. August desselben Jahres starb er.

Der Aufenthalt Arndes' in Schleswig war mithin recht kurz, eine Tradition der Buchdruckerkunst vermochte er dort nicht zu begründen. Und so ist es auch nicht weiter verwunderlich, wenn von weiteren Druckermeistern in jener Zeit in Schleswig kaum etwas bekannt ist. Der nächste Meister, von dem wir aber auch nur spärliche Nachrichten haben, ist der als Schleswiger Bürger und Buchdrucker bezeichnete Wolter Brenner. In Erinnerung geblieben ist er vor allem mit dem Druck des Schleswiger Stadtrechtes im Jahr 1534.[261]

# Glaube und Kirche

## Kirchen, Klöster und Kapellen – Die sakrale Topographie der Stadt

### Die Kirchen

*Dom und Dombezirk*

Von allen mittelalterlichen Kirchen Schleswigs ist der Dom St. Petri das einzige Gotteshaus, das die Zeitläufte unbeschadet überstanden hat und noch heute Einheimischen wie Besuchern ein eindrucksvolles Beispiel nordeuropäischer Kirchenbaukunst des Mittelalters vermittelt.

Der Dom war der geistliche Mittelpunkt des 948 gegründeten Bistums Schleswig und diente Bischof und Kapitel für ihren Gottesdienst. Das Domkapitel war die Versammlung der an der Bischofskirche tätigen Geistlichen. Es ist erstmalig für das Jahr 1248 urkundlich belegt. Das Aufgabengebiet des Kapitels mit dem Dompropst an seiner Spitze umfaßte die Verwaltung der Kapitelsgüter, die Aufsicht über die Kirchen und Geistlichen im Bistum sowie die Ausbildung des klerikalen Nachwuchses. Präbenden, also die Anteile der einzelnen Domherren an Vermögen und Einkünften des Kapitels, erscheinen zum ersten Mal 1319 in den Quellen. Nach den 1352 niedergeschriebenen Regeln des Domkapitels gab es 24 Domherren. Mitte des 15. Jahrhunderts (1461) kam dann noch ein im Zuge kirchlicher Reformbemühungen für die geistliche Unterweisung der Kleriker zuständiger Lektor hinzu; während der Reformation wurden schließlich 1532 nur noch 14 Mitglieder verzeichnet.

*Abb. 34. Der Dom zu Schleswig im 19. Jahrhundert.*

*Abb. 35. Siegel des Schleswiger Domkapitels: St. Petrus mit dem Schlüssel.*

*Abb. 36. Siegel des Bischofs Eskill von Schleswig (1244–1255).*

Die Aufnahme eines neuen Domherrn erfolgte durch Wahl des Kapitels, zudem mußte der Bischof seine Zustimmung erteilen. Das neue Mitglied hatte dann einen Eid auf das Statut des Kapitels abzulegen sowie einen Chormantel oder 10 Ml zu stiften. Nach seiner Aufnahme war der Domherr verpflichtet, eine zwölfwöchige Residenzpflicht in Schleswig zu absolvieren, um in dieser Zeit in seine Aufgaben und Pflichten eingeführt zu werden. Erst anschließend bekam er seine Pfründe und einen Anteil an den gemeinsamen Einkünften des Kapitels übertragen. Die meisten Domherren jener Zeit entstammten dem Adel und der studierten Geistlichkeit.

*Abb. 37. Bischof Berthold von Schleswig (1287–1307). Wandbild im Dom.*

Neben den Domherren waren an der Bischofskirche noch weitere Geistliche tätig, welche den Domkanonikern bei der Vielzahl ihrer Aufgaben helfend zur Seite standen bzw. diese stellvertretend wahrnahmen. So hatten laut Statut von 1352 im Chor des Domes 16 vom Kapitel „angestellte“ Domvikare ihren Dienst zu versehen, wo sie für abwesende oder noch nicht geweihte Domherren den Gottesdienst an den dortigen Altären verrichteten. Außerdem gab es noch eine Anzahl von sogenannten Altaristen. Das Kapitelsregister von 1445/50 führt 16 dieser niederen Geistlichen an. Sie waren für das Messelesen an den Nebenaltären zuständig und bezogen ihre Einkünfte vornehmlich aus den jeweiligen Stiftungen. Auch die Altaristen besaßen Stellvertreter in Person der *„vicarii temporales“*.[262]

Der Dom St. Petri diente allerdings nicht nur Bischof und Kapitel als Ort für die Messe. Er war auch eine städtische Pfarrkirche mit einem eigenen Pfarrer, der am *„chorus St. Laurentii parochialis"* tätig war, dessen Platz im Dom heute nicht mehr bekannt ist. Über die Stelle dieses Geistlichen übte das Domkapitel das Patronatsrecht aus, das ihn auch einstellte.[263]

Von der Lage und dem Bau der ersten Bischofskirche in der Anfangzeit bis ins 12. Jahrhundert weiß man nichts, da ausreichende Baufunde sowie schriftliche Nachrichten fehlen. Erst 1134 wird der Dom im Zusammenhang mit der Ermordung des dänischen Königs Niels durch Schleswiger Bürger erwähnt.[264] Zahlreichere und genauere Hinweise über den Dom betreffende Ereignisse und seine bauliche Entwicklung liegen erst ab dem Beginn unseres Untersuchungszeitraumes, der Mitte des 13. Jahrhunderts, vor. Chroniken berichten, wie erwähnt, von Wundern, die sich im Dom 1252 im Gefolge von Plünderungen durch die Soldaten der holsteinischen Grafen ereignet haben sollen. Die Beseitigung der Schäden und der Ausbau des Doms kosteten in der Folgezeit offenkundig viel Geld, denn das Gotteshaus wurde *„unter Einsatz großer Mittel"* errichtet. 1263 waren die für den Bau vorgesehenen Gelder knapp, und man bat daher in Rom um Bewilligung, 200 Mark Gold zur weiteren Finanzierung des Kirchenbaus einsetzen zu dürfen, was auch gewährt wurde.[265] 1270 waren wohl das Mittelschiff und das nördliche Seitenschiff weitgehend fertiggestellt.[266] Einige Jahre später aber wurde St. Petri von einem Unglück heimgesucht. Die *„Annales Ryenses"* berichten, daß 1275 die beiden Kirchtürme sowie Teile des Daches eingestürzt waren, ohne allerdings etwas über die Ursache dieses Unglücks auszusagen. Die Türme wurden anschließend nicht wieder aufgebaut, so daß der Dom bis in das ausgehende 19. Jahrhundert hinein „turmlos" blieb und erst 1894 einen im Vergleich zum übrigen Baukörper überdimensionierten neogotischen Westturm erhielt, der seitdem das Wahrzeichen der Stadt darstellt.

**Die Schleswiger Bischöfe und Dompröpste 1244–1541**

**Bischöfe:**[267]

| | |
|---|---|
| Eskill | 1244–1255 |
| Nikolaus | 1255–1265 |
| Bundo | 1265/66 Elekt [erwählter Bischof] |
| | 1266–1282 |
| Jakob | 1282–1287 |
| Berthold | 1287–1307 |
| Johannes Bokholt | 1307/09–1331 |
| Hellembert | 1331–1342/43 |
| Heinrich von Warendorp | 1343–1351 |
| Nikolaus Bruhn | 1305/51–1354 Elekt |
| | 1354–1369 |
| Nikolaus Petersen | 1369/70 Elekt |
| | 1375 Elekt |
| Johannes Skondelev | 1375–1421 |
| Heinrich vom See | 1421–1428/29 |
| Erich Dosenrode | 1424–1428/29 Koadjutor [Stellvertreter mit Recht zur Nachfolge] |
| Nikolaus Wulf | 1429–1474 |
| Helrich von der Wisch | 1474–1488 |
| Eggert Dürkop | 1489–1499 |
| Giovanni de Castro | 1499–1502 |
| Detlef Pogwisch | 1502–1507 |
| Gottschalk von Ahlefeldt | 1507–1541 |

| **Dompröpste**: | |
|---|---|
| Petrus | 1245 |
| Nikolaus II. | 1255 |
| Grummo | 1267,1273 |
| Jakobus | vor 1282 |
| Karolus | 1309,1318 |
| Nikolaus Sehestedt | 1343–1349 |
| Anselmus Hafnis | 1349 |
| Otto von der Wisch | 1352–1356 |
| Ekhart Reventlow | 1357 |
| Arnoldus de Haren | 1370 |
| Johannes Wanekinus | 1370,1374,1377,1383 |
| Detlevus Bockwaldus | 1386 |
| Heinrich vom See | 1394–1421 |
| Nikolaus Sachow | 1421–1431 |
| Johannes Nosseke | 1431–1440 |
| Gottschalk Nixtorps | 1440–1465 |
| Helrich von der Wisch | 1465–1474 |
| Johannes Embecke | 1474–1479 |
| Enewaldus Sövenbroder | 1479–1504 |
| Gottschalk von Ahlefeldt | 1504–1507 |
| Dr. Eggert Haynck | 1510,1512(†) |
| Balthasar Rantzau | 1510 |

Zu Beginn des 14. Jahrhunderts erhielt der Dom einen neuen, dreischiffigen Chor. Aus der Zeit um 1300 stammen auch der Dreikönigsaltar und das Dreisitzgehäuse im Chor. Außerdem wurde in jenen Jahren ein Prozessionsgang an die nördliche Seite der Kirche angebaut, der 1412 und 1433 als *„Umbgang"* bezeichnet wird und für den sich seit dem 17. Jahrhundert der noch heute geläufige Name *„Schwahl"* (dän.: *sval* = kühler Gang) einbürgerte.

Ein weiteres Unglück traf St. Petri im Jahr 1311, als der große Stadtbrand auch die Kirche betroffen haben soll, wobei die chronikalischen Nachrichten über das Ausmaß der Schäden schweigen.[268] In die anschließenden Jahre, wohl bis etwa 1330, fällt die Ausmalung des Chores und des Schwahls.[269] Im Chor wurden die Wände geweißt und mit einer roten Quaderung bemalt. Die Chorgewölbe und -bögen versahen die Künstler mit Szenen aus dem Alten und Neuen Testament sowie mit Darstellungen biblischer Personen und Heiliger. Die Nebenchöre wurden überwiegend mit dekorativen Motiven in Form von Medaillons versehen. An der Ostwand des südlichen Nebenchores findet sich auch eine Darstellung des knienden Bischofs Berthold. Im Schwahl hingegen zeichneten die Maler phantastische Motive an die Gewölbeflächen; so lassen sich dort z. B. Menschen mit verschiedenen Tierkörpern, Unholde u. ä. finden. Auf der Wandfläche der Außenseite stellten sie die Lebens- und Leidensgeschichte Jesu Christi dar, während die hofseitigen Felder mit farbigen Einzelbildern von Königen, Propheten und Aposteln versehen wurden, die heute jedoch nicht mehr erhalten sind. Zu der Motivwahl bemerkt Teuchert: *„Inhaltlich gehören zwar der Christuszyklus und die Gewölbemalereien nicht zusammen, aber eine so ausgesprochene Gegenüberstellung muß dennoch Absicht gewesen sein: Hier wird in kräftigen Farben eine Welt des Dämonischen geschildert, ein Spiegel menschlicher Unzulänglichkeiten und Gefährdungen, dort als Gegenbild still und fast abstrakt die*

*Geschichte Christi, ein ständiger Hinweis auf die Erlösung des Menschen durch den Opfertod des Gottessohnes. Künder und Zeugen der göttlichen Wahrheit sind die heiligen Männer auf den Wandabschnitten der Hofseite.*"[270]

In den folgenden Jahren scheinen keine großen Bauvorhaben mehr unternommen worden zu sein. Die Zeichen der Zeit standen dafür auch alles andere als günstig. Durch die wirtschaftlichen Folgen der Pestzüge 1348–50 und die verheerende Sturmflut 1362, die zu Verlusten etlicher Kirchen geführt hatte, sowie durch die Verstrickung von Bischof und Kapitel in die politischen Händel der Zeit hatte das Bistum erhebliche Einnahmeeinbußen erlitten, so daß kaum Gelder für den Aus- und Umbau ihres Schleswiger Gotteshauses erübrigt werden konnten.[271] Erst seit dem beginnenden 15. Jahrhundert setzte wieder eine sich lange hinziehende Phase intensiver Bautätigkeit ein.

Die finanziellen Voraussetzungen hierfür schufen zum einen die Güterschenkung Königin Margarethes im Jahr 1406, die dem Kapitel die Höfe Grödersby und Pagerö samt den dazugehörigen Dörfern am nördlichen Ufer der Schlei im Osten der Schliesharde überließ. Zum anderen erhob Bischof Skondelev 1408 eine einmalige Abgabe, die die Hälfte aller Einkünfte der Kirchen im Bistum betrug, zum Bau des Doms, der sich in einem verfallenen und ruinösen Zustand befand („*quae collapsa et ruinosa erat*"). Mit einer auf diese Weise gut gefüllten Baukasse schritt man zu einem großangelegten Umbau des Langhauses. Ähnlich wie in Hamburg und Lübeck wurde die ursprünglich in Basilikaform errichtete Kirche zu einem Gotteshaus mit nahezu gleich hohen Kirchenschiffen, die somit dem Chor angepaßt wurden, umgestaltet. Den Anfang machten die Arbeiten an der südlichen Hälfte St. Petris. Sie erlitten aber 1447 einen Rückschlag, als ein Brand die

*Abb. 38.*
*Dom zu Schleswig; Schwahl mit Gewölbemalereien.*

*Abb. 39.*
*Dom zu Schleswig; Malereien in der Gewölbezone des Hauptchors.*

Decke beschädigte. Für die Reparatur erwirkte Bischof Wulf vom Baseler Konzil 1441 einen auf zwanzig Jahre laufenden Ablaßbrief. 1450 konnte der Umbau der Südhälfte schließlich vollendet werden. In dieser Zeit wurden gleichfalls die Gewölbe im Süd- und Mittelschiff ausgemalt.

Anschließend kam dann die Nordhälfte der Kirche an die Reihe. Zur Finanzierung der Arbeiten verwandte Bischof Wulf 1464 die Einkünfte der Kapelle zu Adelby, 1474 und 1477 wurde zudem der Ablaßbrief von 1441 erneuert. Nach jahrelangen Arbeiten konnte der Umbau der Nordhälfte 1501 beendet werden, zwei Jahre später folgte die Fertigstellung der Fensterverglasung. In dieser Phase dürfte der Dom auch eine einheitliche Bemalung erhalten haben. Weitere Baumaßnahmen waren in der zweiten Hälfte des 15. Jahrhunderts noch der Anbau einer Kanonikersakristei um 1460/80 an die nordöstliche Ecke des Chors sowie die Errichtung eines Obergeschosses im Schwahl. In das Jahr 1512 fällt die Fertigstellung der Westwand, die 1544/45 noch Stützpfeiler zur Absicherung erhielt.

Ab der zweiten Hälfte des 15. Jahrhunderts liegen infolge einer unter Lübecker Einfluß vorgenommenen „*bedeutenden Neuausstattung*“[272] auch vermehrt Hinweise über die innere Ausstattung St. Petris vor. So stiftete König Christian I. 1474 eine Kapelle im Dom. In jenem Zeitraum unter Bischof Helrich erhielt der Chor neue Glasfenster und einen Bischofssitz aus Kalkstuck. Um 1480 wurde wohl auch der Lettner erbaut, der den Hochchor, der den Domkanonikern vorbehalten war, gegen die Gemeinde abgrenzte. Der Lettner besaß ursprünglich eine geschlossene Rückwand, die aber 1830 weggerissen und durch ein Eisengitter aus dem Jahr 1569 ersetzt wurde. 1847 teilte man den Lettner und stellte die Teile in die Querschiffarme. 1939/40 errichtete man schließlich eine weitgehende Kopie des Lettners wieder an alter Stelle.

Als ein weiteres noch heute zu betrachtendes Kunstwerk aus spätmittelalterlicher Zeit ist die Bronzetaufe zu nennen, die 1480 von dem uns bereits begegneten Nordstrander Staller Laurens Leve und seiner Frau gestiftet wurde. Die Taufe stammt aus der Werkstatt des Gießers Hinrich Klinghe. Bis Mitte des 17. Jahrhunderts stand die Bronzetaufe im westlichen Ende des Mittelschiffes, heute befindet sie sich nach mehrmaligen Umsetzungen im Hauptchor.[273] In der Amtszeit Bischof Gottschalk von Ahlefeldts erhielt der Chor 1512 zwei 38sitzige Chorgestühle, die den Hohen Chor zu den Seitenchören abschlossen. 1541 stiftete der Bischof als Vermächtnis eine – heute nicht mehr erhaltene – Kunstuhr für den Lettner. Aus der Zeit Ahlefeldts stammt zudem die bemerkenswerte und imposante, über vier Meter hohe Christophorus-Statue des Meisters Hans Brüggemann.

Die hier angeführten Gegenstände sind nur die spärlichen Reste der einst reichen spätmittelalterlichen Ausstattung. Auch von den zahlreichen Altären im Dom – vor der

*Abb. 40.*
*Dom zu Schleswig,*
*Innenansicht*

Reformation zählte man 46, danach werden immerhin noch 25 verzeichnet – hat keiner die Zeiten überdauert. So wurden in den Reformationsjahren 1526/27 die Nebenaltäre im Langhaus entfernt, und 1532 sollen dann viele Gold- und Silbergegenstände verschwunden sein.

Um den Dom herum befand sich der Dombezirk, die *„curia episcopalis"* oder *„curia"*. Sie lag westlich der Altstadt und wurde von der Schlei, dem westlichen Stadtgraben und dem Kälberteich umgrenzt. Hier standen die Amtsgebäude und Wohnhäuser des Bischofs, der jedoch meist in Schwabstedt residierte, der Domherren und der anderen am Dom tätigen Geistlichen. Über die Entstehung und Bebauung der Kurie in unserem Zeitraum ist aus den schriftlichen Quellen wenig zu erfahren. So sollen im Stadtbrand von 1311 nur drei Kuriengebäude verschont geblieben sein. Ebenso sind bauliche Überreste aus dieser Zeit kaum noch vorhanden, so daß *„gegenwärtig vom mittelalterlichen Dombezirk kein deutliches Bild mehr zu gewinnen ist."*[274]

Das einzige Gebäude, das sich in seinem Ursprung bis ins Mittelalter zurückführen läßt, ist der ehemalige Bischofshof in der Norderdomstraße. Der Hof wurde unter Bischof Nikolaus Wulf errichtet, wobei die Arbeiten noch über den Tod des Bischofs hinaus bis ins Jahr 1481 andauerten. Nach Petersen besaß das Gebäude sogar einen Gefangenenkeller. In der nachfolgenden Zeit mehrfach um- und ausgebaut, ist von der ursprünglichen Gestalt des mittelalterlichen Bischofshofes nichts bekannt. Aus der Erbauungszeit sind im heutigen Südflügel noch die Umfassungsmauer, der Keller und eine Querwand erhalten. Bei Bauarbeiten zu Beginn des letzten Jahrhunderts entdeckte man zudem spätmittelalterliche Wandmalereien, die jedoch nicht mehr erhalten sind.[275] Die anderen mittelalterlichen Bauten sind verschwunden. Insbesondere in der Reformation mußte das Domkapitel Gebäude aufgeben, viele wurden dann im Laufe der Zeit abgerissen.

*Trinitatiskirche oder Heiligen-Geist-Kirche*

Die Trinitatiskirche war die bedeutendste der Schleswiger Stadtkirchen und bildete die Hauptpfarrei der Stadt. Die Kirche stand in dem heute bebauten Bereich Marktplatz, Fischbrückstraße und Töpferstraße.[276]

Vermutlich wurde sie um die Mitte des 13. Jahrhunderts als dreischiffige Tuffsteinkirche beim Umbau des Marktplatzes errichtet.[277] Ab dem späten 15. Jahrhundert setzte sich der Name Heiligen-Geist-Kirche durch, wahrscheinlich wegen der Verbindung zum gleichnamigen Hospital, von dem später die Rede sein soll; daneben tauchen in den Quellen gelegentlich auch die Bezeichnungen Sunte Drochten, Sunte Drotten oder St. Salvator auf.

Das Patronat über die Kirche besaß bis zur Mitte des 15. Jahrhunderts der Landesherr. Die Kirche muß für diesen von besonderer Bedeutung gewesen sein, wie die erteilten Privilegien belegen: Herzog Waldemar IV. gewährte der Trinitatiskirche 1295 Abgabenfreiheit und Schutz. Im Zusammenhang damit wurden in der Urkunde auch die Besitzungen der Kirche aufgezählt: So hatte sie Besitzungen in Canute, einem untergegangenen Dorf im Kirchspiel Haddeby, in Sieverstedt (Kirchspiel Viöl) und in der Stadt selbst sowie später in Ostenau (Kirchspiel Viöl); dazu kam noch *„Nyenbrog by deme Vlensborger wege"*, das nach der Reformation in städtischen Besitz überging.[278] Die Privilegien Her-

*Abb. 41.*
*Der Turm von St. Trinitatis; Ausschnitt aus der Stadtansicht von 1584.*
*Rechts vom Turm die ehemalige Kirche des Grauklosters, damals schon Rathaus.*

zog Waldemars wurden durch den Grafen Heinrich im Jahr 1354 und 1462 durch König Christian I. bestätigt.[279] Knapp ein Vierteljahrhundert zuvor, im Jahr 1438, hatte allerdings Herzog Adolf VIII. das Patronatsrecht an Bürgermeister und Rat der Stadt übertragen: *„... is deme rade to Schleswyck vorlehnet und vororlovet, dat se de kerken sunte Drochten binnen Schleswyck to ewigen tiden vorlenen scholen einem nahmhafftigen personen umme godes willen.“*[280] Einige Kirchherren sind namentlich bekannt: Wikboldus (1347), Johan Goos (1412,1416), Clemens Petri (1435–1452), Johan Grym (1457), Herbertus (1478), Johan Smoeck (1481–1486), Berent Enichlo (1494), Johannes Becker (1529).[281]

Neben dem Geistlichen waren an der Verwaltung der Kirche noch zwei bürgerliche Kirchgeschworene, die sogenannten Tutoren, beteiligt, von denen zumeist einer aus dem Rat stammte.[282]

Von der Trinitatiskirche sind Kirchspielsrechnungen aus dem Zeitraum von 1475 bis 1508 überliefert. Verzeichnet wurden in ihnen unter anderem die Kosten für den *„Send“*, das geistliche Gericht, auf dem die Gemeinde visitiert, Rechenschaft über die Finanzen abgelegt sowie Verhandlungen über Vergehen geführt, aber auch Schenkungen gemacht wurden, so wie z. B. 1485, als Katharina Storm für den Kirchenbau einige Gelder schenkte, oder 1488, als es um die Stiftung eines Priesterrocks ging.[283] Für den *„Send“* mußte die Gemeinde der Trinitatiskirche 1 Ml Gebühr zahlen, dazu kamen noch Gelder für Bier.

Ein wesentlicher Teil der Ausgaben entfiel auf Bauarbeiten, so daß wir uns anhand der Eintragungen ein vergleichsweise gutes Bild von den unternommenen Arbeiten an der Kirche machen können. Nicht sicher ist, ob die Trinitatiskirche einen oder, wie einige ältere Chronisten berichten, zwei Türme besaß: Die Rechnungen belegen nur einen Turm und einen Dachreiter. Der Pfarrherr Berend Enichlo notierte aber, daß er im April 1500 mit einem anderen Geistlichen eine Wette um eine Tonne Bier und drei Scheffel Roggen eingegangen sei, daß er binnen eines Jahres einen Kirchturm errichten lasse. In den entsprechenden Rechnungen kann man anschließend tatsächlich erhöhte Bauausgaben feststellen, doch lassen die Ausgaben eher auf größere Reparaturarbeiten oder auf den Bau des Dachreiters schließen als auf einen neuen Turm.[284] Neben dem Ankauf von Steinen, Arbeiten zur Dachausbesserung, der Reparatur der Glasfenster im Chor und dergleichen mehr verzeichnen die Rechnungen zum Beispiel auch den Umguß der alten zu drei neuen Glocken im Jahr 1484 sowie 1504 den Ankauf eines Wetterhahns vom Prior des Dominikanerklosters für 26 ß.[285]

An Altären wird 1439 der Hochaltar im Chor erwähnt. Des weiteren existierte ein St.-Antonii-Altar, an dem Bischof Nikolaus Wulf eine ewige Messe stiftete; der Rat trug dazu 1483 mit einer Commende bei und stiftete darüber hinaus 1488 4 rheinische Gulden für eine neue Tafel. 1495 ist dann von einem Heiligen-Kreuz-Altar die Rede, für den man 400 Mauersteine empfing.[286]

An und in der Trinitatiskirche befanden sich noch Verkaufsbuden, die verpachtet wurden und einen Teil der Einnahmen der Kirche ausmachten. Nach der Rechnung 1429/30 gab es eine Bude in der Kirche und mindestens eine auf dem Kirchhof; 1440 ist dann von *„dre boden in der kerken“* und *„de boden byme kerkhove“* die Rede, die der Kirche insgesamt 6 Ml einbrachten. Der die Kirche umgebende Kirchhof war mit einem hölzernen Flechtzaun umsäumt, auf dem Hof befand sich noch ein Beinhaus.[287]

Das Ende der Trinitatiskirche begann in der Reformation, als 1531 die Pfarrei aufgehoben und zum Dom gelegt wurde. In der folgenden Zeit verfielen die Kirchengebäude, die als Steinbruch für Bauvorhaben dienten. Der endgültige Abbruch erfolgte schließlich 1567, einzig ein Turm blieb stehen, der noch auf der Braun/Hogenbergschen Stadtansicht zu sehen ist. 1599 erlitt der inzwischen baufällig gewordene Turm das gleiche Schicksal wie die anderen Gebäude; der nun freie Platz wurde anschließend überbaut.[288]

*Abb. 42.*
*St. Nikolai, Nordwestecke mit Ziegelsteinfußboden im Kircheninneren. Grabungsfoto Süderdomstraße 15, 1970.*

*Nikolaikirche*

Die Nikolaikirche lag südlich des Doms.[289] Wie Grabungen zutage förderten, befand sich der Kirchenbau auf einem Gebiet an der heutigen Süderdomstraße, das westlich und südlich von der Pastorenstraße begrenzt wird. Die Nikolaikirche bestand bereits seit dem letzten Drittel des 11. Jahrhunderts und dürfte Radtke zufolge wohl die erste Kirche der deutschen Fernhandelskaufleute in Schleswig gewesen sein; dafür spricht zumindest ihre Lage am dortigen Fernhandelsufer. Der Chronist Helduader berichtet in seiner Beschreibung Schleswigs, daß König Abel oder dessen Sohn Herzog Waldemar III. die Nikolaikirche nach 1250 als Sühneleistung für den Mord an König Erich habe errichten lassen. Da die Kirche aber zu dieser Zeit schon bestand, dürfte sich diese Angabe eher auf einen Um- bzw. Neubau der Kirche beziehen. In der Tat haben Grabungsfunde gezeigt, daß um die Mitte oder im letzten Drittel des 13. Jahrhunderts an Stelle der alten aus Holz bestehenden eine neue dreischiffige Hallenkirche aus Backstein erbaut worden ist. Ein Grund für den Neubau lag womöglich in der Zerstörung der alten Nikolaikirche. In diese Richtung deuten zumindest die Chronisten Cypraei, deren Angaben zufolge die Kirche bei Eroberung Schleswigs durch die holsteinischen Grafen und anschließender Plünderung der Stadt im Jahr 1252 dem dabei entstandenen Brand zum Opfer fiel.

Die sakrale Bedeutung der Nikolaikirche war aber bereits zum Zeitpunkt der Neuerrichtung gesunken. Durch den Bau des Dominikanerklosters südlich des Nikolaifriedhofes im Jahr 1239 und die sich in den in diesen Jahren ausbreitende Dom-Immunität geriet die Kirche in eine beengte, von der Altstadt abgeschnittene Lage. Von Kapitelshöfen umgeben, spielte die Nikolaikirche seit der zweiten Hälfte des 13. Jahrhunderts im geistlichen Leben der Schleswiger keine große Rolle mehr, was sich auch darin widerspiegelt, daß sie kaum noch in den Quellen auftaucht. Ein bezeichnender Hinweis auf ihre gesunkene Stellung ist ihre Erwähnung im Jahr 1449 als „*capella*". Das Patronat besaß in dieser Zeit das Domkapitel.

Die Reformation brachte das endgültige Ende der Nikolaikirche. Im Jahr 1568 schenkte Herzog Adolf trotz Protesten des Domkapitels seinem Kanzler Tratziger u. a. einen „*wuesten Kirchenraum und Kirchhoff.*" Tratziger ließ anschließend die Kirche abtragen.

*St. Marien / Liebfrauenkirche auf dem Holm*

Von der auf dem Holm am südöstlichen Teil des später angelegten Friedhofes befindlichen Kirche St. Marien sind nur spärliche Nachrichten überliefert.[290] Für diese Kirche hatte das Domkapitel das Patronat inne. 1250 soll die Leiche König Erichs aus dem Dominikanerkloster in die Kirche St. Marien gebracht worden sein, bevor sie schließlich im Dom beigesetzt wurde. 1470 wird eine Vikarie am Altar St. Gertrud erwähnt, und für das Jahr 1514 ist von der Stiftung einer Vikarie zu Ehren Unserer lieben Frau die Rede. 1531 wurde die Pfarrei aufgehoben und dem Dom zugelegt. Das Kirchengebäude verfiel in den 1560er Jahren; der gottorfische Kanzler Tratziger ließ auch dort ab 1585 die Reste abbrechen.

*St. Michaelis*

Die Rundkirche St. Michaelis zählte nicht zu den Schleswiger Stadtkirchen.[291] Das Patronatsrecht besaß das Domkapitel. Wie die Bezeichnung „*St. Michel uppe dem barge*" zeigt, lag die Kirche auf einer Anhöhe nördlich der Altstadt. Ob sie, wie einige Chronisten zu berichten wußten, als Teil einer Wallanlage errichtet worden ist, bleibt zweifelhaft, da bislang für diese Behauptung keine schriftlichen oder archäologischen Beweise vorliegen.

*Abb. 43. Fundamente der Rundkirche St. Michaelis. Grabungsfoto Michaelishöhe, 1972.*

*Abb. 44.*
*Siegel St. Laurentius.*

St. Michaelis war der geistliche Mittelpunkt eines großen ländlichen Kirchspiels, das im Norden die Dörfer St. Jürgen und Idstedt und im Westen große Teile der Arensharde mit einigen Dörfern umfaßte.

Von der alten Michaeliskirche erfahren wir kaum etwas. Ulrich Petersen berichtet von Güterschenkungen im Jahr 1430 für den Wiederaufbau der zerstörten Kirche; die Ursache für diese Zerstörung nennt er leider nicht. Die Baubefunde deuten zumindest auf umfangreiche Reparaturarbeiten am Mauerwerk des Kirchengebäudes hin. Aus dem Jahr 1529 erfahren wir von einem Diebstahl in der Kirche, wobei *„1. eine Corporals Decke mit einer Monstrance vergüldet, 2. fünff Altar-Lacken, 3. ein Mantel mit Geschmeide"* geraubt wurden. Der junge Täter wurde gefaßt und auf dem Rad hingerichtet.[292]

Die reformatorische Lehre setzte sich im Michaeliskirchspiel vermutlich um 1540 endgültig durch. Der erste protestantische Pastor war Nicolaus Lucht, der die Stelle 1546 erhielt. Seitdem gehörte St. Michaelis zur Propstei Gottorf.

In den folgenden Jahrhunderten um- und ausgebaut, stürzte die Michaeliskirche 1870 bei Restaurierungsarbeiten ein und wurde daraufhin abgebrochen. Der Nachfolgebau fiel schließlich 1971 ebenfalls der Abrißbirne zum Opfer.[293]

*St.-Laurentius-Kirche der Aussätzigen*

Von allen im Spätmittelalter in und bei Schleswig existierenden Gotteshäusern ist die-Laurentiuskirche diejenige, über die am wenigsten bekannt ist.[294] 1352 wird sie erstmals erwähnt; das Patronat hatte das Domkapitel inne. Die genaue Lage der Kirche ist unbekannt, sie dürfte aber außerhalb der Stadt gelegen haben. Ulrich Petersen verortete die Kirche zwischen den ersten Häusern des Pferdemarktes und dem Pipenteich des Großen Baumhofes, also im unteren Teil des Gallbergs.

1392 wird ein Priester namens Johan Reimer erwähnt; 1459 stiftete Laurens Leve 800 Ml für eine Vikarie am Heiligen-Kreuz-Altar.

Die Laurentiuskirche ist mitsamt dem Seuchenhaus wahrscheinlich ab 1529 aufgehoben worden und existierte schon im späten 16. Jahrhundert nicht mehr.

*Abb. 45. Das Graukloster; Nordost- und Nordwestflügel heute.*

## Die Klöster

*Franziskaner und Dominikaner*

Neben den Kirchen bildeten die Bettelorden der Franziskaner und Dominikaner einen wesentlichen Bestandteil des geistlichen Lebens im spätmittelalterlichen Schleswig.

Beide Orden waren zu Beginn des 13. Jahrhunders von Franz von Assisi (1181/82–1226) bzw. Domingo Guzmán (1170–1221) ins Leben gerufen worden. Die Gründer propagierten im Gegensatz zu den bis dahin bereits bestehenden Orden ein Leben in selbstgewählter materieller Armut, in dem ihre Mönche von der Barmherzigkeit und Mildtätigkeit der Mitmenschen leben sollten. Damit trafen beide Orden einen Nerv der damaligen Zeit. Ihre Anhängerschaft wuchs unter allen Schichten der mittelalterlichen Gesellschaft rasch an, so daß sich die Orden gegen die Absichten ihrer Gründer gezwungen sahen, sich eine feste Organisation mit Ordensregeln und Klöstern zu geben.

Nur wenige Jahre nach ihrer Gründung breiteten sich die Bettelorden über ganz Europa aus. Franziskaner und Dominikaner ließen sich hauptsächlich in den Städten nieder, denn dort fand sich das geeignete Betätigungsfeld ihrer geistlichen Arbeit, und dort ergaben sich die besten Möglichkeiten, genügend milde Gaben zu bekommen. Die Bettelorden wurden zu einem prägenden Element der spätmittelalterlichen europäischen Stadt. Franziskaner und Dominikaner bedienten vor allem das Bedürfnis der Menschen nach volkssprachlichen Predigten, die von allen verstanden werden konnten und somit viele Gläubige ansprachen, sie spendeten Sakramente und widmeten sich karitativen Aufgaben wie der Krankenpflege. Die Mönche der Bettelorden ergänzten daher einerseits mit ihrer Tätigkeit das seelsorgerische Angebot in der Stadt, traten aber andererseits damit in Konkurrenz zu den Stadtgeistlichen, welche das Auftreten der Bettelmönche zumeist mißtrauisch beobachteten.[295]

Nach Schleswig gelangten die Bettelorden im Gefolge ihrer Ausbreitung in den skandinavischen Raum in den zwanziger und dreißiger Jahren des 13. Jahrhunderts. Die Franziskaner, wegen ihrer einfachen grauen Kutten auch als Graue Mönche bezeichnet, gründeten ihr Kloster in Schleswig im Jahr 1234.[296] Ein Jahr später erschienen die Dominikaner – die sogenannten Schwarzen Mönche (nach ihrem schwarzen Mantel) – in der Stadt, wo sich ihr Konvent 1239 niederließ.[297] Letztere errichteten ihr Kloster, dessen Patronin Maria Magdalena war, südlich des Dombezirks und der Nikolaikirche, wie die archäologischen Grabungen ergaben, auf einplaniertem Hafengelände, einem Gebiet, das sich heute zwischen Pastorenstraße und Plessenstraße befindet.[298]

Die Franziskaner ließen sich am Rande des Marktes nieder. Da das Franziskanerkloster einer Urkunde aus dem Jahr 1499 zufolge eine Gründung Herzog Abels gewesen ist, wird als Grund für diese Ortswahl vermutet, daß die Mönche ein bereits bestehendes Gebäude sowie das Grundstück vom Stadtherrn übertragen bekommen haben. Bei dem Bau dürfte es sich wahrscheinlich um den ehemaligen Königshof in der Stadt handeln. Archäologische Grabungen haben diese Annahme erhärtet, da Fundamente unter dem Kloster freigelegt wurden, die aus der Zeit vor der Klostergründung datieren.[299]

Das vorgefundene Gebäude und Areal bauten die Franziskaner dann in den folgenden Jahrhunderten zu einem Klosterkomplex aus. Vermutlich zwischen 1260 und 1280 erfolgten der Bau und die erste Ausmalung des Saales im Nordostflügel. Der nördliche Kreuzgangsflügel sowie der Ostflügel entstanden um 1300, und in den nachfolgenden Jahrzehnten des 14. Jahrhunderts ist der Westflügel erbaut worden. Im nächsten Jahrhundert folgte der Anbau des nordöstlichen Flügels, der Bau des Nordwestflügels wurde gegen Ende des 15. Jahrhunderts begonnen, 1519 wurde noch an ihm gearbeitet. Ab 1500 wurde der gesamte Klosterkomplex offenbar einer Renovierung unterzogen.

Vom Dominikanerkloster, seinen Mönchen und ihren seelsorgerischen Tätigkeiten sind kaum Nachrichten überliefert. 1250 fand der Leichnam König Erichs, wie schon erwähnt, in der Kirche des Klosters eine vorläufige Ruhestätte. 1327 wird das Kloster im Testament des Ritters Otto Pogwisch erwähnt, der ihm 5 Ml vermachte. Im Jahr 1449 fand im Kloster eine Versammlung der Ordensprovinz Dacia, zu der das Kloster organisatorisch gehörte, statt. 1512 wird das Dominikanerkloster zum letzten Mal während seines Bestehens erwähnt, als sich Herzog Friedrich von ihm 400 Ml lieh, die er am folgenden Osterfest zurückzuzahlen gelobte.[300]

*Abb. 46.*
*Graukloster.*
*Haupteingang („Klosterpforte") im Westflügel, wohl 14. Jahrhundert.*

*Abb. 47. Graukloster, Wandbild: Kreuzigungsgruppe, wohl 14. Jahrhundert.*

Etwas besser sind wir über die Entwicklung des Franziskanerklosters informiert. Für das Jahr 1267 ist zum ersten Mal die Klosterkirche St. Paul belegt, mit deren Bau wohl schon 1240/50 begonnen wurde. Zwei Jahre später, 1269, schenkte die Witwe König Abels, Mechthild, dem Kloster ein östlich davon gelegenes Grundstück: Dort wollte die Königin zu ihrem Gebrauch Gebäude errichten lassen, die samt dem Areal dann nach ihrem Tod den Franziskanern zufallen sollten. In den Jahren 1295, 1316 und 1392 trat im Schleswiger Kloster das Provinzialkapitel der Ordensprovinz Dacia zusammen. Auch das Franziskanerkloster wurde vom Ritter Pogwisch in seinem Testament von 1327 mit 10 Ml bedacht. Über das Verhältnis des Ordens zum Rat der Stadt sind für den gesamten Zeitraum keine Aussagen möglich. Die schon angeführte Stiftung der Ratsherren über eine Totenmesse für die verstorbenen Ratsmitglieder aus dem Jahr 1342 deutet jedoch auf eine zumindest zu diesem Zeitpunkt gute Beziehung hin. Und im Dominikanerkloster gaben die Schleswiger Ratsherren mehrmals Empfänge.

Besaßen die Bettelorden zu jener Zeit generell noch einen guten Ruf und wurden daher bevorzugt mit Schenkungen und Stiftungen bedacht, gerieten sie gegen Ende des

Mittelalters in die Kritik. Durch ebenjene Zuwendungen reich geworden, hatten die Orden ihren Wohlstand nur notdürftig mit dem ursprünglichen Armutsideal in Einklang bringen können. Die Bettelorden verloren dadurch an Glaubwürdigkeit, zumal sie durchaus ihre erworbenen Besitzrechte zu wahren und auszubauen wußten. Zum sinkenden Ansehen der Bettelorden im 15. Jahrhundert trugen nicht zuletzt auch die tatsächlichen oder vorgeblichen Mißstände in den Klöstern bei: Nachrichten und Gerüchte über Mönche mit Dienstpersonal, üppige Gelage und sexuelle Ausschweifungen sowie andere Verfehlungen zeichneten außerhalb der Klostermauern ein ausgesprochen negatives Bild der Bettelmönche. Ihre Lebensführung schien keinesfalls dem propagierten Ideal der Armut zu entsprechen, sondern man war offenbar eher den vielfältigen weltlichen Genüssen zugetan, als sich in christlicher Demut und Bescheidenheit um die Seelsorge der Gläubigen zu kümmern. Aus Sorge um ihr Ansehen und ihre Stellung entstanden in den Bettelorden in dieser Zeit selbst Reformbewegungen, die sogenannten Observanten, die eine strengere Einhaltung der Ordensregeln und eine Rückkehr zum Gründungsideal der Besitzlosigkeit forderten. Die Schleswiger Dominikaner schlossen sich 1481 einer solchen Bewegung an, der *„Congregatio Hollandiae"*.

Scheint das Klosterleben der Dominikaner den wenigen Hinweisen zufolge noch weitgehend intakt und das Kloster ein Hort gelehrter Studien gewesen zu sein, mehren sich indessen für das Franziskanerkloster die Nachrichten, daß dort die klösterliche Disziplin zu wünschen übrig ließ. In einem nicht datierten, wohl vom Ende des 15. Jahrhunderts stammenden Fehdebrief beschwerten sich die Mönche des Flensburger Rudeklosters darüber, daß einem ihrer Brüder namens Roder Roders im Schleswiger Kloster *„homot* [Hochmut] *geschehen"* sei. Die Übeltäter waren vier dänische Franziskanerbrüder, die Roders verprügelt und am Kopf verwundet hatten. Die Mönche des Rudeklosters kündigten in ihrem Schreiben der Stadt Schleswig die Fehde an: Man wolle Schleswig *„don*

*Abb. 48.*
*Siegel Graukloster: Maria mit dem Kind.*

*dat argheste, dat wi vormoghen, nacht unde dach, in steden unde in dorpen, in live unde in gude*", bis der Rat die schuldigen Mönche aus der Stadt jage.

Darüber hinaus wußten die Flensburger Brüder noch zu berichten, daß die Klosterkirche mehrmals durch Unkeuschheiten und Gewalttaten geschändet und damit entweiht worden sei. So sollen ein Herr Michell und der Klosterknecht im Chor St. Pauls verwundet worden sein, wobei das Kloster diese Vorfälle der Aussage der Flensburger Mönche zufolge geheimgehalten habe. Ungefähr zu dieser Zeit, zwischen 1488 und 1499, verfaßte der Guardian des Klosters, Laurentius Thuronis, eine Klageschrift an den Bistumsverweser Nicolaus Junge, in der er sich über das Fehlverhalten des Bruders Johann von Straßburg ausließ: Dieser habe ihn, Laurentius, angegriffen und am Kopf blutig geschlagen, weil er dem Johann dessen unmönchischen Lebenswandel und häufige Trunkenheit vorgehalten, ihn zur Besserung aufgefordert und ihn schließlich zu Bett geschickt habe.

Die offenbar chaotischen Verhältnisse im Graukloster veranlaßten Herzog Friedrich, sich an den Papst mit der Bitte zu wenden, den Orden reformieren zu dürfen. Der Landesherr wollte mit Hinweis darauf, daß seine Vorfahren das Schleswiger Kloster gegründet und ausgestattet hatten, den bestehenden Konvent auflösen und durch die reformierten Observanten ersetzen. Der herzoglichen Beschreibung zufolge waren die Klostergebäude in einem maroden Zustand, mehrere Sakralgeräte wie Kelche, Kerzen und Bücher waren verpfändet worden, und generell beachteten die Mönche die Ordensregel nicht, wobei offenbar das Kloster nahezu leerstand, denn es wohnten dort nur drei Personen. Der Papst entsprach der herzoglichen Bitte. Am 21. Dezember 1499 führte der Vikar Laurentius Johannis die Reform des Schleswiger Franziskanerklosters durch; in welcher Weise dies geschah, wird nicht berichtet. Einige Jahre später ließ Herzog Friedrich das Schleswiger Franziskanerkloster mit den Klöstern in Kiel, Lunden und Husum in organisatorischer Hinsicht zur Kustodie (einem Verband mehrerer Klöster im Franziskanerorden) Kiel zusammenlegen.[301] Mit diesen Zuständen an der Wende zum 16. Jahrhunderts scheinen auch die bereits oben geschilderten Renovierungsarbeiten in Zusammenhang zu stehen.

*Abb. 49.*
*Siegel Dominikanerkloster: St. Paulus.*

*Abb. 50.*
*Fundamente des Dominikanerklosters. Grabungsfoto Plessenstraße 83, 1973.*

In der Reformation wurden beide Klöster aufgelöst. Während aber das Dominikanerkloster im Verlauf des 16. Jahrhunderts durch Abbruch völlig aus dem Schleswiger Stadtbild verschwand, wurde das Graukloster zum Rathaus und Armenhaus umfunktioniert und entsprechend umgebaut. Dank der neuen Aufgabe blieb der Komplex weitgehend erhalten und bietet uns heute nach der Restaurierung der achtziger Jahre des letzten Jahrhunderts ein beeindruckendes Zeugnis mittelalterlicher Klosterarchitektur.

*St.-Johannis-Kloster der Benediktinerinnen*
Neben den Bettelorden der Dominikaner und Franziskaner gab es in Schleswig noch den Orden der Benediktinnerinnen im St.-Johannis-Kloster auf dem Holm.[302] Das Gründungsdatum des Klosters liegt im dunkeln, es dürfte aber in den Zeitraum zwischen 1200 und 1230 fallen. Der erste urkundliche Beleg seiner Existenz findet sich in einer Urkunde König Abels aus dem Jahr 1250/51. Der König befreite darin die Untertanen des Johannisklosters von den landesherrlichen Leistungen mit Ausnahme der Landwehr und des „*Stadtwerks*", also der Hand- und Spanndienste, und gewährte ihnen die eigene Gerichtsbarkeit.[303] Drei Jahre später nahm Abels Nachfolger, König Christoph I., das Johanniskloster unter seinen Schutz und bestätigte die Privilegien, die auch von den nachfolgenden Landesherren gewährt wurden.[304]

In geistlicher Hinsicht lag die Leitung des Klosters in den Händen der Priörin. Die Verwaltung des Klostervermögens oblag hingegen dem Propst, der vom Nonnenkonvent gewählt wurde. Aus der vorreformatorischen Zeit des Klosters ist uns nur ein Propst, nämlich Johann Krummendiek aus dem Jahr 1388, namentlich bekannt.

Wieviele Nonnen im Kloster lebten, weiß man heute nicht mehr. Zur Zeit der Klostergründung, in der ersten Hälfte des 13. Jahrhunderts, sollen es acht bis zehn Nonnen gewesen sein. Im Jahr 1402 werden neben der Priörin noch sechs Konventualinnen, 1464 und 1480 jeweils neun erwähnt.[305] Das Kloster diente gleichsam als Versorgungsstation nachgeborener und unverheirateter Töchter des Adels, denn viele der Schleswiger Nonnen stammten, wie die überlieferten Namen belegen, aus adligen Familien.

So gut wie kaum etwas ist über das klösterliche Alltagsleben, über die Tätigkeiten der Nonnen bekannt. Die Konventualinnen mußten durch Unterricht die für die Messe notwendigen Kenntnisse erwerben: So ist 1494 von einem Vikar Nicolaus Heitmann aus Kiel die Rede, der die Benediktinerinnen im Lesen und Singen unterwies. Der Unterricht scheint aber nicht nur den Nonnen vorbehalten gewesen zu sein: Im selben Jahr schrieb der Schleswiger Bischof an den Kieler Rat und bat, Heitmann noch ein weiteres Jahr die Nonnen *„mit den Kindern“* unterrichten zu lassen.[306]

Das Johanniskloster war insbesondere im 14. Jahrhundert durch Stiftungen und Schenkungen in den Besitz von Ländereien und Gütern gelangt, aus denen es seine Einnahmen zog. So schenkte zum Beispiel im März 1323 der Ritter Heinrich von Alverstorpe dem Johanniskloster das Dorf *„Dyavele“ (*Jagel) mit allem Zubehör und dem Gericht.[307] 1334 bestätigte Herzog Waldemar V. die Schenkung seines Vaters Erich II., der dem Kloster die Mühle in Solterbek übereignet hatte.[308] Und 1338 verpfändete ein Thetlavus Ruthze aus Töttendorp (Tüttendorf) seine dortigen Güter für das Eintrittsgeld seiner Tochter ins Kloster von 40 Ml; diese Güter brachten 3 Ml ein, die die Nonnen jährlich beziehen sollten.[309] Um 1500 besaß das Kloster allein in Angeln mehr oder minder großen Besitz in zwölf Dörfern.[310]

Die Schenkungen umfaßten nicht allein Grundbesitz und Güter. 1351 vermachte ein Sifrid von Sehestedt dem Kloster 250 Ml für einen Marienaltar.[311] Neben diesem und dem Hauptaltar St. Johannis sind noch drei weitere Altäre – St. Nikolaus (1439), St. Anna (1464) und St. Andreas (1503) – bekannt, an denen Vikare Dienst taten.

Im Gegensatz zu den beiden Bettelorden läßt sich die Entwicklung des Benediktinerinnenkonvents dank der überlieferten Urkunden vergleichsweise gut nachvollziehen. Es zeigt sich dabei, daß besonders das krisenhafte 14. Jahrhundert für das Kloster und seine Nonnen eine schwierige Zeit war. Ende des 13. Jahrhunderts war St. Johannis von einem Feuer heimgesucht worden, denn 1299 gewährte Bischof Heinrich von Reval, der

*Abb. 51.*
*Siegel Johanniskloster:*
*Jesu Taufe durch Johannes d. T.*

*Abb. 52.*
*Johanniskloster;*
*Kirche und Kapitelsaal von Westen.*

sich gerade in Schleswig aufhielt, allen Personen, die das abgebrannte und verarmte Kloster unterstützten, 40 Tage Ablaß.[312] Der Wiederaufbau der Gebäude scheint sich über mehrere Jahrzehnte erstreckt zu haben. Zehn Jahre nach dem Unglück rief der Schleswiger Bischof *„alle Frommen der Uthlande"* dazu auf, die verarmten Nonnen mit milden Gaben zu unterstützen.[313] Bischof Johannes Bokholt bemerkte 1329, daß zur *„Wieder-Erbawung dieses Klosters viele neue und kostbare Gebäude"* erforderlich wären, die *„ohne unsere und anderer Leute christl. Almosen nicht wol in behörigen Stand"* gebracht werden könnten; so sollten diejenigen, die beim Bau der Nonnenzellen Hilfe leisteten, Ablaß und einen Bußtag erhalten.[314] Im Jahr 1337 war der Bau dieser Zellen noch im Gange, und Bischof Hellembert rief dazu noch um Beistand bei der Beschaffung von Büchern und Sakralgeräten auf.[315] Gleiches geschah 1347, als Bischof Heinrich allen Gläubigen Ablaß verhieß, die das Kloster auf dem Holm an bestimmten Festtagen besuchten sowie generell *„der Armuth des Klosters abhelffen."*[316]

Die Situation des Klosters besserte sich jedoch in den folgenden Jahren keineswegs, im Gegenteil, die Lage verschlechterte sich noch. Im Februar 1357 erließ der Bischof einen

Aufruf: Das Kloster habe unter den kriegerischen Auseinandersetzungen um Schleswig und der Pestepidemie sehr gelitten und sei in Armut geraten. Der Bischof bat deswegen gegen die Gewährung eines Ablasses um Hilfe; er forderte darüber hinaus die Priester und Kapellenrectoren auf, die Boten des Klosters *„liebreich aufzunehmen"* und die Gläubigen ihres Kirchspiels zur Zahlung von Almosen anzuhalten.[317] Auch im darauffolgenden Jahr wurden Kleriker wie Laien aufgefordert, dem Kloster in seiner prekären Situation beizustehen.[318]

Ob diese Ermahnungen befolgt wurden und was sie bewirkten, ist unbekannt. Überliefert ist aber, daß die Nonnen 1372 einen weiteren Schicksalsschlag zu verkraften hatten: Ein Sturm riß ein Drittel des Kirchendaches herunter, so daß die Nonnen, zumal bei Regenwetter, keinen Gottesdienst in der Klosterkirche abhalten konnten.[319] Der in diesem Zusammenhang verfaßte bischöfliche Ablaßbrief zeigt nun, daß sich an der generell mißlichen Lage des Holmer Klosters trotz der vergangenen Aufrufe zur Hilfe kaum etwas zum besseren geändert hatte: St. Johannis sei *„wegen stetigen und vielfältigen Land-Krieg, großer Seuchen, Sterbens und Übergießung des Wassers in solche Armut gerathen, daß das Kloster aus eigenen Mitteln nicht wieder repariret werden kann, wo es nicht durch guter Leute christl. Beysteuer aufgeholffen werde."*[320] Auch Erzbischof Magnus von Lund gewährte 1383 für die hilfreiche Unterstützung des Klosters Ablaß.[321]

Die angespannte wirtschaftliche Lage des St.-Johannis-Klosters blieb offenbar nicht ohne Folgen für die geistlichen Zustände dortselbst: In einer Urkunde aus dem Jahr 1385 berichtet Graf Nikolaus, daß *„wegen Armut des Klosters ... ein großer Verfall des geistlichen Wesens daselbst Statt findet, daher das Kloster einer Reformation und Wiederherstellung der Disciplin bedürfe"*.[322] Der Graf übertrug mit Zustimmung des Bischofs *„zur Erhaltung des Klosters"* für sein, seines Bruders, des verstorbenen Grafen Heinrich, und seiner Erben Seelenheil das – mit Einnahmen verbundene – Patronatsrecht an der Kapelle Kahleby an das Schleswiger Benediktinerinnenkloster. Seit dieser Zeit, ausgangs des 14. Jahrhunderts, scheint sich die Lage des Klosters allmählich verbessert zu haben. Ähnliche Ablaßbriefe liegen aus den nachfolgenden Jahren nicht vor. 1487 jedoch wurde das Holmer Kloster von

*Abb. 53.*
*Johanniskloster; Schwahl.*

*Abb. 54.*
*Johanniskloster; Kirche innen: Kreuzigungsgruppe, Anfang 16. Jahrhundert.*

einer neuerlichen Brandkatastrophe heimgesucht: Die Priörin entsandte daraufhin einige Nonnen mit Almosenbriefen ins Land hinaus, um Hilfe zu erbitten.[323]

In der Reformation wurde das Johanniskloster, wie auch die Frauenklöster in Uetersen, Preetz und Itzehoe, in ein adliges Damenstift umgewidmet, das noch heute besteht.

## Kapellen

Zur Sakrallandschaft Schleswigs gehörten auch noch Kapellen, für die jedoch nur spärliche Quellennachrichten vorliegen.[323a]

Die Gertrudenkapelle ist zuerst für 1470 bezeugt, als ein Priester von St. Gertrud bei Schleswig erwähnt wird. Denkbar ist es, daß mit dieser Kapelle die Gertrudengilde zusammenhängt. Sie ist vermutlich im Gebiet der heutigen Königsallee zu lokalisieren.

Des weiteren existierte noch die Kapelle St. Jürgen bzw. St. Job (St. Jodocus, der Pilgerheilige). Sie ist nur aus zwei Schuldbriefen des beginnenden 16. Jahrhunderts überliefert; als ihr damaliger Vorsteher wird ein J. Oberech genannt. Mit dieser Kapelle scheint eine St.-Jobs-Gilde verbunden gewesen zu sein. Die Kapelle lag nach Ulrich Petersen wahrscheinlich am Fuß des Hesterberges, in der Nähe der von Osten auf die Schloßinsel führenden Brücke. Die verkehrsgünstige Lage beider Kapellen deutet darauf hin, daß sie wohl als Wegekapelle für Reisende und Pilger gedient haben. Diese Schleswiger Kapellen tauchen auch in den Opfergeldlisten Herzog Friedrichs auf. So stiftete der Herzog z. B. zu Ostern 1498 St. Jürgen 6 ß, St. Gertrud und St. Job je 1 fl, zu Pfingsten spendete er St. Jürgen und St. Gertrud je 4 ß und St. Job $1^1/_2$ Ml;[324] 1499/1500 wurden St. Jürgen und St. Gertrud mit einer Stiftung von insgesamt 33 Ml 10 ß bedacht.[325]

Es gab noch eine weitere St.-Jürgen-Kapelle, die zum nördlich Schleswigs gelegenen Siechenhaus gehörte, auf das wir noch zu sprechen kommen werden. Sach führt noch die Heilige-Kreuz-Kapelle an, ohne allerdings Belege beizubringen. Seinen Ausführungen zufolge soll diese Kapelle 1350 erstmalig erwähnt worden sein und noch am Ende des 16. Jahrhunderts Bestand gehabt haben. Sie soll sich neben dem Kapitelshaus befunden und den Endpunkt der um die Stadt führenden Fronleichnamsprozession gebildet haben. Nach Sach waren an der Kapelle Vikare tätig, die aus den Einnahmen der zur Kapelle gehörigen Güter entlohnt wurden; so sollen zu ihr etwa die Hälfte des Dorfes Kochendorf mit fünf Lansten sowie zwei Lansten in „Borne“ (Boren?) gehört haben. Sach berichtet auch von einer Bruderschaft, die mit der Kapelle verbunden gewesen sei.[326]

## Die Geistlichkeit in der Stadt

Die Ordens- und Weltgeistlichen gehörten zum Bild einer spätmittelalterlichen Stadt, und besonders in Schleswig mit seinen vielen Kirchen, Klöstern und Kapellen waren sie zahlreich vorhanden.

Der Klerus bildete hinsichtlich seiner rechtlichen Stellung eine besondere Gruppe, die nicht dem Stadtrecht und der städtischen Gerichtsbarkeit unterlag, sondern *„sie hatten in ihren geistlichen Oberen ihre eigenen Richter, im kanonischen Recht ihr eigenes Gesetz."*[327] Die Gerichtsbarkeit der Bischöfe und Pröpste umfaßte jedoch nicht allein die Kleriker, sondern in bestimmten Fällen auch Laien. In die Zuständigkeit des geistlichen Gerichts fielen etwa Ehebruch, Unzucht, Meineid, Zauberei sowie generell Mißachtung kirchlicher Gebote, aber auch bei Totschlag und anderen Kapitalverbrechen wie Brandstiftung, Falschmünzerei und Diebstahl waren geistliche Richter beteiligt, da solch schwerwiegende Taten neben der Strafzumessung durch die weltlichen Gerichte zudem noch mit Kirchenstrafen in Form von Stiftungen, Wallfahrten und Bußzahlungen geahndet wurden. Die geistliche Gerichtsbarkeit konnte aber auch von den Bürgern selbst angerufen werden, um in Zivilsachen zu entscheiden oder als Schiedsgericht bei Streitigkeiten zu fungieren. Allerdings durften Schleswiger Bürger von den Bischöfen oder Pröpsten nicht außerhalb der Stadt vor ein geistliches Gericht geladen werden, sondern hatten ausschließlich in der Domkurie oder im Haus des Propstes Rede und Antwort zu stehen, was Bischof Bruhn 1356 ausdrücklich bestätigte.[328]

Trotz ihres Sonderstatus war die Geistlichkeit mit der Bürgerschaft und dem städtischen Leben in vielfacher Weise verbunden. Dies betraf in erster Linie die Herkunft der Priester und Mönche, von denen etliche dem einheimischen Bürgertum entstammten. Im Falle Schleswigs kamen von den 157 Klerikern, die aus der ersten Hälfte des 16. Jahrhunderts namentlich ermittelt werden konnten, wohl 23 (14,6%) aus Schleswiger Familien, davon zwei aus Ratsfamilien; der größte Teil rekrutierte sich aus dem Domsprengel.[329]

Auch war der Klerus in das wirtschaftliche Leben der Stadt eingebunden. Die Kirche avancierte bei Geld- und Rentengeschäften zum viel nachgefragten Kreditgeber, wie z. B. in Kiel und Krempe, wo ihr Anteil an Kreditgeschäften die Hälfte bzw. ein Viertel ausmachte; Geistliche waren auch am Immobilienmarkt tätig, sie kauften und verkauften Häuser. Wenngleich genaue Zahlen aus Schleswig wegen der dürftigen Quellenlage fehlen, dürfen wir doch davon ausgehen, daß sich die kirchlichen Institutionen auch in Schleswig intensiv am Geldmarkt beteiligten. Ein vereinzeltes Schlaglicht auf die geschäftlichen Verbindungen von Klerikern und Bürgern wirft das Beispiel des Händlers und Ratsherrn Timme Teke: Dieser verkaufte dem Mauritius Hertenbreker, Vikar am Dom, 6 Ml jährliche Rente aus seinen beiden Häusern – von denen er eines von dem Priester Bernd Karesche gekauft hatte – als Gegenleistung für 100 Ml, die Teke vom Vikar erhalten hatte; als Sicherheit verpfändete der Ratsherr seine Häuser.[330] Und nicht zuletzt standen Geistliche, wie das bereits erwähnte Beispiel des Ratsschreibers und nachmaligen Kirchherrn Berend Enichlo zeigt, mitunter auch in städtischen Diensten. Bürger und Kleriker lebten also in der Stadt miteinander und nicht nur nebeneinander.

Ebenso wie die Bevölkerung der Stadt bildete die Weltgeistlichkeit keine einheitliche Sozialgruppe, sondern gliederte sich vielmehr in Ränge unterschiedlicher Stellungen und Aufgaben. Da gab es ganz oben die Domherren des Kapitels und die Kirchherren der städtischen Pfarrkirchen, in der Hierarchie darunter befanden sich die Vikare und Altaristen, die an den verschiedenen Altären Dienst taten, und schließlich noch eine Stufe tiefer die Hilfsvikare, die an Stelle der Vikare deren Pflichten nachkamen. Angesichts der zahlreichen oben aufgeführten geistlichen Institutionen dürfte die Anzahl der in Schleswig tätigen Welt- und Ordensgeistlichen hoch gewesen sein. Genaue Zahlen beizubringen, darauf wurde schon im Abschnitt über die Bevölkerungszahl verwiesen, ist kaum möglich. So umfaßte das Domkapitel zwar 24 Domherren, die theoretisch verpflichtet waren, in der Stadt zu wohnen, aber dieser Verpflichtung im Verlauf der Zeit kaum noch nachkamen. Bekannt ist auch die bereits erwähnte Zahl der 16 Vikare am Domchor; doch darüber hinaus waren noch etliche andere Geistliche an den verschiedenen Altären des Doms tätig. Nach der Reformation zählte man dort 1532 schließlich nur noch 29 Vikare. Keine Zahlen liegen indes für die städtischen Kirchen und für die Klöster vor.

Von Lebensführung und Lebensumständen des Schleswiger Klerus wissen wir nur wenig. Sicher ist, daß es in Schleswig einen „Kaland" gab, in dem sich die Weltgeistlichen zum gemeinsamen Gottesdienst und Mahl zusammengeschlossen hatten. Daneben existierte noch eine eigene Vikariengilde, die sich nach dem von ihr im Dom unterhaltenen St.-Trinitatis-Altar *„convivium sancte Trinitatis"* nannte. Als Versammlungsort besaß sie die Hälfte eines Hauses, die ihr der Kanoniker Detlef Smyder 1383 übereignet hatte; das Gebäude befand sich im östlichen Bereich des Dombezirks in der Nähe des Marktes. 1409 soll die Vikariengilde schließlich ein ganzes Haus besessen haben.[331] Der Gilde stand ein *„decanus vicariorum"* vor. Materiell war die Trinitatisgilde gut ausgestattet. Sie investierte zum einen Kapital in der Stadt Schleswig sowie beim Adel und im Herzogtum; zum anderen besaß sie Lanstenstellen in Rantrum, Ostenfeld und Schwesing (1381), Twedt (1384), Jübek (1391), Tolk (1406) und zudem noch mit unbestimmtem Erwerbsdatum in Grumby, Esmark und Scheggerott (vor 1439). Zudem waren der Gilde von Bischof Wulf 100 Ml geschenkt worden, die zur Brotverteilung unter den Mitgliedern dienen sollten.[332]

Unterschiedlich waren die materiellen Lebensumstände des spätmittelalterlichen Klerus. Es gab erhebliche Unterschiede zwischen den Kirchherren und dem niederen Klerus, was die Einkünfte und den Wohlstand betraf. Die Domherren standen dabei an der Spitze. Sie entstammten vorwiegend dem Adel des Landes und waren daher von vornherein materiell besser gestellt. Neben ihren Einkünften bezogen sie zumeist noch Gelder aus Vikarien und anderen Pfründen. Da sie jedoch den damit verbundenen Pflichten aufgrund der Vielzahl ihrer Tätigkeiten und oftmaliger Abwesenheit kaum nachkommen konnten oder auch wollten, stellten sie Vikare an, die an ihrer Stelle den vorgeschriebenen Dienst mehr oder minder engagiert absolvierten.

Auch die Kirchherren der Schleswiger Kirchen bezogen aus ihren Pfründen Einkünfte, die sie durch Gebühren für unterschiedliche geistliche Handlungen (z. B. Beichte, Beerdigung) noch aufbessern konnten. Die an den Altären der Kirchen tätigen (Hilfs-) Vikare und Altaristen allerdings waren in der Regel schlecht bezahlt und nicht selten aufs Betteln angewiesen; in ihrem Fall spricht die Forschung angesichts ihrer schlechten wirtschaftlichen und sozialen Lage sogar von einem „geistlichen Proletariat", auf dem ein Hauptteil der geistlichen Tätigkeiten lastete.[333]

Wieviel die einzelnen Ämter und geistlichen Handlungen für die Kleriker abwarfen, ist schwer zu bestimmen. Für das Jahr 1520 liegt die Angabe vor, daß im Dom insgesamt 186 Memorien abgehalten wurden, die insgesamt 423 Ml 4 ß einbrachten.[334]

Einen kleinen, aber interessanten Einblick in die finanziellen Verhältnisse eines Geistlichen gestattet uns ein drei Seiten umfassendes Verzeichnis des Kirchherrn von St. Trinitatis, Johannes Becker, das dieser zwischen 1532 und 1534 erstellte.[335] Becker hatte daneben noch von 1524 bis 1529 die Vikarien St. Catharinae und St. Pauli im Dom inne. 1524 wird Becker als Zahler von Wassergeld erwähnt: Seine Wohnung ist wohl eher kleineren Zuschnitts gewesen, vielleicht sogar nur eine Bude, die der Kirche gehörte. Der Grund für die Abfassung des Inventars wird nicht ausdrücklich genannt, dürfte aber darin zu sehen sein, daß sich Becker offenkundig Anwürfen ausgesetzt sah, er habe ihm anvertraute Güter verschwendet, und er sich also auf diese Weise zu rechtfertigen suchte: So bekannte Becker sich auch feierlich am Ende seines Verzeichnisses *„dat ik nicht etlike gudere hebbe* *vorpandet edder vorsettet hebbe vor halfgudt* [hier ist wohl die Verpfändung des Gutes zum halben Preis gemeint], *alse edlike lude seggen, sunder dat ik hebbe vorkofft und in myner noeth hebbe gelt bruket.*“[336] Der Adressat des Inventars ist nicht bekannt. Wahrscheinlich aber war es der Rat, der das Schriftstück angefordert hatte, um den Vorwürfen nachzugehen.

Ordnet man das unsystematisch angelegte Inventar, ergibt sich folgendes Bild: An Möbeln und anderen Ausstattungsgegenständen finden wir ein Handwaschbecken aus Messing, drei verschiedenarmige Leuchter, ein kleines Schreibpult sowie eine Kiste, die beide auf dem Dachboden des Hauses standen, zwei Eisenböcke zum Holzauflegen im Herd, drei Stühle und ein *„Sothzwang“* (verstellbarer Haken zum Aufhängen der Kessel über dem Herdfeuer). Hinzu kommen noch vier Bettlaken von unterschiedlicher Qualität, ein Tafel- und ein Tischlaken, ein Kopfkissen und sogar ein genähter Badebeutel (*„beneyet badebudel“*); offenbar besuchte Becker öfter die in der Nähe seiner Kirche gelegene Badestube. Des weiteren listete Becker an wertvollem Geschirr und Besteck auf: einen silbernern Becher und eine Kanne, ein Salzfaß, eine bestickte Serviette sowie vier silberne Löffel, die er jedoch allesamt an unterschiedliche Leute verpfändet hatte. Hinsichtlich der Kleidung erfahren wir von einer Hose, einem Wams, einem Alltagsrock von schwarzer Farbe und einem guten Rock aus blauem englischen Tuch. Becker erwähnt an Buchbesitz mehrere Bände, die der frühere Kirchherr Berend Enichlo hinterlassen hatte. Als eigene Bücher weist Becker eine Bibel und ein geistliches Werk aus, das er einem Franziskanermönch namens Johan geliehen hatte. In Beckers Besitz fanden sich darüber hinaus noch etliche kirchliche Gegenstände vom St.-Katharinen-Altar, die er in seiner Wohnung aufbewahrte, womöglich weil sie dort wegen der häufigen Kirchendiebstähle sicherer waren als im Dom. Es handelte sich dabei um ein gedrucktes Missale, einen Messingleuchter sowie ein kleines Tafelbild der hl. Katharina und ein kleines Jesusbild.

Das Inventar liefert uns zweifellos keinen vollständigen Überblick über die Besitztümer des Kirchherrn, da Becker nur die wertvollen Gegenstände auflistete, denn nur diese waren es nötigenfalls wert, verpfändet zu werden. Weniger wertvolle Dinge wie das alltägliche Gebrauchsgeschirr finden wir hier nicht verzeichnet. Beckers Auflistung zeigt uns jedoch, daß es um seine finanziellen Verhältnisse nicht allzu rosig bestellt war. Er hat ja in seinem Inventar selber zugegeben, Geld nötig gehabt und deshalb Gegenstände verpfändet zu haben. Der Wert der angeführten verpfändeten Löffel legt nahe, daß Beckers Schuld sich auf wenigstens 7 Ml 1 ß belief. Die Ursachen für seine Geldknappheit sind nicht bekannt, es könnten aber zu hohe Ausgaben gewesen sein. An zu geringen Einkünften dürfte es jedenfalls nicht gelegen haben, da Becker neben seiner Kirchherrnstelle auch noch die Einkünfte zweier Vikarien genoß, die allein mit der beträchtlichen Summe von 77 Ml 3 ß 1 d veranschlagt waren. Der Wert dieses überlieferten Dokuments liegt darin, daß es uns einen Blick auf die individuellen materiellen Verhältnisse eines Schleswiger Geistlichen der Reformationszeit erlaubt. Verallgemeinernde Schlüsse auf die wirtschaftliche Situation des gesamten Klerus in der Stadt können daraus aber nicht gezogen werden.

Kirche und städtische Obrigkeit waren im Mittelalter eng verbunden. Der Rat begriff sich als christliche Obrigkeit, nahm an Empfängen der Geistlichkeit teil, betätigte sich als Stifter von Messen und Kerzen und ließ seine verstorbenen Mitglieder in der Klosterkirche St. Pauli der Franziskaner begraben. Doch es gab aufgrund verschiedener Interessen auch Reibungspunkte im gegenseitigen Verhältnis. Der städtischen Obrigkeit war vor allem die Befreiung der Kirche von Steuerzahlung und anderen kommunalen Lasten ein Dorn im Auge. So konnte der Rat etwa kaum ein Interesse daran haben, daß durch Verkauf oder testamentarische Verfügung zuviel Haus- und Grundbesitz in den Besitz der geistlichen Institutionen, der sogenannten *„toten Hand“*, fiel, die für ihren Besitz keine

Abgaben zu leisten brauchten, was letztlich der Finanzkraft der Kommune schadete. Die Obrigkeit versuchte diesem Problem zu begegnen, indem sie entweder Verkauf bzw. Vererbung an den Klerus schlichtweg untersagte oder es durchsetzte, daß der von der Kirche erworbene Grundbesitz weiterhin steuerpflichtig blieb.

In Schleswig hatte man, wie bereits erwähnt, letzteres erreicht: In der Urkunde vom 28. Januar 1336 ordnete Herzog Waldemar V. anläßlich häufiger Beschwerden seitens des Rates an, daß diejenigen Geistlichen, die Söhne Schleswiger Bürger waren, für ihr Erbe und Gut innerhalb des Geltungsbereichs des Stadtrechts ebenso Schoß zahlen und andere Dienste leisten sollten wie die Bürgerschaft.[337] So sind denn auch in den Schoßrechnungen Geistliche aufgelistet, die Hausbesitz außerhalb des geistlichen Immunitätsbezirkes erworben hatten und daher Steuern (zumeist 8 ß) sowie andere Abgaben zahlten.[338] Der Domherr Johann Boeße beispielsweise verpflichtet sich bei seinem Hauskauf 1476, *„ock alle stadrecht unde borgerplicht van deme huße lick anderen borgeren jarlikes deme rade“* zu leisten.[339]

Gelegentlich kam es jedoch zwischen Rat und Klerus zu Auseinandersetzungen. Ein Schlaglicht auf die Reibungspunkte wirft eine vom Rat in den 1430er Jahren erstellte Liste mehrerer Klagepunkte:[340] Der Rat beschuldigte mehrere Domherren, öffentliche Straßen eingezäunt zu haben: *„So hebben de capittelherren eine frige straten yngethynet, de da gynck und geit twischen herr Marquardt Vlotoven hove und herr Detlev Smyters“;* in einem anderen Fall hatte das Kapitel *„ene strate ingenamen, de geit dorch herr Erich Bundes hof, wente uppe den Slye, de der stad thohöret.“*

Neben diesen Klagen über eigenmächtige Vereinnahmung städtischen Gebiets gab es noch weitere Beschwerden bezüglich des Verhaltens einiger Kleriker. Unter anderem wurde dem Domherrn Nicolaus Steenwer vorgeworfen, er habe Bauholz des Rates für Bauten an seiner Kurie verwendet; ein anderer Domherr habe einem Mann einen Ochsen abgenommen; ein weiteres Mitglied des Kapitels namens Timmo Bodt sollte ein Haus *„up in unsen stadtrecht“* mit Gewalt aufgebrochen und mitgenommen haben, was vorhanden gewesen sei; der Kantor habe Wasser gestaut, was zu Schäden an den Gräben in den Ländereien Schleswiger Bürger geführt habe. Darüber hinaus beklagte sich der Rat, daß das Kapitel den Bürgern nicht erlaube, ihre Wurten zu bebauen, auf denen früher Häuser gestanden hätten, sowie darüber, daß das Kapitel Grundbesitz zum Pfand erhalten habe, von dem der Rat nicht wisse, wie es dazu gekommen sei; außerdem wolle das Kapitel diesen Pfandbesitz nicht zurückgeben. Zudem bezahle das Kapitel von seinen Besitzungen oder Renten keine Steuer. Und schließlich kritisierte der Rat auch die wirtschaftlichen Aktivitäten einiger Geistlicher, die *„koopslagen* [handeln] *und kröghen* [Bier ausschenken], *des doch neynen prestern horet und anstaet, alse wy menen“*[341] und damit in eine unliebsame Konkurrenz zu den Schleswiger Händlern und Wirten traten. Aus eben diesem Grund geriet der Rat im Jahr 1491 mit einem Vikar am Dom namens Otto aneinander, der Bier ausgeschenkt hatte.[342]

Aus dem Jahr 1464 ist ein Konflikt über eine Grenzziehung überliefert. Das Domkapitel hatte in dem außerhalb der Stadt bei Berend und St. Jürgen gelegenen Wald eine Grenze schlagen lassen, die das eigene vom städtischen Gehölz trennen sollte. Für den Rat aber war die neue Grenzlinie eine *„unwonliche scheede, de ne gewest syn“* und die den städtischen Besitz schmälerte. Um sich den Grenzverlauf trotzdem bestätigen zu lassen, griff das Kapitel zu einem Trick. Unter dem Vorwand eines Hochzeitsfestes lud man Vertreter des Rates zum Ort der Grenzfeststellung. Während die Domherren dort mit mehreren Schwurzeugen erschienen, konnten die Ratleute in Unkenntnis dessen, was sie dort eigentlich erwartete, keine Zeugen beibringen. Geschickt hatte es das Kapitel somit verstanden, die formalen Kriterien für eine Grenzfeststellung einzuhalten: Man selbst war mit Zeugen erschienen, und auch die Anliegerpartei war gekommen, jedoch unvorbereitet und ohne Zeugen. Dem Rat blieb nichts anderes übrig, als mit anzusehen, wie die Richtigkeit der Grenzziehung beschworen wurde. Proteste des Rates auf dem Thing der Struxdorfharde, zu dem Berend gehörte, blieben ungehört. Schließlich wandte man sich an den Landesherrn, über dessen Entscheidung jedoch nichts bekannt ist.[343]

1504 kam es zu einer Auseinandersetzung zwischen den Franziskanern und dem Rat der Stadt um die bereits erwähnte Schenkung der Herzogin Mechthild aus dem Jahr 1269: Zwischenzeitlich war das Areal in den Besitz der Stadt gelangt, wogegen das Kloster Klage erhob. Herzog Friedrich entschied den Streit schließlich zugunsten der Stadt, die das Gelände nun endgültig erhielt. Als Gegenleistung verpflichtete sich der Rat, eine Straße vom Markt am Rathaus entlang nach dem Kirchhof des Klosters anzulegen. Das dabei im Wege stehende Haus eines Raedtke Tymmerman sollte abgebrochen und an anderer Stelle wieder errichtet werden. Zudem durften die Mönche ihre *„pryveth effte hemelicheit“*, also ihre Aborte, über dem Stadtgraben beim Kloster anlegen.

Aus diesen Vorfällen auf ein generell angespanntes Verhältnis zwischen Rat und Geistlichkeit zu schließen, würde allerdings zu weit führen. Wie in den meisten spätmittelalterlichen Städten entzündeten sich auch in Schleswig die Konflikte zwischen der städtischen Obrigkeit und dem Klerus an einzelnen Streitpunkten; eine grundsätzliche Auseinandersetzung gab es dagegen nicht, zumal die Bewertung von friedlichem Miteinander und konfliktreichem Gegeneinander auch ein Quellenproblem ist: Schriftlich niedergelegt wurden zumeist nur strittige Punkte und Vorfälle, da sie einer Klärung bedurften; das alltägliche Zusammenleben fand dagegen keine Erwähnung.

## Gilden und Bruderschaften

Zu den besonderen Ausdrucksformen spätmittelalterlicher Frömmigkeit zählten Gilden und Bruderschaften, in denen sich Laien freiwillig auf genossenschaftlicher Basis zu religiösen Zwecken zusammenschlossen. Diese Korporationen gehörten zu den *„bedeutendsten Organisationsformen innerhalb des städtischen Soziallebens“*.[344] In den spätmittelalterlichen Städten gab es eine Vielzahl unterschiedlicher Bruderschaften, so etwa in Lübeck 70 und in Hamburg sogar 99. Bei allen Unterschieden, die sich etwa hinsichtlich der religiösen Ausrichtung, sozialen Zusammensetzung oder Bedeutung im Leben der Stadt ergaben, war doch allen das Streben nach Seelenheil und das Gedächtnis an die Verstorbenen (*„Memoria“*) in Messen und Fürbitten gemeinsam. Darüber hinaus hatten alle diese Zusammenschlüsse noch wichtige kulturelle und sozial-karitative Aufgaben, wie in der Armen- und Krankenhilfe.

### Rosenkranzbruderschaft

Ausgehend von Köln, wo 1475 die erste Bruderschaft dieser Art gegründet wurde, breitete sich die Idee einer Rosenkranzbruderschaft in den nachfolgenden Jahren mit zahlreichen Gründungen und rasch wachsenden Mitgliederzahlen über ganz Europa aus.[345] Der große Zulauf, den diese frommen Zusammenschlüsse durch die Gläubigen erfuhren, gründete insbesondere in ihrer Offenheit. Bei der Rosenkranzbruderschaft konnte jeder Mensch ungeachtet seines Standes und seines Geschlechtes Mitglied werden, sie war *„nicht ständisch eingeengt, sondern einer gemeinsamen integrierenden Frömmigkeitsmode verpflichtet“*.[346] Und dies betraf nicht nur die Lebenden, denn es konnten auch verstorbene Personen als Mitglieder eingeschrieben werden. Der wesentlichste Inhalt der Gemeinschaft bestand in der Erlösung der Seele durch Rosenkranzandachten mit Fürbitten. Das

Gebet stiftete Gemeinschaft, denn das Beten des Rosenkranzes eines einzelnen Mitglie-des erstreckte sich nicht nur auf seinen persönlichen Seelenfrieden, sondern trug in gleicher Weise zum Seelenheil aller anderen Rosenkranzbrüder und -schwestern in der Welt bei.

Auch im südlichen Ostseeraum fand die Bewegung im letzten Viertel des 15. Jahrhunderts eine große Anhängerschar. In Schleswig wurde die Rosenkranzbruderschaft im Jahr 1481 ins Leben gerufen und ist damit vermutlich eine der ältesten im Norden gewesen. Im Gegensatz zu allen anderen hier vorzustellenden Schleswiger Bruderschaften und Gilden ist die Quellenlage recht günstig. Dank der Abschriften des Stadtchronisten Ulrich Petersen sind neben den Statuten von 1484 auch noch Mitgliederlisten und Rechnungsaufzeichnungen überliefert, durch die wir einen guten Einblick in Aufbau und Organisation sowie die personelle Zusammensetzung und die Aktivitäten der Schleswiger Bruderschaft erhalten.[347]

Die Leitung der Schleswiger Rosenkranzbruderschaft oblag nach dem Statut einem Gremium von drei Personen; in der Praxis schwankte jedoch die tatsächliche Anzahl zwischen zwei und sechs, wobei eines der Leitungsmitglieder die Rechnungen führte.

Wer in die Schleswiger Rosenkranzbruderschaft eintreten wollte, ließ sich in das Mitgliederbuch eintragen und erlegte als Eintrittsgeld mindestens 1 ß, manche gaben statt Geld lieber Naturalien, wie z. B. Wachs für die Lichter. Wer arm war, brauchte nichts zu bezahlen. Wie die überlieferten Verzeichnisse ergeben, waren in den Jahren von 1484 bis 1525 insgesamt 603 Personen der Bruderschaft beigetreten. Einen besonders starken Zuwachs konnte die Bruderschaft in ihrer Anfangsphase der Jahre 1484 bis 1488 mit rund 50 Neumitgliedern pro Jahr verzeichnen: Insgesamt traten der Bruderschaft zwischen 1484 und 1495 301 Personen bei, 1495 waren es allein 25 und 1496 und in den darauffolgenden Jahren 74. Der Zugang schwand allerdings dann in den 1520er Jahren: Vermochte man 1521 noch 16 Neuzugänge zu verzeichnen, waren es 1523 neun und 1525 gar nur noch vier.[348] Unter den Mitgliedern machten die Frauen fast die Hälfte aus (49,4 %).

Die prinzipielle Offenheit der Bruderschaft für alle Menschen zeigt sich auch in Schleswig, wenn man einen Blick auf die geographische Herkunft und den sozialen Status der Mitglieder wirft. Nicht alle Mitglieder stammten aus der Stadt. So finden sich in den Listen auch Personen, die in Dörfern an der West- bzw. Ostküste Südjütlands oder in Orten der näheren Umgebung Schleswigs wohnten. Des weiteren werden Eckernförde und Meldorf genannt, und sogar Lübeck, Lüneburg und Wismar tauchen als Herkunftsorte auf. In Lübeck war es beispielsweise eine Frau namens Abelke, die für ihren verstorbenen Mann Carsten Weßel eine Summe zahlte und ihn in die Schleswiger Bruderschaft als Mitglied eintragen ließ, um für ihn und letztlich auch für sich selbst Fürbitten zu erhalten.

Was die Standeszugehörigkeit der Mitglieder anbetrifft, läßt sich aus den Quellen folgende Verteilung entnehmen: 530 Bürger, 56 Geistliche, 9 Adlige, 4 Personen fürstlicher Herkunft und sogar 4 Bauern. Demnach überwog das städtische Bürgertum bei weitem. Dessen hohe Anzahl resultierte hauptsächlich daher, daß offenbar ganze Familien in die Bruderschaft eintraten: So ist etwa der Bürgermeister Hinrich Mynrick mit seiner Frau Margarete, der Dienstmagd Anneke und seinem Schwager Hans Goldschmidt verzeichnet, und zum Ratmann Peter Becker gesellten sich noch seine Ehefrau Anne und sein Sohn Jürgen. Von den Berufen treten neben Kaufleuten vor allem die Handwerker in den Quellen hervor. Wie das Beispiel des Bürgermeisters Mynrick zeigt, scheinen auch Bedienstete und Gesellen gemeinsam mit ihrer Herrschaft bzw. Meistern der Bruderschaft beigetreten zu sein; insgesamt weisen die Listen neun Dienstmädchen, zwei Dienstkerle, drei Küchenmädchen und vier Handwerksgesellen aus. Zur Gruppe der geistlichen Mitglieder gehörten neben den Kanonikern auch die Bischöfe Helrich von der Wisch und Gottschalk von Ahlefeldt, der der Bruderschaft 1509 beitrat. Trost und Erlösung durch Fürbitten der Mitglieder suchten gleichfalls Herzog Friedrich und seine Familie zu Beginn des 16. Jahrhunderts. In einer Zeit außenpolitischer Unruhe und einer schweren Krankheit Herzogin Dorotheas wurde Friedrich mit seiner Frau und den beiden Kindern, dem sechsjährigen Christian sowie der fünfjährigen Dorothea, als Mitglieder eingeschrieben.

Mit dem Beitritt erlegten sich die Mitglieder verschiedene Pflichten auf. So hatten sie laut Statuten danach zu streben, täglich drei Rosenkränze zu beten, wobei der *„psalter Marien hefft in syck dryve vefftig Ave Maria unde 15 pater noster, dat is so vele gesecht, den rosenkrantz Marien drye gelesen maket enen psalter Marie.“*[349] Jedes Mitglied, das den Rosenkranz betete, erhielt vom Bischof 40 Tage Ablaß. Viermal im Jahr versammelten sich die Brüder und Schwestern der Bruderschaft bei einem Treffen. Nach den Statuten sollten die Versammlungen eine Woche nach Ostern, am 2. Juli (Visitationis Mariae), am 8. September (Mariä Geburtstag) und am 28. Dezember stattfinden. Hinzu kam noch ein weiteres Fest am Sonntag nach Mariä Himmelfahrt. Jedoch hielt man sich keineswegs streng an diese Termine. Wie die überlieferten Daten belegen, fielen die Treffen überwiegend in die angenehmeren Sommermonate von Mai bis August.[350] Das Haupttreffen wurde an Visitationis Mariae, d. h. am 2. Juli, oder einige Tage später abgehalten und erstreckte sich über zwei Tage, einen Sonntag und einen Montag. Am Sonntag sollte am Altar der Bruderschaft im Dom eine Totenmesse für die verstorbenen Mitglieder begangen werden. Nach der Messe traf man sich dann im Haus eines Mitgliedes. So kam man 1481 bei Marquard Gotskes zusammen und 1486 bei Elsabe Wulwes.

Einen festen Versammlungsort bekam die Bruderschaft schließlich, als die Kanoniker Hartich und Hinrich Lund ein Haus zur Verfügung stellten. In seinen Grundzügen steht dieses Gebäude heute noch in der Norderdomstraße.[351] Nach Auseinandersetzungen zwischen den Lund-Brüdern und der Stadt, auf die wir noch zu sprechen kommen, wurde dann 1509 das Rathaus als künftiger Treffpunkt der Bruderschaft auserkoren. Die anschließende Versammlung nach der Messe diente dem gegenseitigen Kennenlernen der Mitglieder und dem Pflegen eines Gemeinschaftsgefühls unter ihnen: *„uppe dat sick malchander kennen.“*[352] Man sang zu Ehren der Jungfrau Maria auf deutsch und Latein und spendete Gelder für Licht und Bier. Am folgenden Montag hatte der Priester am Altar eine Seelenmesse zu lesen und für die gesamte Bruderschaft eine Fürbitte zu leisten. Die Mitglieder opferten dabei wenigstens 1 Pfund lüb. für das Altarlicht, die Priester erhielten von dieser Spende höchstens 1 ß. Anschließend fand in einem Haus die Rechnungslegung statt. Auch an den anderen Terminen wurden Seelenmessen gelesen und Geldspenden eingebracht. Zudem konnten dank Spenden des Lektors und des Archidiakons des St.-Johannis-Klosters, Johann Smoeck, in Höhe von 50 Ml im Jahre 1484 und 160 Ml im Jahre 1487 zwei wöchentliche Messen abgehalten werden *„in eren Marien und aller cristenen seelen“*,[353] wobei die Priester von der Rente dieser Summen bezahlt wurden.

Von besonderer Bedeutung waren in Schleswig die karitativen Funktionen der Bruderschaft: So gehörten Fürbitten für erkrankte und sterbende Mitglieder ebenso zu den Aufgaben wie das Beten eines Marienpsalters innerhalb von acht Tagen im Falle des Todes eines Rosenkranzbruders oder einer Rosenkranzschwester. Für die Beerdigung stellte die Bruderschaft Licht und Tuch für die Totenbahre zur Verfügung.

Die Überlieferung der Rechnungsaufzeichnungen einiger Jahre gibt uns einen Einblick in die finanzielle Seite der Rosenkranzbruderschaft. Allerdings ist eine Bestimmung des jeweiligen Finanzhaushaltes in den entsprechenden Jahren aufgrund der Uneinheitlichkeit der Quellenüberlieferung kaum möglich. Aus den Jahren 1484 und 1488 ist nur bekannt, daß die Rechnungen einen Überschuß von 3 Ml 7 ß bzw. einen Verlust von 2 Ml 2 ß ausweisen, ohne daß die Höhe der Einnahmen und Ausgaben beziffert werden könnte. Ebenso weisen die Rechnungen für das Jahr 1501 ein Vermögen von 304 Ml aus, und 1523/24 betrug die Summe der investierten Gelder 109 Ml. Eine genauere Aufstellung über die finanzielle Gesamtsituation der Bruderschaft ist letztlich nur für das Jahr 1486 möglich. In diesem Jahr beliefen sich die einkommenden Gelder auf 112 Ml 3 ß 10 d, dagegen standen Ausgaben in Höhe von 188 Ml 15 ß 2 d. Der Rechnungsführer schloß die Rechnung also mit einem erheblichen Defizit von 76 Ml 8 ß 4 d ab.

Läßt sich also der Gesamtfinanzhaushalt angesichts der spärlichen Quellenlage nur schlecht darstellen, lassen die Rechnungsaufzeichnungen doch immerhin Aussagen darüber zu, woher das Geld in die Kassen floß und wofür es wieder ausgegeben wurde. Die Einnahmen der Bruderschaft speisten sich aus mehreren Quellen. Geld floß der Bruderschaftskasse aus Opfern und Gaben zu. Opfergeld kam, wie erwähnt, zumeist auf den Treffen der Bruderschaft sowie bei den Seelenmessen ein (*„tytgelde“*, *„pro memoriis“*, *„tor vigilien“*). Daneben gab es noch zwei Sammelbüchsen bzw. Opferstöcke, die in Claus Bodekers bzw. Hinrich Nachtegals Haus hingen und die vorwiegend kleinere Beträge abwarfen.

*Abb. 55. Das „Lundten-Haus“ in der Norderdomstraße, heutiger Zustand.*

Gleichfalls nur geringe Summen brachten die Brüche ein. 1483 wurden insgesamt nur etwa 3 ß eingezahlt, in anderen Fällen wurde die Strafe in Wachslieferungen beglichen. Auch die Beträge aus der Gebühr für das Ausleihen der Begräbnisausstattung an Nichtmitglieder stellten wegen ihrer geringen Höhe keine bedeutende Einnahmequelle dar.

Des weiteren betätigten sich Männer und Frauen der Bruderschaft als Spendensammler. Einer der erfolgreichsten war ein Marquard Hoyer. Er sammelte 1483 über 6 ½ Ml, 1484 fast 8 Ml und 1495 über 9 Ml ein. In einer besonderen Sammlung im Domkapitel im Jahr 1484 erlangte Hoyer 14 ß 10 d. Er reiste sogar nach Eckernförde und kassierte dort 1483 5 ß 3 d sowie 1485 8 ß 2 d ein. Offenbar als Dank für seine ertragreiche Tätigkeit erhielt Hoyer von der Bruderschaft eine Kapuze. Auch auf Schloß Gottorf ließen sich Bruderschaftsmitglieder zum Geldsammeln sehen. Dreimal erschienen sie dort und vermochten einmal 3 rh.fl., ein andermal nur 1 Ml zu erlangen, während sie beim dritten Mal 1484 vom Besuch König Hans’ profitierten und 3 Ml 3 ß 5 d als Spende verbuchen konnten. Ebenso lieferte der Bischofshof mit 28 ß einen Beitrag für die Bruderschaft. Die Spenden kamen aber nicht nur aus diesen hochgestellten Kreisen, sondern aus allen sozialen Schichten der Gesellschaft.

Eine weitere wichtige Geldquelle für die Schleswiger Bruderschaft stellten Testamente dar. In den Statuten wurde sogar ausdrücklich darauf hingewiesen, die Bruderschaft in den letztwilligen Verfügungen zu bedenken. Dies war, soweit Quellen es belegen, bei 15 Männern und vier Frauen der Fall: So gaben einige Geistliche 1 Gulden, ein Bürger 7 Ml, der Adlige Helrich Smalstede 1 Ml; unter den Testatoren finden sich aber auch ein Schneidergeselle, der 1 Ml, ein Knecht eines Geistlichen, der 6 ß, und ein Dienstmädchen, das 1 Ml vermachte.

Größere Einnahmen wurden seitens der Bruderschaft zumeist in Rentenkäufen angelegt, wie z.B. im Fall Grete Kockes und Grote Tymmens, deren Gaben in Höhe von 8 Ml als Rente auf ein Haus investiert wurden, was jährlich 9 ß (ca. 6%) abwarf.

Die Ausgabenseite der Rechnungen umfaßte hauptsächlich Aufwendungen für die Messen und Begräbnisse. 1486 etwa wurde ein Missale angeschafft, aus dem der Priester die Messe lesen sollte – womöglich das Missale von Steffen Arndes. Der Geistliche selbst erhielt ein Meßgewand. Vigilien und Seelenmessen schlugen mit kleineren Beträgen zu Buche, wie z. B. 1488 mit 6 1/2 ß. Ein verhältnismäßig großer Ausgabeposten war Wachs: 1486 besaß die Bruderschaft davon 38 Pfund, zudem erhielten einige Geistliche Gelder *„vor lichte to makende.“*[354] Des weiteren schaffte sich die Bruderschaft für die Bestattungen Leichenkleider und Bahrtücher an, so beispielsweise 1486 ein grünes Bahrtuch, das von dem Maler Lutke Meler, einem Mitglied der Bruderschaft, für 1 rh.fl. mit einem Marienbild verziert wurde. Erhebliche Kosten kamen auf die Bruderschaft mit der Ausstattung ihres Altars im Dom zu. 1485 mußte der Rechnungsführer für die Herstellung und das Aufhängen einer Lichtkrone alles in allem den enormen Betrag von 104 Ml verbuchen. Dabei entfielen etwa 20 rh.fl. 6 Ml auf Lutke Meler, der die Hauptarbeiten verrichtet hatte; 40 Ml für gekaufte Bretter oder 2 1/2 Ml für Ketten und anderes Eisenwerk, das der Schmied Lutke Klensmede lieferte. 1485/86 sammelte man Geld und Silbersachen, um einen Altarkelch, eine Patene für das Abendmahlsbrot und eine Kußtafel vom Goldschmied Hans Munter, ebenfalls mit seiner Frau Mitglied der Bruderschaft, auf Gottorf anfertigen zu lassen. 17 Personen lieferten Silber und zwei jeweils 1 rh.fl., unter den Spendern befanden sich auch eine Adlige und ein Schneidergeselle. Die Kosten für Kelch und Patene beliefen sich auf 15 Ml, die durch weitere Geldspenden gedeckt werden konnten, darunter etwa durch den Bischof Helrich von der Wisch. Munter stellte die Kußtafel 1487 fertig, die zum Teil aus umgeschmolzenen Münzen aus den Brüchegeldern, zum Teil aus von Munter zugekauftem Silber bestand, der dafür und für seine Arbeitsleistung 4 Ml kassierte.

Zur Aufbewahrung all der Wertgegenstände ließ die Bruderschaft ein Schapp anfertigen, wobei ein Meister Seygher 2 Ml für Schnitzarbeiten und Lutke Klensmede 3 Ml 13 ß für Schmiedebeschläge und das Schloß erhielt. Seygher bekam zudem noch 4 ß für einen Schrein zur Aufbewahrung der Bahrtücher.

An Wertgegenständen besaß die Bruderschaft im Jahr 1488 eine große und eine kleine Krone, einen Kelch, eine Kußtafel, ein Missale, Meßgewänder, ein Schapp, zwei Bahrtücher samt Schrein, acht Pfund Wachs sowie zwei Korallenketten.

Im Jahr 1504 kam es zu einer Auseinandersetzung um das Patronatsrecht über den Altar zwischen den Kanonikern Hartich und Hinrich Lund, die das Recht bisher innehatten, auf der einen sowie Rat und Bürgerschaft Schleswigs auf der anderen Seite. Die beiden Geistlichen übertrugen ihr Recht einem Familienmitglied, nämlich dem Sohn eines Erich Lund. Dagegen wandten sich Rat und Bürgerschaft an den Herzog und erklärten, ihnen sei dieses Recht zuerkannt worden. Herzog Friedrich sprach nun das Patronatsrecht zuerst seinem Zöllner Johann Rode auf Lebenszeit zu. Nach dessen Tod sollte es an die Lund-Familie für ein Menschenalter fallen, um dann schließlich an Rat und Bürgerschaft Schleswigs überzugehen. Letztere zeigten sich aber von diesem Urteilsspruch wenig begeistert. So kam es daher am 16. März 1509 zu einem neuen Vergleich zwischen der Stadt und dem Bischof Gottschalk von Ahlefeldt als Sachwalter der Lund-Familie. Danach erhielten Rat und Bürgerschaft den Altar samt Ausstattung sowie die Geldsumme von 100 Ml und nochmalige 100 Ml als Kapital auf Rente, während den Lunds der Rest zukam. Mit der Reformation hörte die Rosenkranzbruderschaft auf zu bestehen.

## Marianerbruderschaft

Marianerbruderschaften sind im Herzogtum Schleswig in Flensburg, Hadersleben und Schleswig ab der Mitte des 15. Jahrhunderts belegt.[355] Sie wurden durch Mitglieder von Adelsgeschlechtern errichtet und unterhalten. In Schleswig, aber auch in Hadersleben entsprang die Gründung der Bruderschaft einer Bußleistung: In Schleswig errichtete Sievert Sehestedt die Bruderschaft mit dem größeren Teil seiner Bußleistung von 1200 Ml für einen Totschlag in einer Kirchenkapelle.[356] Von diesem Geld wurde ein Altar im Dom errichtet, an dem Vikare für das Seelenheil des Stifters und seines Geschlechts die Fürbitte an Maria leisteten. Die Sehestedts sollen vier Priester mit je 23 Ml bezahlt haben.[357]

Im Vergleich zur Rosenkranzbruderschaft fehlen für die Bruderschaft der Marianer Quellen, wie z. B. Statuten, die Aufschluß über das Leben und Wirken der Bruderschaft geben könnten. Überliefert sind nur spärliche Einzelinformationen. So findet sich für das Jahr 1481 der Hinweis, daß der Vikar am Dom, Conrad Goes, sein Haus und Hof *„up dem sudoster ohrde der Viskerstraten"* sowie 50 Ml an die Bruderschaft verschenkte, die davon jährlich 3 Ml Rente beziehen sollte; das Haus sollte als Wohnung für den Vikar dienen. Des weiteren bestimmte Goes, daß, falls die Mitglieder ihre Bruderschaft auflösten, die Summe der Heiligen-Leichnams-Gilde zugelegt werden und das Haus an den Rat gelangen solle. Im Zusammenhang mit dieser Schenkung wurden noch ein *„Nicolaus de Mait, Johann Kleinschmit und Johann Gilsen"* als Mitglieder der Bruderschaft bezeichnet.[358] In der Reformationszeit Ende der 1520er Jahre löste sich die Schleswiger Bruderschaft auf, gleiches geschah in Flensburg und Hadersleben. Besitz und Geld gelangten an das Domkapitel. In Schleswig wird die Marianerbruderschaft 1529 im *Schotell-Boeck* letztmalig erwähnt.

## Heilige-Leichnams-Gilde (Fronleichnamsgilde)

Diese Gilde bestand bereits in katholischer Zeit und wird im oben angeführten Schenkungsbrief von 1481 erstmalig erwähnt. Die Gildetätigkeit scheint dann im Verlauf der folgenden Jahrzehnte eingeschlafen zu sein, denn 1529 wurde sie, nun als protestantische Gilde, wieder neu begründet: *„1529 sondages nha suncte Vit hefft ersame rath dusser stat Sleßwigk myth bewyllynghe der gemenen borgere de lange vorbleven hillige lichamsgilde wedderumb uppgerichtet unde der borger geselßcopp unde gilde nomen laten unde wyllen ock dath dußе ßulwe gilde jarelix in sondages nha Trinitatis to holden."*[359]

Auf diesem Gildetag stand neben der Geselligkeit vor allem der karitative Zweck im Vordergrund: Arme und Kranke sowie Schüler sollten ein Almosen bzw. eine Spende in Form von Bier, Brot und Butter erhalten. Daneben besaß die Gilde den Charakter einer Totengilde. Für verstorbene arme Mitglieder kaufte die Gilde etwa Bretter für den Sarg, auch waren alle Mitglieder gehalten, dem Begräbnis eines Gildebruders oder einer Gildeschwester beizuwohnen.

Die Mittel für ihre Aktivitäten stammten aus dem Eintrittsgeld der Neumitglieder, den Renten und diversen anderen Geldern. Zu den letzteren gehörten die Brüche. So belegten z. B. die Gildeartikel den Mißbrauch von Gottes Namen durch Fluchen mit dem Strafmaß von 1 t Bier, gleichfalls 1 t Bier mußte derjenige liefern oder dessen Gegenwert zahlen, der *„den andern nodige to drinkende"*; auch das Nichterscheinen auf dem Begräbnis eines Gildemitglieds kostete 1 ß Strafe.[360]

Andere Gilden und Bruderschaften

Neben den oben erwähnten Bruderschaften und Gilden gab es in Schleswig noch weitere Korporationen dieser Art, die allerdings nur sporadisch belegt sind und von denen man meistens nur noch den Namen weiß. Schon bei der Beschreibung der Schleswiger Kapellen wurde auf die Verbindung zu Gilden hingewiesen: Dies trifft auf die St.-Jürgens-, die St.-Jobs- sowie die St.-Gertruden-Bruderschaft, die 1441 und 1516 erwähnt wird, zu. 1509 ist zudem eine St.-Annen-Gilde belegt, und 1530 wird eine Jacobigilde genannt.[361]

## Bildung und Schule

Die Vermittlung schulischer Bildung lag in den spätmittelalterlichen Städten überwiegend in den Händen der Geistlichkeit, die in den den Bischofskirchen oder städtischen Pfarrkirchen angegliederten Lateinschulen Unterricht erteilte.[362]

Wie bereits in den Ausführungen über das Johanniskloster geschildert, wurde dort neben den Nonnen offenbar auch Kindern Unterricht erteilt. In Schleswig unterhielt das Domkapitel zwei schulische Einrichtungen. Zum einen gab es eine Predigerschule für den Klerikernachwuchs, der dort vor allem das theologische Rüstzeug für die Ausübung seines geistlichen Amtes vermittelt bekam. In den Statuten des Domkapitels aus dem Jahr 1352 war sogar festgelegt, daß jeder Geistliche, der im Bistum Schleswig die Priesterweihen erhalten wollte, zwei Jahre diese Schule im Chor des Doms besucht haben mußte.[363] Zum anderen existierte daneben noch eine Kapitelschule, die auch Laien offenstand.[364] Die erste Erwähnung dieser Domschule findet sich in einem Testament aus dem Jahr 1307, in dem eine Dame namens Cecilie, Tochter Jon Jonsens und Edelfräulein im Kloster Esrum auf Nordseeland, u. a. auch den *„pauperibus scolaribus"*, den armen Schülern im Petri-Dom in *„Hethaeby"*, d. h. Schleswig/Haddeby, 3 Mark Pfennige zukommen ließ.[365] Die Schleswiger Domschule ist mit diesem urkundlichen Beleg die älteste Schule in Schleswig-Holstein.

Nachrichten über Organisation, Personal und Lehrinhalte der Domschule sind nur sehr spärlich überliefert. Die Leitung der Schule übten anfänglich die Domherren aus; später oblag sie dem jüngsten Domherrn im Kapitel als *„rector scholarum"*. Als 1461 im Zuge kirchlicher Reformbemühungen ein Lektor eingesetzt wurde, der für eine bessere Bildung der Kleriker des Domkapitels zu sorgen hatte, übernahm dieser auch die Leitung der Domschule.

Nur wenige Namen von Schulleitern sind bekannt: Magister Jacobus (1342 gestorben), der den Beinamen Talpe (lat.= Maulwurf) trug, Johannes Berhoven (1412), Petrus Frise (1466), Volcmarus (1475), Pawel Santbek (1481) und Henricus Mesterlin (1521).[366] Einem weiteren Domherrn, dem *„procurator"*, war die Verwaltung der Einkünfte aufgetragen, aus denen der Rektor und der Unterlehrer – für Schleswig ist nur einer bezeugt – bezahlt wurden und aus denen zudem einige der Schüler Stipendien erhielten.

Der Lernstoff setzte sich überwiegend aus dem für die damaligen Lateinschulen typischen *„Trivium"* (Rhetorik, Grammatik, Dialektik) zusammen, das als Grundlage einer höheren Bildung diente. Die Schüler lernten anhand der Lektüre antiker Autoren sowie der Bibel und anderer geistlicher Schriften in lateinischer Sprache Lesen, Schreiben und Reden, ebenso stand der liturgische Dienst mit Gesang auf dem Stundenplan.

Vom alltäglichen Leben und Lernen der Schulbesucher erfahren wir leider nichts. Die Kleriker unter ihnen gelangten teilweise in den Genuß von Stipendien seitens des Domkapitels, hatten aber ansonsten wie die anderen Schüler selbst für ihren Unterhalt aufzukommen; beide Gruppen waren nicht zuletzt deshalb auch auf milde Gaben angewiesen.[367] So hatte die Heilige-Leichnams-Gilde, wie oben beschrieben, in ihren Statuten festgelegt, daß den *„scholern“* neben finanziellen Almosen auch eine Naturalienspende zukommen sollte, bestehend aus Bier, Brot und Butter.[368]

Vermutlich haben Schleswiger Studenten, die sich in den Immatrikulationslisten der verschiedenen norddeutschen Universitäten finden lassen, die nötigen Kenntnisse für den Besuch dieser Lehranstalten an der Domschule erlangt: In Wittenberg schrieben sich 1519/20 vermutlich sechs Schleswiger zum Studium ein[369]; in Greifswald studierten in der ersten Hälfte des 16. Jahrhunderts nur drei Schleswiger Studenten, während im selben Zeitraum in Rostock 31 Studenten aus Schleswig belegt sind.[370]

Wie auf vielen Gebieten des geistig-geistlichen und kulturellen Lebens brachte die Reformation auch im Schulwesen Veränderungen mit sich. In der schleswig-holsteinischen Kirchenordnung von 1542 wurde die Einrichtung von Lateinschulen in allen Städten und Flecken der Herzogtümer verlangt. Die Prediger sollten den Eltern zu bedenken geben, daß *„sie vor Gott verpflichtet sind, ihren Kindern eine solche Erziehung und solchen Unterricht geben zu lassen, und daß Gott dieses von ihnen verlange.“*[371] Die landesherrliche Forderung nach der Errichtung von Schulen folgte aber nicht nur dem uneigennützigen Motiv einer Gottespflicht. Die Lehranstalten sollten nämlich vor allem als Nachwuchsschmiede für die protestantische Geistlichkeit und den wachsenden Bedarf an „Staatsdienern“ für die landesherrliche Verwaltung fungieren: Für den Besuch dieser Schulen gab es ein „öffentliches Interesse“, man wollte Leute bekommen, *„durch die unsere Nachkommen die reine Lehre des Evangeliums von uns empfangen, und deren wir uns zur Regierung von Land und Leuten bedienen können.“*[372]

Neben diesen und anderen allgemeinen Auslassungen über das neue protestantische Schulwesen beschäftigte sich die Kirchenordnung aber auch speziell mit der Schleswiger Kapitelschule.[373] Das Kapitel sollte, so die Forderung, eine *„gude schole“* einrichten, die aus den Kapitelsgütern zu unterhalten sei. Gedacht war dabei an eine Landesschule für das Herzogtum, die *„Kinder aus unsern Fürstentümern“* besuchen konnten, wo sie die für einen Universitätsbesuch nötigen Kenntnisse zu erlangen vermochten. An der Schule sollten insgesamt sieben Präzeptoren – die Lehrer – beschäftigt werden. An der Spitze stand der *„Ludimagister“*, ein gelehrter Mann mit Universitätsabschluß, dem als Gehalt 100 fl. zustanden. Ihm folgte in der Rangfolge der Subrector, der die gleichen Qualifikation besitzen und 80 fl. verdienen sollte. Der Kantor sollte ein gelehrter Musiker und Theologe sein, sein Lohn betrug 60 fl., wobei der jedoch je nach Ausbildung auch erhöht werden konnte – *„Deme mann deme quast* [Wie der Mann so der Lohn]“, wie es in der

*Abb. 56.*
*Schulszene. Ein Kantor unterrichtet seine Schüler im Chorgesang. 1479.*

Kirchenordnung lakonisch formuliert wurde.[374] Diese drei Lehrkräfte sollten dem Kapitel angehören. Bei den anderen sieben Lehrkräften war hingegen nicht an Akademiker, sondern vielmehr an Hilfslehrer, sogenannte *„Paedagogi"*, gedacht. Ihr Lohn belief sich deshalb nur auf 20 bis 40 fl., *„solange sie sich angemessen verhalten und ihr Amt und ihre Arbeit gewissenhaft wahrnehmen."*[375] Vorgesehen waren fünf Klassen, in denen die Schüler nach Alter und Kenntnisstand abgestuft neben dem Religionsunterricht hauptsächlich in den klassischen Sprachen ausgebildet wurden, hinzu kamen noch Mathematik und Singen.[376]

Dieser ambitionierte Plan einer Landesschule erfüllte sich jedoch nicht, da dieUmsetzung an vielerlei Faktoren scheiterte: Es mangelte an geeigneten Leuten im Kapitel und an den nötigen Finanzmitteln, und schließlich bedeutete die Landesteilung im Jahr 1544 das Ende der Idee einer protestantischen Landesschule, einer „Brücke zur Universität" für die Herzogtümer[377]. Die Schleswiger Domschule blieb somit weiterhin eine einfache Lateinschule.

## Die Reformation

Wir haben bereits einleitend davon gehört, daß das ausgehende Mittelalter eine Zeit tiefer Frömmigkeit war, was sich in zahlreichen Stiftungen und Wallfahrten sowie in einer intensiven Heiligen- und Marienverehrung äußerte. Gleichzeitig wuchs jedoch die Kritik am Zustand der Institution Kirche und ihrer Vertreter, der Geistlichkeit.

Neben Prunksucht und Pfründenjägerei standen besonders der unmoralische Lebenswandel, wie etwa die Nichtbeachtung des Zölibats, sowie der geringe Bildungsstand der Kleriker im Zentrum der Klagen. In der Tat waren etliche Geistliche des niederen Klerus nur unzureichend ausgebildet; nicht wenige waren kaum des Lesens und Schreibens geschweige denn der lateinischen Sprache hinreichend mächtig. Viele Gläubige empfanden die Seelsorge als mangelhaft und stellten sich die für ihr Seelenheil existentielle Frage, ob

*Abb. 57.*
*Pilgerzeichen aus Rocamadour in Südfrankreich, spätes 13. Jahrhundert: Maria mit dem Kind. Grabungsfund aus Schleswig.*

*Abb. 58. Ablaßbrief. Vom päpstlichen Nuntius Arcimboldi ausgestellt, in vielen Exemplaren gedruckt, 1517. In die frei gelassene Zeile wurde der Name desjenigen Sünders eingetragen, der dieses Schriftstück gegen eine Geldzahlung erwarb und sich damit den Ablaß erkaufte. Oben links das päpstliche Wappen mit Tiara, gekreuzten Schlüsseln und dem Wappenschild der Familie Medici, der Papst Leo X. angehörte.*

die von solchen Priestern gespendeten Sakramente überhaupt gültig und wirksam seien. Auch in Schleswig scheint es mit dem Lebenswandel einiger Geistlicher nicht zum besten bestellt gewesen zu sein, wie wir am Beispiel der Franziskaner gesehen haben.

Ein anderer weitverbreiteter Kritikpunkt am Ende des Mittelalters war die zunehmende Fiskalisierung der Kirche. Die Menschen bekamen dies insbesondere darin zu spüren, daß sie für jede Handlung der Kleriker Gebühren zahlen mußten. Die enge Verflechtung von Religion und Geschäft trat am deutlichsten beim Ablaß zutage. Der Ablaß gründete auf der Vorstellung, daß die Kirche durch die Verdienste Christi und der Heiligen über einen Gnadenschatz verfüge, durch den sie einem sündigen Gläubigen bei dessen Bußverrichtungen eine Erstattung seiner zeitlichen Sündenstrafen im Fegefeuer gewähren konnte.

Ende des 15. Jahrhunderts wurde der Verkauf von Ablässen zu einem beliebten Finanzierungsinstrument, wie etwa – um nur das bekannteste Beispiel anzuführen – für den Bau des Petersdoms in Rom. Es entwickelte sich angesichts der Angst der Menschen vor dem Fegefeuer und der Verdammnis ein regelrechter Handel mit Ablaßbriefen, bei dem die theologische Begründung die finanziellen Interessen nur unzureichend verschleierte. Denn im Gegensatz zur früheren Praxis neu und theologisch unhaltbar war die Tatsache, daß man jetzt sogar einen Ablaß für zukünftige Sünden sowie für bereits verstorbene Personen erwerben konnte.

Diese Mißstände bildeten den äußeren Anlaß für Martin Luthers Kritik und die Veröffentlichung seiner 95 Thesen in Wittenberg im Oktober 1517 – ob er sie nun tatsächlich selbst an die Tür der Schloßkirche nagelte, lassen wir einmal dahingestellt. In diesen Thesen und in seinen nachfolgenden Publikationen legte Luther seine theologischen Grundsätze dar, die von denen der „alten" Kirche in zentralen Punkten abwichen. In Luthers theologischer Auffassung lebten die Menschen von Geburt an in Sünde und konnten ihr Heil allein durch Gottes Gnade erlangen, die sie wiederum einzig durch den Glauben empfingen. Die Bibel war bei Luther die einzige Autorität, da sie für ihn unmittelbar das Wort Gottes wiedergab.

Mit seiner Auffassung rüttelte Luther am Fundament der römischen Kirche. Da der Mensch mithin keinen eigenen Anteil an seiner Erlösung besaß, waren die von der Kirche gespendeten Sakramente und Gnadenmittel ebenso wirkungslos wie etwa Stiftungen, Wallfahrten oder Almosen. Durch die Betonung der herausragenden Bedeutung der Bibel, durch die jeder für sich selbst das Wort Gottes empfangen konnte, und die von Luther propagierte „Priesterschaft aller Gläubigen" war letztendlich auch die hierarchische Verfassung der Kirche in Frage gestellt. Mittlerinstanzen und Lehrautoritäten, wie Priester, Konzile oder der Papst, schienen überflüssig. Ebenso verlor das Mönchtum als besondere religiöse Lebensform seine Berechtigung. Luthers kirchenkritische Thesen und Glaubenssätze fielen in der religiösen Stimmung der Zeit auf fruchtbaren Boden, eröffnete sich doch mit seiner Lehre für jeden Gläubigen ein unmittelbarer Zugang zu Gott.

Nach 1517 entstand eine reformatorische Bewegung, die sich rasch ausbreitete und eine große Anhängerschaft gewann. Sie erreichte zu Beginn der zwanziger Jahre des 16. Jahrhunderts auch die nordelbischen Herzogtümer, wo sie sich zügig verbreitete. Dies lag nicht zuletzt daran, daß der Landesherr, Friedrich I., sie weitgehend duldete und seine Haltung zunehmend Formen einer *„aktiven Toleranz"*[378] annahm. Wie bei vielen Fürsten jener Zeit vermischten sich bei Friedrich in seiner Haltung zur Reformation religiöse Überzeugungen, handfeste machtpolitische Erwägungen und finanzielle Interessen. Persönlich hing Friedrich kirchenreformerischen Ansichten an und stand neuen Richtungen durchaus aufgeschlossen gegenüber, wie sein Einsatz für die Observantenbewegung und

*Abb. 59.*
*Der Reformator Johannes Bugenhagen, 1531.*

die Klosterreform der Bettelklöster um 1500 zeigt. Ob und wieweit er allerdings der lutherischen Lehre anhing, ist unbekannt, da Äußerungen seinerseits zu diesem Thema fehlen. Der Politiker in ihm erkannte aber zweifellos auch die der Reformation innewohnende Möglichkeit zum Zugriff auf kirchliches Vermögen und zum Ausbau seiner landesherrlichen Stellung. Wie in seinem Königreich vollzog Friedrich auch in den Herzogtümern einen *„wohlbedachten politischen Balanceakt zwischen Gegnern, Anhängern und Indifferenten gegenüber der Reformation.“*[379] So stellte er einerseits den evangelischen Predigern in den Herzogtümern Schutzbriefe aus, andererseits aber ließ er es mit der „alten“ Kirche nicht zum Bruch kommen, sondern sicherte der Geistlichkeit ihren Rang und Besitz.

Die reformatorische Bewegung in den Herzogtümern erfaßte wie in anderen Territorien auch vor allem die Bürger in den Städten, wo Prediger – so wie etwa Hermann Tast in Husum oder Gerd Slewert in Flensburg – das lutherische Gedankengut unter der Bevölkerung verbreiteten und unter ihr zahlreiche Anhänger zu gewinnen vermochten. In Schleswig war es ein Prediger namens Friedrich, der ab 1526 den ersten Anstoß für die Verbreitung der reformatorischen Lehren gab.[380] Über diesen wegen seines aufsehenerregenden Auftretens auch der *„tolle Friedrich“* genannten Prediger und den Verlauf der Reformation in Schleswig berichten die Aufzeichnungen des Stadtschreibers Johann Boye und die *„Annales Episcoporum Slesvicensium“* des Johann Adolf Cypraeus. Beide Autoren waren indes keine Zeitgenossen, schildern also Personen und Begebenheiten nicht aus erster Hand, sondern aus dem zeitlichen Abstand mehrerer Jahrzehnte wie Boye oder gar eines Jahrhunderts wie Cypraeus. Zudem ist zu bedenken, daß beide Berichte angesichts des biographischen Hintergrunds der Autoren stark subjektiv gefärbt sind: Cypraeus war zunächst Pastor in Schleswig, bevor er zum Katholizismus übertrat. Es ist daher zu vermuten, daß er die Geschehnisse und Personen bewußt negativ schilderte. Boye hingegen, der als Stadtschreiber mit der städtischen Obrigkeit eng verbunden war, schrieb seinen Bericht vor dem Hintergrund des *„obrigkeitsorientierten Protestantismus“*[381], der sich im Laufe der Reformation durchgesetzt hatte; ihm war mithin ein freier Prediger wie Friedrich eher suspekt.

Von Boye stammt die Information, daß Friedrich ein entlaufener Franziskanermönch gewesen sein soll, *„ungelerd“* und *„ungeschicked“*, und bei Cypraeus ist zu lesen, Friedrich sei einem Kerker entflohen, in dem er wegen einer Schandtat saß. Allerdings darf man vermuten, daß dieser Hinweis ebenso wie die Bemerkung, Friedrich habe sich alsbald in seidene Gewänder gekleidet und sich eine Frau genommen, vermutlich eher der Absicht des Cypraeus diente, die Persönlichkeit des Predigers in schwarzen Farben zu zeichnen. Boye beschreibt dagegen, bei allen Vorbehalten seinerseits gegen den Prediger, einen persönlich bescheidenen Menschen: Friedrich *„hadde ock und wolde nicht mher alse eynen graven Ossenbruggesken wandes rock dragen, de mith pelßwarke jegen den winter gefodertt wurth“*.

Weder im Besitz eines Kirchenamtes noch einer obrigkeitlichen Erlaubnis, in der Stadt zu wirken, betätigte sich Friedrich als freier Prediger. Mithin ohne festes Einkommen, fand Friedrich bei seinen Anhängern in der Stadt große Unterstützung; er ging *„van husen tho huseren under sinen ahnhanck eten.“* Kann man daher vermuten, daß Friedrich anfänglich in den Häusern predigte, trat er aber später auf Drängen seiner Anhängerschaft im Dom auf. Schließlich soll er sogar – so weiß jedenfalls Cypraeus zu berichten – mit Erlaubnis des Landesherrn im Kreuzgang des Doms, im Schwahl, gepredigt haben.

In seinen Predigten vertrat der *„tolle Friedrich“* radikale Positionen, die sich besonders gegen die katholische Lehre von den gnadenbringenden guten Werken richteten: *„Almissen geven, kerken stifften, papen und monnecke under tho holdene, vasten und beten“* seien für die Seligkeit der Gläubigen nicht nötig. Außerdem plädierte er für die priesterliche Armut, wenn er meinte, daß *„de predicanten nicht mher alse umb und ahn nha der apostell* *regell hebben scholden.*" Mit solchen Aussagen fand Friedrich insbesondere unter den ärmeren Schichten der Bevölkerung eine große Resonanz. Dies bekam in der Folge der Kirchherr Marquard Bülow zu spüren, dem seine Einkünfte aus Opfer-, Grab-, Kirchgangs- und Beichtgeldern entzogen wurden.

Es blieb freilich nicht nur beim Wort. Friedrich und seine Anhänger schritten auch zu handfesten Taten, um ihren Überzeugungen zum Durchbruch zu verhelfen. Am 2. Weihnachtstag 1526 drang Friedrich samt „*etliche burger und gemenen puffel* [wohl: Pöbel. J. R.]" anläßlich einer Totenmesse für den verstorbenen Geistlichen Minrik Menkel in den Chor des Doms vor. Dort sollen die Störenfriede die brennenden Kerzen heruntergeschlagen, die anwesenden Geistlichen und Schüler umhergejagt und dabei geschrien haben, man „*scholde den doden corper uth der kercken alse eynen godtlosen papisten under dem galgen graven*". Die Ungeheuerlichkeit dieser Forderung wird deutlich, wenn man bedenkt, daß solches nur mit hingerichteten Verbrechern geschah, denen das Recht auf ein christliches Begräbnis versagt war.

Angesichts solcher heftigen Ausbrüche und der auftretenden Spannungen zwischen Rat, Geistlichkeit und Bürgern sah sich nun der Rat, nicht zuletzt um seine eigene obrigkeitliche Stellung zu bewahren, zum Eingreifen genötigt. „*Umb vormidunge und wechnehminge sulcher vorgenamen rotterie, tvispalt und uhnenicheit*" wandten sich der Rat und einige Bürger 1527 an König Friedrich I. mit der Bitte um einen geeigneten Prediger, der im reformatorischen Sinne tätig sein, jedoch weniger extreme obrigkeitsfeindliche Positionen als der umstrittene *tolle Friedrich* vertreten sollte. Die Wahl des Landesherrn fiel auf Marquard Schuldorp, einen gebürtigen Kieler, der in Wittenberg bei Luther studiert hatte. In Kiel war Schuldorp an der Nikolaikirche als evangelischer Prediger tätig und hatte sich in dieser Zeit in der Auseinandersetzung mit dem Wiedertäufer Melchior Hoffmann, einem radikalen Vertreter der Reformation, als entschiedener Verfechter der lutherischen Sache erwiesen.

In seiner Schleswiger Probepredigt forderte Schuldorp zum Gehorsam gegenüber der von Gott eingesetzten Obrigkeit und zu christlicher Einheit auf. Damit ganz auf der Linie des Rates liegend, wurde Schuldorp dann auch 1527 oder 1528 von Rat und Bürgerschaft zum neuen Kirchherrn am Parochialchor St. Laurentius im Dom gewählt, ohne daß offenbar das Domkapitel, das ja immerhin das Präsentationsrecht besaß, Widerstand leistete. Der *tolle Friedrich* soll, so berichtet es zumindest Cypraeus, noch eine Zeitlang dem neuen Pfarrherrn als Kaplan gedient haben. Sollte der Rat damit die Hoffnung verbunden haben, Friedrich ruhigzustellen, so war diese vergebens. Denn Friedrich unterließ seine Agitation keineswegs, so daß es zwangsläufig zu weiteren Konflikten kam. Er soll etwa die lateinischen Chorgesänge der katholischen Domherren durch Singen deutscher Psalmen und sie zudem beim Beten durch Schreien und Lärmen gestört haben. In einem anderen Fall soll Friedrich die Predigten Marquard Bülows unterbrochen und dessen Ausführungen als Lüge und Possenspiel bezeichnet haben.

Nach dem Bericht des Cypraeus überspannte Friedrich den Bogen letztlich, als er den königlichen Kanzler Wolfgang von Utenhofen öffentlich mit Worten angriff und überdies behauptete, in Glaubenssachen sei man der Obrigkeit keinerlei Gehorsam schuldig. Aufgrund dieser Äußerung folgte eine Anklage beim König. Friedrich konnte zwar fliehen, wurde aber in Neumünster wieder festgesetzt; später wurde Friedrich des Landes verwiesen, womit sich seine Spur verliert. Mit dem Verschwinden des *tollen Friedrich* und seiner radikalen Predigten war die erste, turbulente Phase der reformatorischen Bewegung in Schleswig beendet. Es oblag nun dem neuen Prediger Schuldorp, die Fortführung der Reformation gemäß der Vorstellung des Rates in ruhigere Fahrwasser zu lenken.

Schuldorp begann im Juli 1528 im Dom deutsche Messen und die Vesper singen zu lassen, anschließend folgte die Predigt. Boye hebt dabei besonders hervor, daß der neue

Kirchherr an Sonn- und Feiertagen vier Predigten hielt, die zudem noch alle ein verschiedenes Thema beinhalteten. War Marquard Schuldorp augenscheinlich als Prediger über alle Zweifel erhaben, waren es seine persönlichen Lebensumstände keineswegs. Aufsehen erregte seine 1525 in Magdeburg geschlossene Ehe mit seiner Nichte, die schon dort zu Auseinandersetzungen mit den altgläubigen Geistlichen, die diese Verbindung als Blutschande brandmarkten, geführt hatte. Luther und sein Freund Nicolaus Amsdorf, der die Ehe geschlossen hatte, sahen sich sogar veranlaßt, zur Verteidigung dieser Heirat eine Flugschrift zu publizieren. Als sich Schuldorp dann in seiner Schleswiger Zeit erneut in den Streit mit den Wiedertäufern um Hoffmann einschaltete, sah er sich mit starker Kritik an seiner inzestuösen Ehe konfrontiert. Diese Kritik kam nicht nur von seinen religiösen Gegnern, sondern offenbar auch von denjenigen Gläubigen, deren lasterhaften Lebenswandel Schuldorp von der Kanzel herab anprangerte: *„De olden krukendregerschen binnen hyr tho Schleswick wol also na schryen / wenn ick ehr vulsupen straffe / Aver schal ick umme der wyllen stylle swygen und myn ampt nicht vören off ick wol dar aver gesmeeth werde?"*[382] In Schleswig war Schuldorp allerdings keine lange Zeit des Wirkens mehr vergönnt: Er starb am 13. August 1529 an der zu dieser Zeit in den Herzogtümern grassierenden Schweißseuche.

In diesen Jahren wurden auch in Schleswig wie in vielen Städten der Herzogtümer die Bettelklöster aufgelöst. Das Franziskanerkloster, in dem jedoch, wie bereits gezeigt wurde, wohl schon vorher kaum noch Mönche lebten, übertrug Friedrich I. dem Rat der Stadt als neues Armenhaus. Die Klosterkirche St. Paul wurde zum Rathaus umfunktioniert. Die letzten Mönche des Klosters sind aber offenbar nicht vertrieben worden. Ebenso scheint sich in dieser Zeit das Dominikanerkloster aufgelöst zu haben. Von Veränderungen zeugt ein Schreiben vom Mai 1528, in welchem dem Konventualen Gerhard Kupfer vom Ordensgeneral erlaubt wurde, bis zur Rückkehr geordneter Verhältnisse in Schleswig ein anderes Kloster aufzusuchen. Die Dominikaner gaben sich aber offenkundig nicht so schnell geschlagen: Im September 1528 bestellte das Leipziger Provinzkapitel noch einen neuen Prediger für das Kloster, der ausschließlich katholisch predigen sollte. Das endgültige Ende der Schleswiger Bettelklöster kam dann jedoch 1531 mit der Berufung des ehemaligen Augustinermönchs Reinhold Westerholt (1493–1554) zum neuen Kirchherrn am Dom, an der Trinitatiskirche sowie an der Marienkirche auf dem Holm.

Boye schreibt zur Charakterisierung Westerholts: Er sei ein frommer Mensch gewesen, angenehm im Umgang – *„lustich by framen luden"* –, er habe niemandem geschmeichelt und auch nicht schlecht über andere geredet, sondern einem jeden das seine zugute gehalten und alles jederzeit zum Besten gekehrt. Trotz seines persönlich verbindlichen Wesens scheute sich Westerholt nicht, bei der Verbreitung und Durchsetzung des reformatorischen Gedankenguts energische Maßnahmen zu ergreifen. Er *„hefft uth tween klostere hir binnen de monneke, ßo dar noch inne, und dhe armen lude ... gegen de reine lere des evangelii uphelden, genßlichen uthgefehett* [hinausgefegt] *und de klostere gewostett* [niedergelegt]." Außerdem setzte sich Westerholt während seiner Tätigkeit mit dem altgläubigen Domkapitel auseinander, dessen katholische Gebräuche und Rituale er in seinen Predigten anprangerte. Westerholt wurde offenbar als Theologe und Organisator hoch geschätzt. Darauf deuten zumindest die Aufgaben hin, mit denen der Schleswiger Kirchherr vom Landesherrn betraut wurde: So gehörte Westerholt zu den Mitunterzeichnern der dänischen Kirchenordnung von 1537; im Jahr darauf übernahm er die Visitation des Amtes Gottorf, wo er 1540 auch als Superintendent tätig war.

Mit Westerholts Wirken setzte sich die Reformation endgültig in der städtischen Gemeinde durch. Wie sich das Zusammenleben der zahlreichen Anhänger der lutherischen Lehre mit den verbliebenen Altgläubigen in der städtischen Gesellschaft gestaltete, ob es zu polemischen Auseinandersetzungen oder gar Übergriffen kam, ist leider nicht bekannt. Zumindest auf finanziellem Gebiet scheinen die katholischen Geistlichen die neuen Verhältnisse schmerzlich zu spüren bekommen haben. So klagte der uns bereits begegnete Kirchherr der Trinitatiskirche, Johannes Becker, in seiner Aufstellung über die schlechte Zahlungsmoral der Bürger, die ihn zu Verpfändungen von Kirchengütern gezwungen habe. Und ebenso läßt sich aus dem Vikarienverzeichnis des Doms aus dem Jahr 1532 die geringe Bereitschaft der Schleswiger Bürger herauslesen, der alten Kirche noch Gelder zukommen zu lassen: *„hebbe wy ock etlicke rente by den adel und in Königl. Mtt. fürstendohme, ock binnen Schleswick; averst de Schleswicker hebben uns in etlichen jahren weinig bethalen, wowol se unser hovetsumme in rheden gelde entfangen hebben.“*[383]

Eine der wesentlichen Folgen, die die Reformation für die Stadt mit sich brachte, war die Stärkung der Obrigkeit. Denn der Rat übernahm von der Kirche fortan eine Reihe von Aufgaben, die insbesondere die Neuregelung des kirchlichen Vermögens sowie die Bezahlung der Geistlichkeit umfaßten.

Das letztere Problem, wie nämlich die Geistlichen künftig zu unterhalten seien, stellte sich bereits beim Amtsantritt Marquard Schuldorps. Die Ausführungen des *„tollen Friedrich“* mit Betonung der materiellen Armut der Geistlichkeit hatten dazu geführt, daß die Gläubigen kaum noch Gelder für die geistlichen Handlungen zahlten und somit die alten Einkünfte des Kirchherrn nicht mehr ausreichend flossen. Der Rat entschloß sich daher zu einem vorläufigen Umlageverfahren, bei dem Schuldorp zu Weihnachten und am 24. Juni (Johanni) jedes Jahr pro Haus 2 ß und pro Bude 1 ß erhalten sollte, und zwar so lange, bis andere Einnahmequellen gefunden waren. Für den Unterhalt der Geistlichen suchte der Schleswiger Rat in den Besitz des kirchlichen Vermögens zu gelangen: 1527 oder 1528 unterbreitete der Rat seinem Landesherrn in einem Schreiben verschiedene Vorschläge, wie sich die künftige Regelung der geistlichen Einkünfte gestalten sollte. So bat er den König, daß die Renten der Gilden nunmehr *„tho hulpe gemelten kerckhern, capellanen und koster, to erer kledung und vödung“* dienen sollten. Dem gleichen Zweck sollten die bislang von den Handwerksämtern gezahlten Gelder für Memorien, Vigilien und Seelenmessen zugeführt werden. Des weiteren sollten die in der Stadt wohnenden Geistlichen und Weltlichen, ob adlig oder nichtadlig, zum Unterhalt des Kirchherrn und Kapellans beitragen, da sie doch auch alle, wie der Rat meinte, in der letzten Stunde ihres Beistandes bedürften.

Der Rat schlug weiter vor, das Domkapitel anzuweisen, freiwerdende Pfründen dem Kirchherrn zuzuweisen; gleiches sollte mit den Renten geschehen, die bisher einem Prediger für die Mittagspredigt an hohen Festtagen zustanden. Ebenso sollten dem Kirchherrn die Renten zukommen, die die Geistlichen aus Geldern auf einigen Häusern in der Stadt für Memorien und Seelenmessen bezogen. Abschließend wies der Rat den König darauf hin, daß es andernfalls *„uns und der gemende ganz swerlich und unmogelick“* sei, den Kirchherrn samt Kaplan zu bezahlen.

Der Rat hatte Erfolg mit seinem Schreiben. Die Umsetzung der Vorschläge sowie die Umwidmung der betreffenden Gelder und Renten vollzog sich jedoch erst nach und nach. Die anfängliche Umlage für Schuldorp konnte bald wieder aufgehoben werden, da er die Einkünfte aus der Vikarie *„Sancti Andree apostoli“* des verstorbenen Vikars Johannes Meinardi erhielt. Bereits 1530 hatte der Landesherr der Stadt die Abgaben einiger Lansten aus Dörfern im Herzogtum Schleswig übertragen, um damit die Kirchherren und Pastoren zu besolden. Ganz im Sinne der Ratsvorschläge war es auch, daß König Friedrich I. die Präbende des verstorbenen Ketillus Nicolai im Dom dem Kirchherrn zukommen ließ. 1539 fiel das Eigentum des verstorbenen Kirchherrn an St. Trinitatis, Johannes Becker, an den dortigen Kapellan. Was die Kapitalien der Gilden und Bruderschaften betrifft, so gelang es dem Rat, sie für sich einzuziehen. Dem Schleswiger Rat war es mithin gelungen, *„eine den neuen Gegebenheiten entsprechende religiöse Infrastruktur unter*

*Abb. 60.*
*Grabstein des letzten katholischen Bischofs von Schleswig, Gottschalk (Gosche) von Ahlefeldt, an der Südwand des Doms. 1541. – Oben links sein Familienwappen.*

*Verwendung der bereits vorhandenen Gelder und unter Einführung einer Art Kirchensteuer* [nämlich der Umlage. J. R.] *aufzubauen.*“[384]

Während zu Beginn der 1530er Jahre in Schleswig wie in den meisten anderen Städten der Herzogtümer die Reformation bereits etabliert war, blieb das Schleswiger Domkapitel unter der Ägide des einflußreichen und politisch geschickt agierenden Bischofs Gottschalk von Ahlefeldt weiterhin eine Bastion des Katholizismus im Lande. Unter dem gemäßigten Friedrich I. konnten Bischof und Kapitel ihre Stellung noch einigermaßen bewahren. Friedrichs Sohn Christian III. hingegen war ein entschiedener Anhänger Luthers und hatte schon 1528 in dem ihm von seinem Vater zur Verwaltung übertragenen Amt Hadersleben und Törninglehn eine lutherische Kirchenorganisation eingeführt. Von ihm mußten Bischof und Kapitel eine härtere Gangart in Religionsangelegenheiten befürchten. Nachdem Christian 1533 nach dem Tode seines Vaters die Herzogswürde übernommen hatte, forderte er das Kapitel auf, daß „*sie von iren Misbreuchen, Gesengen und selbst gemachten Ceremonien, so sie biesher gehalten und dem Wort Gottes entgegen weren, gantz und gar abstehen.*“[385]

Trotz dieser harschen Worte beherzigte der Herzog jedoch für sein weiteres Vorgehen einen Rat des Landgrafen von Hessen, eines der führenden Köpfe des Protestantismus im Reich, der Christian nahelegte, in kirchlichen Angelegenheiten „*gemach thun und die Sache nit zu ernstlich angreifen, sondern wie der Vatter gethan, schleiffen lassen, bis dan E[uer] L[iebden] ein bequemer Zeit ersicht.*“[386] Ganz im Sinne dieses Ratschlages kam es daraufhin im Juni 1533 zum Abschluß eines Vertrages zwischen Herzog und Bischof. Dem Domkapitel wurde darin zugebilligt, weiterhin, wenn auch mit Einschränkungen, den katholischen Ritus zu praktizieren. So durfte etwa die Messe bei verschlossenen Türen nur gelesen, aber nicht gesungen werden. Auch hatte die Heiligenverehrung zu unterbleiben. Darüber hinaus wurde die Anzahl der Domherren auf acht verringert. Herzog Christian sicherte dem Kapitel zwar den Bestand seines Vermögens zu, setzte jedoch für sich das Recht durch, im Lande evangelische Prädikanten zu berufen.

In den folgenden Jahren war Christian III. vorrangig damit beschäftigt, in der „Grafenfehde" seine Nachfolge in Dänemark durchzusetzen und sich der Angriffe Lübecks und seiner Verbündeten zu erwehren. Während Christian nach seinem Sieg in Dänemark die Reformation gewaltsam zum Abschluß brachte, indem er die Bischöfe gefangennehmen ließ und sie zur Annahme der von Johannes Bugenhagen, einem Freund und Mitstreiter Luthers, ausgearbeiteten neuen evangelischen Kirchenordnung (1537) zwang, ging der König in den Herzogtümern diplomatischer vor, denn hier hatte er Rücksicht auf die altgläubigen Ständevertreter zu nehmen, die ihn im vorangegangenen Konflikt unterstützt hatten.

Erst als im Januar 1541 Bischof Gottschalk von Ahlefeldt starb, sah Christian die Chance, die Reformation auch in den Herzogtümern endgültig durchzusetzen und formal zu verankern. Der Landesherr legte im März 1542 dem in Rendsburg zusammengekommenen Landtag eine Kirchenordnung vor, die größtenteils auf der dänischen Ordinanz von 1537 beruhte, die von Bugenhagen ins Mittelniederdeutsche übersetzt und an die Verhältnisse in den Herzogtümern angepaßt worden war. Am 9. März 1542 nahmen die Stände die *„Christlyke Kercken Ordeninge de yn den Fürstendömen Schleßwig Holsten etc. schal geholden werdenn"* an. Sie bildete fortan die Grundlage des protestantischen Kirchenlebens in den Herzogtümern. Zum ersten evangelischen Bischof von Schleswig wählte das Kapitel Tilemann von Hussen.

*Abb. 61.*
*Titelblatt der schleswig-holsteinischen Kirchenordnung von 1542.*

# Aspekte städtischen Lebens

## Feste und Feiern

Durch alle Zeiten hindurch gehört das Feiern zum festen Bestandteil menschlichen Daseins. Auch im Mittelalter gab es Gelegenheit genug, sich in Gemeinschaft mit anderen Menschen von den Mühsalen des alltäglichen Lebens und Arbeitens zu entspannen. Einen festen und herausgehobenen Platz im mittelalterlichen Festkalender nahmen die kirchlichen Feiertage ein, also Ostern, Weihnachten, Pfingsten, aber auch Fronleichnam, das mit einer Prozession begangen wurde, bei der Geistlichkeit und Bürgerschaft mit *„deme sacramenthe umme de staed ginghen"*.[387]

Neben diesen sakralen Anlässen gab es aber auch zahlreiche weltliche Gelegenheiten zum ausgiebigen Feiern. Weit verbreitet waren die städtischen Schützenfeste. Seit dem 13. Jahrhundert entstanden in den Städten des nordwestlichen und nördlichen Europa Vereinigungen von Bürgern, die zu militärischen Zwecken im Rahmen der Stadtverteidigung Schießübungen mit der Armbrust auf einen hölzernen Vogel, zumeist einen Papagei, veranstalteten und daher als „Papageiengilden" bezeichnet wurden.[388] In Schleswig-Holstein sind diese Gilden erstmalig im 15. Jahrhundert bezeugt, so etwa 1412 in Kiel oder 1426 in Wilster. Die erste Erwähnung einer *„Papagoyengilde"* in Schleswig findet sich in der Stadtrechnung aus dem Jahr 1449, wo die Summe von 8 ß für den Papageienhut verzeichnet ist, der als Zeichen des Schützenkönigs diente. Die Gründung der Gilde, auf die sich die heutige Altstädter Knudsgilde zurückführt, dürfte demnach früher anzusetzen sein.[389] Auch in späteren Rechnungsjahren finden sich Angaben über die Papageiengilde: 1472 verzeichnete der Kämmerer 9 ß für einen Strohhut, *„de krech de, de de Papegoie afschot"*, sowie 17 ß für *„Kakebille, de gedrunken wart uppen radhuse als de Papegoie was geschaten."*[390] In der im Jahr darauf erfolgten Abrechnung tauchen 8 ß für den Strohhut und 6 ß für den Papageienbaum auf.[391] Eine andere Eintragung in einer späteren Rechnung belegt 1473 die Anwesenheit des dänischen Königs und Herzogs von Schleswig, Christian I., beim Vogelschießen. Und 1495 wurden für ein Lamm, *„do de papegoigen gilde holden war"*, 5 ß notiert.[392]

Genauso wenig wie über ihre Ursprünge sind wir über die weitere Entwicklung der Gilde unterrichtet, was wohl hauptsächlich darauf zurückzuführen ist, daß sich offenbar kein kontinuierliches Gildeleben in der Stadt zu entfalten vermochte. Denn aus einer Notiz erfahren wir, daß die Gilde im Jahr 1540 vom Rat wieder ins Leben gerufen wurde, was darauf hindeutet, daß sie eine Zeitlang vorher wohl nicht mehr existiert hat. Aus diesem Jahr 1540 stammen auch die in der *„Schrage"* schriftlich fixierten Artikel, die uns nähere Auskunft über die Gilde liefern.[393]

Danach hatte jeder, welcher der Gilde beitreten wollte, 2 ß zu zahlen; zusätzlich waren noch bei jedem Schießen 1 bis 2 ß *„Tytgeld"*, Zeitgeld, aufzubringen. Nach dem Schießen waren alle Gildemitglieder verpflichtet, den Schützenkönig nach Alter und Stand gegliedert zum Rathaus zu begleiten, wo das Gildefest mit den Gildeschwestern und geladenen Gästen stattfand. Dazu mußte der König 1 t Kakebille, 2 Schinken, für 6 ß Brot, 2 Lammbraten sowie 3 Pfund Butter bereitstellen. War die spendierte Menge an Bier schließlich verbraucht, war jeder Festteilnehmer gehalten, für den weiteren Genuß von Bier zu bezahlen. Das Fest sollte *„ahne allen Argwohn, Hadt und Zank, frölich mit Lust und Freude"* vor sich gehen. Verbale und handfeste Auseinandersetzungen wurden mit 1 t Kakebille als Strafe geahndet; wer darüber hinaus sogar Blut vergoß, sollte zusätzlich zur Gildestrafe noch *„der Obricheit Brüche verfallen syn."*

Schützenkönig zu werden lohnte sich, genoß er doch einige Privilegien. So erhielt er u. a. 2 Ellen englischen Tuchs. Dagegen gehörte es zu seinen Pflichten, den Vogel jeden

Sonn- und Feiertag sichtbar zu tragen, andernfalls drohte als Strafe die Lieferung von 1 t Bier. Trug er den Vogel bei Festen, hatten die anwesenden Gildebrüder ihn freizuhalten, trug er ihn hingegen nicht, so mußte er sich seinerseits gegenüber den Anwesenden spendabel zeigen.

Ein weiteres in Schleswig begangenes Fest war das sogenannte Maigrafenfest, das zuerst 1471 erwähnt wird.[394] Es fand um Pfingsten herum zur Begrüßung des Frühlings statt. Dabei wurde ein Ratmann oder ein anderer angesehener Bürger der Stadt zum „Maigrafen" gekürt und unter Ehrenbezeugungen von der gerüsteten und bewaffneten Bürgerschaft unter Trommeln und Pfeifen aus dem Stadtholz nach dem Rathaus geführt, wo dann das Fest abgehalten wurde. Aus der Mitte des 16. Jahrhunderts liegen Beschreibungen des Ablaufes vor, so heißt es beispielsweise aus dem Jahr 1560: *„Dingesdage in den pinxten* [4. Juni] *wurd de gröne May under vullem gewehre mit freuden ingehalet van 230 personen, darunder 31 rustninge, 52 haken* [Hakenbüchsen], *85 hellebarden, fedderspite* [Federspieße] *unde desgeliken sik presentirten. Maigrawe was Andreas Sulfgrawe, ratsher."*[395] Das Maigrafenfest soll laut Ulrich Petersen bis ins 17. Jahrhundert gefeiert worden sein, bevor es dann infolge der vermehrten Kriegsunruhen jener Zeit einschlief.[396]

Während am Schützenfest und Maigrafenfest weite Teile der Stadtgesellschaft teilnahmen, waren andere Feste auf einzelne städtische Gruppen beschränkt, wie etwa die Handwerksämter, Bruderschaften oder den Rat. Hierbei überschnitten sich zumeist Arbeit und Geselligkeit, da zentrale Ereignisse wie Jahrestreffen oder Rechnungslegungen mit Festivitäten verbunden wurden. Bei den Ämtern und Bruderschaften fanden, wie wir gesehen haben, anläßlich ihrer jährlichen Zusammenkünfte, auf denen wichtige Angelegenheiten besprochen wurden, Festessen statt.

Der städtische Rat feierte für sich an zwei Terminen im Jahr. Am Andreasabend, an dem die Schoßherren ihre Rechnungen legten, veranstaltete der Rat ein Essen, dazu gab es Musik, wie ein Eintrag 1472 belegt, als 3 ß für Spielleute am Andreasabend ausgegeben wurden.[397]

Ein andermal kamen die Ratsherren am Petritag (22. Februar), dem Tag der Ratsumsetzung und Rechnungslegung der Kämmerer, zum Feiern zusammen. Nach der bereits erwähnten Ratsbeliebung aus dem Jahr 1342 fand an diesem Tag zuerst eine Totenmesse zum Gedenken an verstorbene Ratsmitglieder statt, bevor man sich dann im Ratskeller zur *„sunte Peters höghe"* traf. Auch dabei traten wie am Andreasabend Spielleute auf, welche die Gäste mit Musik unterhielten und zum Tanz aufspielten: 1472 bekamen *„de da speleden vor dem rade"* am Petriabend 4 ß.[398]

Nach einer undatierten, wohl aus dem 15. oder 16. Jahrhundert stammenden Aufstellung wurde am Petritag folgendes für das Ratsfest an Lebensmitteln angeschafft: 5 t Bier pro t 9 ß, 17 Stübchen Met zu 4 Witten, 10 ß für Brot und 4 ß für Weißbrot, 7 Pfund Öl zu 5 Witten, 5 Pfund Reis zu 2 ß, 3 Pfund Mandeln zu 2 ß, 2 Pfund Rosinen zu 5 Witten, 1 Pfund Pfeffer 8 ß, 3 Lot Safran das Pfund 4 ß, 10 ß für Heringe, 3 ß für Erbsen, 6 ß für Witlingk [Stockfisch], 1 Lachs 7 ß, für alle 5 Stücke 25 Witten, für Hechte und Brassen 2 Ml 3 ß, 4 Witten für Salz, 10 Pfennige für Weißmehl, 2 ß für Honig, 2 ß für Essig, 1 ß für gestoßene Gewürze, für Kohle 13 ß, 2 ß für Licht, 1 t Hamburger Bier 2 Ml, noch 2 ß für Witlingk, 3 ß für Kohle, 1 ß für Brot, 1 ß für Heringe, 1 Pfund Öl. Insgesamt kam an Kosten die stolze Summe von 15 Ml 2 d zusammen.[399] Nicht viel weniger hatte das Ratsfest im Jahr 1449 gekostet, für das der Schreiber insgesamt 14 ½ Ml 3 ß notierte[400]. Wie diese Beträge zeigen, ließ sich der Rat sein geselliges Beisammensein durchaus etwas kosten, belaufen sich doch die Ausgaben für das Fest 1495 auf rund ein Viertel der in der Kämmereirechnung für das Jahr verzeichneten Gesamtausgaben.

Über Familienfeiern der Schleswiger in jener Zeit sind wir hingegen ausgesprochen schlecht unterrichtet, da diese kaum Niederschlag in den Quellen gefunden haben. Das

*Abb. 62.*
*Der Rat der Stadt Schleswig gebietet den Bürgern Einschränkung des Aufwandes bei Hochzeiten und Kindtaufen. Urkunde von 1336 (stark verkleinert).*

einzige Dokument aus diesem Zeitraum, das uns einen kleinen Blick auf die ausgelassene Feierfreude der damaligen Menschen erlaubt, ist die bereits angesprochene Verordnung des Schleswiger Rates aus dem Jahr 1336, die sich gegen den nach Meinung der städtischen Obrigkeit zu großen Aufwand bei Hochzeiten und Taufen wandte.[401] Mit einer solchen Verordnung stand der Schleswiger Rat jedoch keineswegs allein. Flensburg beispielsweise hatte schon 1321 eine diesbezügliche Verordnung erlassen.[402] Im ausgehenden Mittelalter wandten sich allenthalben in Europa die Obrigkeiten unter Hinweis auf den „gemeinen Nutzen" gegen den betriebenen enormen Aufwand bei Hochzeiten, Taufen und Begräbnissen. Denn solche Festlichkeiten wurden von den Menschen als Gelegenheit zur Selbstdarstellung und zur Demonstration ihrer sozialen Stellung wahrgenommen, die es mit entsprechendem finanziellen Einsatz zu nutzen galt, selbst wenn es mancher Geldbeutel eigentlich nicht erlaubte. Die Obrigkeit war daher in ihrem Einschreiten gegen den betriebenen Aufwand vor allem bestrebt, ihre Untertanen vor wirtschaftlichem Ruin zu bewahren sowie den sozialen Frieden zu sichern.[403]

Auch der Schleswiger Rat berief sich zur Legitimierung seines Eingreifens auf das allgemeine Wohl (*„pro communi bono"*) und wandte sich gegen *„schlechte"* Gewohnheiten, die den einzelnen wie die ganze Bürgerschaft in wirtschaftliche Schwierigkeiten zu bringen vermochten. Der Rat sah in den bisherigen Ausmaßen der Hochzeitfeste einen *„hassenswerten"* und *„verdammenswerten"* Mißbrauch, den es abzustellen gelte. Daher habe er nach Beratung mit erfahrenen und kundigen Bürgern diese Verordnung einmütig beschlossen; vermutlich war aber auch der Klerus an der Abfassung beteiligt.[404]

Im einzelnen wurde die Hochzeitsfeier grundsätzlich auf zwei Tage beschränkt. Ebenso legte der Rat die Höchstzahl der Gäste auf 80 Personen ohne den Prediger und dessen Diener fest. Als Brautjungfern durften nur acht Jungfrauen fungieren. Beim Festmahl sollten nur noch vier Gerichte aufgetischt werden. Diese Gerichte durften von höchstens acht Dienern zubereitet und serviert werden. Zur finanziellen Entlastung der Einladenden hatte jeder Gast als Kostenbeteiligung am ersten Tag der Hochzeitsfeierlichkeiten 6 d engl. zu zahlen. Generell verbot der Rat bei diesen festlichen Anlässen das Tanzen auf offener Straße. Wer gegen die Bestimmungen der Verordnung verstieß, wurde mit der beachtlichen Summe von 1 Pfund engl. bestraft, und wer schließlich dann einen Antrag auf

Straferlaß stellte, hatte nochmals eine Strafe von 6 d engl. zu zahlen. Für einen Gastgeber, der sich nicht an die Bestimmungen des Rates hielt, konnte eine Hochzeit mithin zu einem äußerst teuren Vergnügen werden.

Beim „Kindelbeer“ und der Kindstaufe wurde eine öffentliche Einladung untersagt. Die Mutter durfte jedoch durch ihre Magd Frauen – Männer waren grundsätzlich ausgeschlossen – einladen. Nicht mehr als sechs Frauen durften schließlich die Mutter beim Kirchgang für die Einführung des Täuflings begleiten. Bei Nichtbeachtung mußte der Ehemann 6 Mark engl. leisten. Hatte eine Magd die Einladung nicht wie vorgeschrieben überbracht, hatte sie dies mit der Wegnahme ihrer Kleider zu büßen – eine schwere Strafe, da Kleidung einen wesentlichen Bestandteil des Vermögens der Menschen ausmachte.[405] Einige interessante Fragen bleiben hinsichtlich dieser Schleswiger Verordnung allerdings offen: Ob dem Versuch des Rates, den betriebenen Aufwand und Luxus bei Familienfeiern einzuschränken, überhaupt Erfolg beschieden war, ist nicht bekannt, und ebensowenig wissen wir, wie die Einhaltung der Bestimmungen kontrolliert wurde, ob etwa wie in Flensburg ein Kämmerer auf den Hochzeitsfeiern zur Überprüfung erschien.

### Gesundheitswesen und Armenfürsorge

Wer krank war oder sich verletzt hatte, dem standen je nach Bedarf und nicht zuletzt nach Geldbeutel verschiedene Heilberufe zur Verfügung. Da gab es die niederen Wundärzte oder Chirurgen, die handwerklich-praktisch ausgerichtet waren und vorwiegend äußere Krankheiten und Verletzungen wie etwa Wunden, Brüche, Verrenkungen, Geschwüre u. ä. behandelten. Diese Tätigkeiten wurden vielfach auch von Badern ausgeübt, und nicht selten lassen sich in dieser Funktion auch diejenigen Personen finden, die sich berufsbedingt am besten mit der menschlichen Anatomie auskannten – die Scharfrichter. Die akademisch ausgebildeten Mediziner hingegen widmeten sich vorrangig der Diagnose innerer Krankheiten, vor allem durch Blut- und Urinbeschau, und ihrer Behandlung. Ihre Konsultation war kostspielig und konnte nur von wohlhabenderen Kranken in Anspruch genommen werden. Die frühesten Nachweise von Ärzten in Schleswig stammen aus dem 15. Jahrhundert: 1406 wird ein Eler und 1446 ein Laurentius als *„de arste“* bezeichnet.[406] Als *„erst“* erscheint auch Peter Schriver 1529 bis 1540 in den Schleswiger Quellen; er starb vermutlich 1549/50. Seiner Schoßleistung von 1 Ml 8 ß zufolge war er ein

*Abb. 63.
Zwei Mediziner des ausgehenden 15. Jahrhunderts. Der Arzt links erstellt eine Diagnose durch Urinbeschau, während der rechte, wohl eher ein Chirurg, das verletzte Bein eines Patienten untersucht.*

*Abb. 64.*
*Die Alte Apotheke am Schleswiger Rathausmarkt, Schleswig-Holsteins ältestes Apotheken-Gebäude.*

vermögender Mann, und auch die Tatsache, daß er mehrfach als Schotmelder tätig war, deutet auf ein hohes Ansehen in der Stadt hin. Daneben erscheint in den Registern für die Jahre 1513 bis 1519 mit geringen Beträgen noch eine Alheyt Arstinne, von der allerdings nur vom Namen her auf eine wie auch immer geartete ärztliche Tätigkeit geschlossen werden kann. In Schleswig lebte zudem noch der königliche Leibarzt Dr. Matteus Ottzen, der 1529 Haus und Hof am Markt erwarb.[407] 1543 wohnte in Schleswig auch der Leibarzt König Christians III., Johannes S. von Freudenberg, der ein Jahr später als Professor für Medizin in Kopenhagen wirkte.

Zum Ausbau des städtischen Gesundheitswesens im Spätmittelalter gehörten auch die Apotheken. In ihrem Sortiment boten die Apotheker neben den Arzneimitteln Heilkräuter und Gewürze an, aber auch Dinge wie z. B. Marzipan, die wir heute eher als Konfekt bezeichnen und in einer Apotheke modernen Zuschnitts kaum suchen würden. Herzog Friedrich I. ließ 1517 am Markt eine Apotheke auf den Grundmauern des ehemaligen Hauses der Knudsgilde errichten. Damit ist die Schleswiger Apotheke, deren Gebäude heute noch steht, die älteste in den Herzogtümern. Als erster Apotheker wird ein Clawes Fridach erwähnt, über den aber nichts weiter bekannt ist; seine Nachfolge trat 1531 Johannes Beer an, der später noch das Amt des Bürgermeisters bekleidete.[408]

Einen festen Bestandteil des städtischen Gesundheitswesen bildete das öffentliche Bad. Wer sich regelmäßig oder auch nur gelegentlich einer intensiven Körperpflege unterziehen wollte, um seine Gesundheit aufrechtzuerhalten und zu stärken, dem stand in der mittelalterlichen Stadt das öffentliche Bad zur Verfügung, das auch ein beliebter gesellschaftlicher Treffpunkt war. Neben dem eigentlichen Bad konnten die Benutzer zudem die Dienste von Bartscherern und Barbieren in Anspruch nehmen, um sich rasieren und die Haare schneiden zu lassen. Aber auch kleinere medizinische Dienstleistungen gehörten nicht selten zum Angebot der städtischen Bäder; gefragt waren dabei vor allem das Aderlassen und Schröpfen, die beide der Regulierung des menschlichen Säftehaushaltes dienten, der in der mittelalterlichen Vorstellung das Fundament der Gesundheit bildete. Das beliebte Badewesen erlebte mit der Verbreitung der Syphilis seit Ende des 15. Jahrhunderts indes einen starken Rückgang, da die städtischen Obrigkeiten die öffentlichen Bäder aus Sorge vor der Ansteckungsgefahr schlossen. In Schleswig ist die Existenz eines Bades in der zweiten Hälfte des 15. Jahrhunderts belegt: 1452 wurden Gelder für einen Neubau der Badestuben ausgegeben.[409] In der Kämmereirechnung von 1471 heißt es: *„Item 2 ß vor 1 vaden flete tom badstoven"*; die Badestuben warfen der Rechnung nach im gleichen Jahr 12 Ml an Einnahmen für die Stadt ab.[410] Und auch ein Jahr später vermerkte man, daß Steine im Wert von 2 Ml 2 ß an die Badestube geliefert worden seien.[411] 1480 ist von einer *„olden batstoven"* die Rede, vermutlich also diejenige, die vor dem Neubau bestanden hatte.[412] Das Bad soll E. Petersen zufolge hinter dem alten Rathaus gelegen haben; für Lorenzen-Schmidt ist es dagegen wahrscheinlicher, daß das Bad, wie in anderen Städten auch, eher an fließenden Gewässern stand, was im Falle Schleswigs für eine Lage am Stadtgraben sprechen würde.[413]

Krankheit und Armut hingen eng zusammen, bedingten einander nicht selten. Denn wer arm war, besaß ein höheres Krankheitsrisiko, und wer krank war, konnte nicht arbeiten, verdiente somit auch kein Geld. Dauerte dieser Zustand länger an, drohte der soziale Absturz in die Mittellosigkeit. Glücklich konnte sich der schätzen, dessen Fall durch das äußerst weitmaschige soziale Netz der spätmittelalterlichen Gesellschaft zumindest abgefedert wurde, wenn also Familie vorhanden war, die ihn unterstützte oder Korporationen wie die Handwerksämter und Bruderschaften ihrem verarmten Mitglied wenigstens eine Zeitlang unter die Arme griffen. Viele Menschen indes konnten auf solche Sicherungen nicht bauen. Gerade bei den Angehörigen der unteren Schichten, Tagelöhnern, Lohnarbeitern u. a., war die Gefahr der Verarmung am größten, da ihre wirtschaftliche Lage zumeist prekär war und sich am Existenzminimum bewegte. Es bedurfte oftmals nur

*Abb. 65.*
*Szene aus einer spätmittelalterlichen Badestube. Geschlechtertrennung war hier keineswegs üblich: Mann und Frau sitzen in einer Wanne. Zwischen ihnen liegt ein Brett, auf dem sich Speisen und Getränke befinden, was den geselligen Aspekt des damaligen Badens unterstreicht.*

eines kurzzeitigen konjunkturellen Rückschlags, einer Mißernte samt einsetzender Teuerung, um sie in die Existenznot zu stürzen, so daß ihnen im schlimmsten Fall nicht anderes blieb als der Bettelstab oder gar die Kriminalität. Begegnete einem die Armut schon in normalen Jahren in der spätmittelalterlichen Stadt auf Schritt und Tritt, so nahm die Zahl der Armen und Bettler in wirtschaftlich schwierigen Zeiten stark zu, zumal auch viele ländliche Arme in die Städte strömten, wo sie bessere Möglichkeiten sahen, ihrer Notlage zu entkommen.[414]

Generell galten dem mittelalterlichen Menschen Krankheit und Armut als Gebrechen, dem mit christlicher Nächstenliebe und Mildtätigkeit zu begegnen war. Dies zeigen eindrucksvoll die zahlreichen Almosenspenden und Stiftungen der Menschen jener Zeit zugunsten der Bedürftigen. Allerdings entwickelte sich im Laufe des ausgehenden Mittelalters eine veränderte Einstellung gegenüber der Armut und den davon Betroffenen – Armut war nicht gleich Armut und Bettler nicht gleich Bettler. Man unterschied zunehmend zwischen der unverschuldeten Armut und der durch eigene Schuld verursachten Mittellosigkeit sowie zwischen eigenen und fremden Bettlern. Und nur die ersteren, die in der Stadt ansässigen und von der Obrigkeit anerkannten und mit Bettelausweis oder -zeichen versehenen Bedürftigen kamen in den Genuß von Almosen. Die fremden Armen und Bettler wurden hingegen nicht geduldet, sondern von den städtischen Magistraten aus der Stadt verwiesen. Sie mußten sehen, wo sie blieben und womit sie ihren Lebensunterhalt fristeten. In Schleswig existierte zur Unterstützung armer Menschen eine vom Rat verwaltete Stiftung, für welche die *„Graulakengelder"* erhoben wurden, so bezeichnet nach den von den Geldern angeschafften grauen Gewändern für die Armen. Die Verteilung der Renten aus dieser Stiftung soll im Dom unter bestimmten Formalitäten am Andreasabend vonstatten gegangen sein.[415] 1528 erhielt der Knochenhauer Peter Jenssen vom Rat 50 Ml, die jedes Jahr 3 Ml Rente einbrachten. Diese Summe *„kamen tho dem grauen laken, den armen luden van hunderden, de eym Stapelholme wern."* Einige Jahre später wurde verzeichnet, daß *„in Arnth Scroder huese C mr. [100 Ml] hovetstols unde VI mr. renthe, horeth tho den armen to grauen laken anno [15]33."*[416]

Von besonderer Bedeutung für die Fürsorge waren die verschiedenen Hospitäler, in denen Kranke und Arme, aber auch Alte und Waisen Aufnahme finden konnten. Eine spezielle Art des Hospitals bildete das Siechenhaus, das Menschen beherbergte, die an ansteckenden Krankheiten litten. Zu diesen Krankheiten gehörte im Mittelalter insbesondere die Lepra, der sogenannte Aussatz, die bis zum 15. Jahrhundert in Europa weit verbreitet war. Die befallenen Menschen wurden in den Leprosenhäusern untergebracht, wo sie als sozial und rechtlich aus der mittelalterlichen Gesellschaft Ausgestoßene ihr Dasein fristen mußten. Aufgrund der großen Ansteckungsgefahr lagen die Siechenhäuser vor der Stadt. Die Aussätzigen mußten besondere Kleidung tragen und beim Verlassen ihres Hospitals Klappern mit sich tragen, mit denen sie sich erkennen zu geben hatten, damit andere, gesunde Personen dem Kontakt mit ihnen ausweichen konnten. In Schleswig wird im Zusammenhang mit der uns bereits bekannten Laurentiuskirche der Aussätzigen ein solches Siechenhaus erwähnt.[417] Seine Insassen werden zuerst 1327 urkundlich genannt, als der Ritter Otto Pogwisch die *„leprosos"* in Schleswig in seinem Testament mit einer Geldsumme von 5 Ml bedachte.[418] Das Seuchenhaus unterstand samt seinem Landbesitz zuerst dem Propst des Domkapitels und schließlich ab Mitte des 15. Jahrhunderts dem Landesherrn.

Daneben existierten in Schleswig noch weitere Hospitäler, die nach den wenigen über sie vorliegenden Informationen wohl vorwiegend Armenhäuser waren. Auf dem Markt, vermutlich östlich der Trinitatiskirche, befand sich das Hospital zur Heiligen Dreifaltigkeit, das seit dem 15. Jahrhundert auch Heilig-Geist-Hospital genannt wurde. Vermutlich stand es in einer Verbindung zur benachbarten Trinitatiskirche, in welcher Weise ist jedoch unbekannt. Das Hospital wurde von einem Teil der 400 Ml Sühnegeld errichtet, die

Sievert Sehestedt als Strafe für einen zweifachen Mord in einer Kirchenkapelle gezahlt hatte. Der genaue Zeitpunkt der Gründung ist nicht bekannt, dürfte aber vor 1448 gelegen haben. Von der äußeren Gestalt des Hospitals wissen wir ebenso wenig wie von seiner Organisation und seinen Tätigkeiten oder von seinen Insassen. Als Vorsteher des Hospitals fungierten die Domherren: *„dat wy und unse nakomelinghe dar vorstender schölen tho satten, up dat den armen grote redelichheit schehe, und ehre rente nicht underschlagen werde.“*[419] 1454 wird der Domherr Laurenz Lunt als Vertreter der Armen erwähnt.[420] Auch waren nach dem *„Registrum capituli“* aus den Jahren 1466/67 einige Einkünfte aus den Kapitelsgütern für die Armen des Heilig-Geist-Hospitals (*„pro pauperibus domus sancti spiritus“*) vorgesehen.[421] In der Zeit seiner Existenz wird das Heilig-Geist-Hospital nur im Zusammenhang mit Stiftungen erwähnt. Unter den Stiftern befanden sich auch hochrangige Personen, so Herzog Adolf VIII. und Bischof Nikolaus Wulf, die beide zu den Wohltätern des Hospitals gehörten. Der Herzog vermachte im Jahr 1448 *„umme siner sele salichheid“* dem Hospital das Vorwerk Rabenholz *„den armen luden ... to erer vodinghe* [Ernährung]“; 1464 bestätigte König Christian I. dieses Privileg. 1452 hatte Bischof Wulf dem Schleswiger Rat 30 Ml Pfennige abgehandelt, um dafür ein Bad für 15 bedürftige Hospitalinsassen zu stiften; diese Armen sollten alle zwei Wochen in den freien Genuß eines Bades und anderer Maßnahmen der Körperpflege kommen, zu diesem Zweck sollte ein Kübelbad angeschafft werden.[422] Im Dezember 1474 stiftete Clawes Wisch *„to behueff der armen lude“* dem Hospital 2 Ml Pfennige Rente von 30 Ml Pfennigen aus dem Dorf *„Lütken Witten“* und dem Kirchspiel Brunstorf in Lauenburg.[423]

Noch weniger Quellennachrichten liegen über das Hospital bzw. Armenhaus bei St. Jürgen vor. Nach dem Chronisten Adam Tratziger, zu dessen Zeit ausgangs des 16. Jahrhunderts sich noch einige wenige Überreste der Gebäude finden ließen, soll sich das Hospital auf einem Berg nördlich der Stadt beim Dorf St. Jürgen befunden haben.[424] Von der Existenz des Hospitals wissen wir nur durch die Errichtung einer St.-Jürgen-Kapelle, die wohl mit dem Hospital verbunden war, aus den Jahren 1344 und 1430. Wie schon erwähnt, wurde in der Schleswiger Bäckerrolle von 1418 festgelegt, daß nicht den Zunftregeln entsprechendes Brot nach St. Jürgen zu liefern sei, dort also für die Armenversorgung gedacht war. 1426 wird von einer Bruderschaft „St. Jürgen vor der Stadtmauer“ berichtet. Womöglich läßt sich auch ein Eintrag in der Schleswiger Kämmereirechnung von 1449 auf dieses Hospital beziehen: Dort steht nämlich, daß 2 t Bier den *„luden to sante Jueren“* geliefert worden seien.[425]

Kurz nach der Aufgabe des Heilig-Geist-Hospitals soll zudem um 1535 ein Armenhaus auf dem Holm, bei der Holmer Brücke, errichtet worden sein.

Wie in vielen Bereichen kam es auch auf dem Gebiet des Armenwesens während der Reformation zu einem tiefgreifenden Umbruch. Lag die Fürsorge für die Bedürftigen vorher vorrangig in kirchlichen Händen, zog nun die weltliche Obrigkeit diese Aufgabe an sich. In Schleswig zeigte sich diese Entwicklung darin, daß die beiden Hospitäler St. Jürgen und Heilig-Geist in der Zeit zwischen 1528 und 1533 aufgelöst wurden. Das Graukloster wurde zum neuen städtischen Armenhaus bestimmt, zu dem die *„Landgüter, Holz, Lansten, Acker, Weyden, Gärten, Häuser und anderen in- und außerhalb Schleswick gelegenen“* Güter der ehemaligen Hospitäler gelegt wurden. Fortan übte der Rat die Verwaltung des Vermögens des Heilig-Geist-Hospitals aus, zu dem jährliche Hausmieten und -pachten gehörten. König Christian III. bestätigte 1543 die Übertragung des Grauklosters an den Schleswiger Rat durch seinen Vater Friedrich I. Der König verfügte nun, daß die Domherren Vorsteher der Armen sein und von zwei Ratsmitgliedern unterstützt werden sollten. Ihre vorrangige Aufgabe bestand darin, auf die sachgemäße Verwendung der Einkünfte für die Armen zu achten und daß *„nichts davon verpfändet, versetzet, verkaufet oder in ihrem eigenen Nutzen gewendet werdet“*.[426]

Offenbar bestand in diesem Gremium eine Art Aufgabenteilung nach den alten Hospitälern, denn noch später werden Vorsteher des Heilig-Geist-Hospitals und von St. Jürgen erwähnt, so z. B. 1543, als Christian III. den Vorstehern einen Kollektenbrief ausstellte, der es ihnen erlaubte, im ganzen dänischen Reich Gelder für die Versorgung der Armen zu sammeln.[427] Die Aufsicht hatten der Gottorfer Amtmann und der Bischof mit dem Konsistorium. Gemeinsam mit dem Rat hatten sie dafür Sorge zu tragen, daß die Einkünfte richtig einkamen. Die Insassen des neuen Armenhauses, die vermutlich vorwiegend der Schleswiger Bürgerschaft entstammten, wurden von den bürgerlichen Lasten befreit, nur zu Reinigungsarbeiten am Gottorfer Burggraben wurden sie herangezogen. Die anderen Schleswiger Armen, die nicht in den Genuß solcher Einrichtungen kamen, mußten anderweitig sehen, wie sie ihre Existenz fristeten. Etliche konnten dabei wohl nur auf die Mildtätigkeit ihrer Mitbewohner hoffen.

## Wasserversorgung und Abfallbeseitigung

Zu den drängendsten Problemen in einer Stadt gehörten die Versorgung mit ausreichenden Mengen an Wasser zu privaten und gewerblichen Zwecken und dessen Entsorgung sowie die Beseitigung des Abfalls.[428] In den mittelalterlichen und frühneuzeitlichen Städten dienten neben Quellen und Oberflächenwasser aus Flüssen, Seen oder Teichen überwiegend Brunnen zur ausreichenden Versorgung mit Trink- und Nutzwasser. Für ihren Bedarf an dem lebenswichtigen Naß waren vorwiegend die Bürger selbst zuständig, so daß sich in den Städten die allermeisten Brunnen hauptsächlich auf privaten Grundstücken befanden. Daneben gab es auch öffentliche, von der Stadt unterhaltene Wasserstellen, die jedermann zugänglich waren und auf zentralen Plätzen, wie z. B. dem Markt, standen. Neben Grundwasserbrunnen existierten in den Städten auch noch Schöpfstellen, die von entfernteren Wasserstellen gespeist wurden. Man entwickelte zu diesem Zweck Versorgungssysteme, durch die Wasser aus Flüssen oder Seen in Holz-, Ton- oder Bleiröhren in die Brunnen geleitet wurde, wobei jedoch der Verlust durch das Versickern des Wassers bei Holzröhren enorm gewesen sein muß.

In Schleswig kamen bei archäologischen Grabungen einige Brunnenschächte aus dem Mittelalter zutage.[429] Die Existenz eines öffentlichen Brunnens belegt eine Urkunde aus dem Jahr 1299: Der Hamburger Bürger Gerhard Lange stiftete „zum besten der Stadt und zu seinem Seelenheil *(pro commoditate totius nostre civitatis et salute anime sue)*“ am 17. März jenes Jahres eine jährliche Rente aus einem in der Fischerstraße gelegenen Grundstück für die Instandhaltung eines Brunnens, der sich an der Ostseite der Trinitatiskirche befand.[430]

Ein Röhrensystem für die Wasserversorgung ist in Schleswig erstmals aus dem Jahr 1516 bekannt. Als Quelle diente der nördlich der Stadt am Unteren Baumhof an der nördlichen Seite des Pferdemarktes gelegene *„Pipenborn“* oder *„Pipendiek“*, der den Worten Ulrich Petersens zufolge *„bereits vor viel-hundert Jahren zum lacuscuo cavernoso oder einer ziemblichen Waßer-grube aptiret“ sei.*[431] Von dort aus gelangte das Wasser dank des natürlichen Gefälles durch ausgehöhlte Baumstämme, die sowohl ober- als auch unterirdisch verlegt waren, nicht nur in die öffentlichen Brunnen, sondern auch zu privaten Abnehmern in der Stadt. Chronist Petersen beschreibt den Verlauf der Wasserleitungen zu seiner Zeit, dem 18. Jahrhundert, wie folgt: *„Durch ... Abfall von 16 Fueß* [ca. 5 m] *durch den niedern Stadt-Baumhoff (Seel. H. Ambtsinspector Schmieden Hinterhoff) und durch den Steinhoff der alten Hamburger Herberge, ferner zwischen Rosen und Renzels Gang auff eine Länge von* [Angabe fehlt im Original] *Fueß unten an dem Pferde Marckt zu erst in die so genante Noth-post geführet und von dannen auffwerts mitten auff dem*

*Abb. 66.*
*Steinkloake des 16. Jahrhunderts auf dem „Schild" in Schleswig.*
*Grabungsfoto Schild, 1971.*

*Pferde Marckt in den großen Brunnen geleitet und ferner herunterwerts durch das Hohe Thor, die Lange Straße, über den großen Marckt, hinter den Thumb, und gar über die Holmer Brücke geführet und vertheilet wird.*"[432]

Zwischen 1516 und 1521 scheint es den Zahlen der angeschlossenen Haushalte zufolge einen starken Ausbau des Versorgungssystems gegeben zu haben. Kamen 1516 insgesamt 80 Haushalte auf diese Weise in den Genuß von Wasser, waren es nur fünf Jahre später schon 180 Haushalte; bis 1524 steigt dann die Anzahl nur noch geringfügig auf 182 an. Die Versorgung aus dem *„Pipenborn"* war freilich nicht umsonst. Die Abnehmer hatten ein sogenanntes Wassergeld zu zahlen, das sich von 4 d bis zu 4 ß erstreckte. Das Geld wurde von zwei Bürgern erhoben und für Reparaturarbeiten und Neubauten verwendet. Lag die Wartung mithin anfänglich in bürgerlichen Händen, so scheint es dann in Schleswig eine ähnliche Entwicklung gegeben zu haben, wie sie in anderen Städten in dieser Zeit zu beobachten ist, wo die Räte sich der Wasserversorgung annahmen. Darauf deutet zumindest der Umstand hin, daß der Rat ab 1540 die für Reparaturen anfallenden Kosten bestritt. So kaufte er etwa 1543 30 Pfund Blei und 156 Bleinägel für die *„pipen"*, und 1544 schaffte er 2 Fuder Sand an, *„so uppe der strate quemen dar de pipen entwey weren.*"[433]

War die Versorgung mit Trink- und Nutzwasser ein herausragender Faktor für gute Lebensbedingungen in der spätmittelalterlichen Stadt, wie sah es dann aber mit der Kehrseite der Medaille aus, mit der Entsorgung der Abwässer, und wie gestaltete sich der mittelalterliche Umgang mit Müll?

Die Beseitigung menschlichen und tierischen Unrats – Viehhaltung war in den damaligen Städten üblich, Misthaufen an den Straßen keineswegs ungewöhnlich[434] – war wie die Wasserversorgung weitgehend eine Privatsache. Die Bewohner legten daher, soweit sie den Abfall nicht einfach in die Straßen und Gassen warfen oder ihre Abwässer dort entleerten, auf ihren Grundstücken Gruben und Kloaken an, in denen sie ihren Abfall entsorgten. Für die Archäologen bildet die Ergrabung einer solchen Kloake eine wahre Fundgrube: Die dort aufgefundenen Nahrungsreste, Tierknochen, Kleidungsfetzen, Lederstücke, Keramikscherben, kaputten oder von den ehemaligen Benutzern als entbehrlich betrachteten und daher weggeworfenen Gerätschaften und anderen Gegenstände liefern wertvolle Informationen zu wirtschaftlichen und sozialen Gegebenheiten sowie zum alltäglichen Leben in der Stadt. Für die Umwelt und damit letztlich auch für den Menschen konnten die Kloaken allerdings ein großes Risiko darstellen, denn sie reichten teilweise metertief bis in die Grundwasserschichten hinab und lagen nicht selten nahe bei den Brunnen. Auch waren sie oftmals nicht durchgehend verschalt und ausreichend abgedichtet. Die Gefahr war also groß, daß Keime und Bakterien ins Trinkwasser gelangen und sich auf diesem Wege Krankheiten und Epidemien unter der städtischen Bevölkerung verbreiten konnten. Und wurde die Kloake schließlich geleert, was durchaus erst nach mehrjähriger Benutzung geschehen konnte, kippte man den Aushub vielfach in Flüsse und Seen, aus denen man wiederum Wasser zum Gebrauch schöpfte oder ableitete, womit sich der gefährliche Kreislauf schloß.

In Schleswig sah es in dieser Hinsicht keineswegs anders aus als in anderen Orten. Auch hier wurden bei archäologischen Grabungen Kloaken freigelegt, in denen unter anderem Tonmaterial, Lederreste und Tierknochen gefunden wurden.[435] Wie vielerorts diente in Schleswig der Stadtgraben als beliebter Entsorgungsort für Fäkalien und Abfälle aller Art. So wurde den Franziskanermönchen im Jahr 1504 vom Schleswiger Rat erlaubt, ihren Abort – „*Pryveth*" oder „*Hemelicheit*" – über dem Stadtgraben zu errichten, um den „*Stank*" abfließen zu lassen.[436]

Gleichwohl tauchen in den Schleswiger Quellen auch erste Ansätze einer städtischen Müllentsorgung auf. So finden sich in den Kämmereirechnungen einige Zahlungseinträge für Reinigungsarbeiten auf öffentlichen und viel frequentierten Plätzen: 1449 erhielt etwa eine nicht näher genannte Person eine Geldsumme, um den „*drek enwech to vorende*"[437]; 1471 verdiente sich eine Frau 6 d, da sie den „*dreck to hope scuffelde by dem kerck houve*"[438], und einem anderen Eintrag nach wurden weitere 2 ß bezahlt „*vor dreck to varende vam markede*".[439]

Und auch angesichts des Verkaufs von Lebensmitteln im Freien war der Rat auf halbwegs hygienische Verhältnisse bedacht. Aus diesem Grund erlegte er in der Marktordnung von 1560 den Schleswigern die Pflicht auf, die Straßen und Wege vor ihren Häusern zu reinigen: „*schal eyn jder hußgesetene borger, bodener und invaner, alle sonnavende und vhier festeavende de straten, ßo vele emhe befogett, reynigen und den dreck vor syne doer rumen und thor stadt henuthbringen laten.*"[440]

## Schluß

Auf den vorangegangenen Seiten haben wir die historische Entwicklung Schleswigs durch die drei Jahrhunderte des ausgehenden Mittelalters verfolgt. Wichtige Entwicklungen vollzogen sich dabei im 13. Jahrhundert: Es ist die Zeit, in der durch eine tiefgreitende Umgestaltung der Stadt der gegenwärtige Grundriß und das Straßennetz entstand, wie es sich uns heute noch präsentiert. Auf Verfassungsebene gewann Schleswig in dieser Zeit größere Eigenständigkeit vom Stadtherrn, und es bildete sich der Rat als das bestimmende Gremium der Bürgerschaft heraus, der landesherrliche Rechte übertragen bekam und sich zur städtischen Obrigkeit entwickelte. Die Ratsherrschaft sollte das künftige politische und rechtliche Leben Schleswigs prägen.

Auf wirtschaftlichem Gebiet dagegen bot sich im Gegensatz zur hochmittelalterlichen Blütezeit eher das Bild einer Stagnation. Schleswig gehörte im Spätmittelalter zu den ökonomisch bedeutungslosen Städten, deren Wirtschaft hauptsächlich von Nahhandel und Handwerk bestimmt wurde. Diese Wirtschaftsstruktur spiegelt die Sozialstruktur der Bevölkerung wider, waren doch in Schleswig hauptsächlich Vertreter der Mittelschicht zu Hause.

Was Schleswig aber von anderen schleswig-holsteinischen Städten abhob, war ihr Charakter als Sitz des Landesherrn und als Bistumsstadt. Zahlreiche Kleriker bevölkerten die Stadt, die auf vielfältige Weise in das städtische Leben integriert waren. Die vielen geistlichen Einrichtungen, die Bruderschaften, die Stiftungen der Schleswiger Bürger – all diese sind Zeugnisse dafür, daß in der Schleistadt ein reiches religiöses Leben herrschte. Am Ende unseres Zeitraumes aber vollzog sich auf diesem Gebiet auch in Schleswig der größte Bruch, als sich die Reformation durchsetzte, die neue Verhältnisse im religiösen, aber ebenso im sozialen Bereich mit sich brachte. Schleswig wurde zu einer evangelischen Stadt – und blieb es bis heute.

Wenn wir mithin die grundlegenden Linien der Schleswiger Entwicklung bestimmt haben, was wissen wir aber über das Leben der Schleswiger und Schleswigerinnen vom 13. bis zum 16. Jahrhundert? Die Quellen, darauf wurde öfters hingewiesen, liefern nur wenig Informationen zur Schleswiger Bevölkerung und ihrem alltäglichen Leben in der Stadt.

Greifen wir ein Beispiel heraus, was sich für eine Person zusammentragen läßt: Timme Teke ist uns im Verlauf der Darstellung mehrmals begegnet. Wir wissen, daß seine Ehefrau Anne hieß und daß er Kaufmann war, der vorrangig mit Vieh handelte, er war sogar vom Landesherrn einmal mit einem Ochsenkauf beauftragt worden. Teke war wohlhabend und besaß zwei Häuser in der Stadt. Schließlich saß er noch im Rat und fungierte sogar als Bürgermeister. Doch mit diesen wenigen Daten ist unser Wissen zu Tekes Lebenslauf bereits erschöpft. Und Teke ist dabei noch eine positive Ausnahme. Er gehörte zur kleinen Gruppe der städtischen Führungsschicht, bei der aufgrund ihrer beruflichen Tätigkeit und sozialen Stellung die Chance, daß sie öfters in den verschiedenen Quellen erscheint und somit faßbar wird, am größten ist.

Von vielen Zeitgenossen Tekes wissen wir dank der Rechnungen und Steuerregister zumindest Namen und Steuerleistung, gelegentlich noch den Beruf. Doch kaum etwas läßt sich darüber sagen, wie sich ihr alltägliches Leben gestaltete, wie sie wohnten, wie ihr Familienleben aussah, geschweige denn, was sie dachten oder fühlten, um nur einige wenige Aspekte anzuführen, über die wir nichts in Erfahrung bringen konnten. Wessen Name aber in keiner Liste oder Rechnung auftaucht, wer also keinerlei Spuren in den Quellen hinterlassen hat, bleibt für uns gänzlich unerreichbar – was zweifellos auf die allermeisten Bewohner Schleswigs zutrifft. Insbesondere gilt dies für die weibliche Bevölkerung der Stadt, deren Lebensbedingungen fast völlig im dunkeln liegen. Mit den abgewandelten Worten eines bekannten deutschen Literaturkritikers ließe sich abschließend feststellen: Wir sehen die Fenster der Vergangenheit sich schließen und viele Fragen offen.

Gleichwohl bleibt dem Autor die Hoffnung, mit dem vorliegenden Werk den heutigen Schleswigern – aber natürlich nicht nur diesen – einen interessanten und spannenden Abschnitt der Schleswiger Stadtgeschichte nähergebracht zu haben, in der uns aus der Perspektive der Gegenwart manches fremd und unverständlich erscheint, in der aber wichtige Grundlagen gelegt wurden für die weitere Entwicklung Schleswigs zu der Stadt, wie sie sich ihren Bewohnern und Besuchern in der Gegenwart darbietet.

# Anmerkungen

1 siehe dazu z. B. die Publikationen aus der Reihe „Ausgrabungen in Schleswig. Berichte und Studien"; Mehl, Archäologen entdecken das Mittelalter.
2 zit. nach Schartl/Thiele, Stadtarchiv, S. 113.
3 LAS, Abt. 400.1 Nr. 512: U. Petersen, Haupt- und Residenz-Stadt; zu Petersen vgl. Lorenzen, Ulrich Petersen og hans efterladte Manuscripter; Sach, Schleswig.
4 Vogel, Hafen, S. 194.
5 Zum allgemeinen Charakter des Spätmittelalters vgl. Schubert, Einführung, S. 1–20; Dirlmeier/Fouquet/Fuhrmann, Europa im Spätmittelalter, S. 1–5; zu Dänemark vgl. Ingesman/Jensen, Danmark i senmiddelalderen.
6 Isenmann, Stadt im Spätmittelater, S. 40; Schubert, Einführung, S. 12f.
7 Ibs, Pest, S. 139; Hanssen, Geschichte der Epidemien; Ulsig, Pest og befolkningsnedgang i Danmark.
8 Zusammenfassend vgl. dazu Bulst, Schwarzer Tod.
9 Hammel-Kiesow/Pelc, Landesausbau, S. 122.
10 vgl. allgemein dazu Windmann, Schleswig als Territorium; siehe zu den Herzögen die Beilagen bei v. Wahl, Schleswiger Herzöge; vgl. auch Hoffmann, Königsheilige; zum Bruderstreit vgl. auch Erslev, Erik Plogpennings Strid med Abel.
11 Hoppmann, „Von dem alten Wildhoff".
12 Hoffmann, Spätmittelalter und Reformationszeit, S. 22; Eberl, Quelle, S. 9. In seinen Aufzeichnungen gibt Ulrich Petersen eine chronikalische Notiz wieder, nach der die holsteinischen Grafen mit ihren Verbündeten 1254 die Stadt eingenommen haben sollen, wobei der Bischof samt der Geistlichkeit sowie dem Rat der Stadt als Gefangene nach Segeberg gebracht worden seien; GA, Abt. 2 Nr. 65, Schleswiger Chronik, 3. Teil, fol. 222.
13 Eberl, Quelle, S. 10.
14 v. Schröder, Beiträge, S. 447; Sønderjyllands Historie, S. 13f.
15 Chronik der nordelbischen Sassen, S. 87f.
16 Olrik, Valdemar Sejr, S. 22; Sønderjyllands Historie, S. 18.
17 Detmar-Chronik, S. 353.
18 GA, Abt. 2 Nr. 64: U.Petersen Collectanea, fol. 116.
19 Hoffmann, Spätmittelalter und Reformationszeit, S. 169; Sønderjyllands Historie, S. 30ff.; zur Datierung der Schlacht vgl. Erslev, Holstenerverdens Tid, S. 336–344.
20 Erslev, Danmarks Historie, S. 41; v. Jahn, Belagerung.
21 Laur, Zum Namen Hattesburg; Annales Slesvico-Holsatenses, S. 507: „*Anno Domini MCCCCXXVI rex Ericus Daciae etc., edificavit castrum Ouenborch, id est in Alemanico Hatesborch, inter Gottorp et Slesvick, quod tenuit a festo beate Marie Magdalene usque ad festum undecim milium virginum.*"; Philippsen, Alt-Schleswig, S. 20ff.
22 Rufus-Chronik, S. 239.
23 ebd.; zur Ausrüstung der Truppen: „*de hadden ok rethschoppes gadinghe, dat to der were horde, van bussen unde crude, schote unde harnsche.*" Frei übersetzt: „*Sie hatten auch genügend Kriegsgerät, nämlich Gewehre/Kanonen und Pulver, Kugeln und Harnische*".
24 Hirschfeld, Echtheitsurkunde; Witt/Vosgerau, Schleswig-Holstein, S. 151f.; ausführlich dazu Hirschfeld, Markgräfin Agnes von Baden.
25 zit. nach Hirschfeld, Echtheitsurkunde, S. 28.
26 zit. nach ebd., S. 29.
27 v. Schröder, Beiträge, S. 462.
28 ebd.
29 v. Schröder, Geschichte, S. 333.
30 v. Schröder, Beiträge, S. 470f.
31 ebd., S. 471.
32 GA, Abt. 2 Nr. 95: *Schotell-Boeck*, fol. 33r.
33 v. Schröder, Beiträge, S. 469.
34 ebd., S. 477.
35 Vogel, Stadtkernforschung, S. 37; ders., Ausgrabungen im Stadtkern.
36 Vogel, Stadtkernforschung, S. 39.
37 Vogel, Schleswiger Hafen, S. 195.

38 ebd., S. 196.
39 E. Petersen spricht von einer Besiedlung im Laufe des 16. Jahrhunderts, während Stoob diese schon auf die Zeit vor 1280 festsetzt.
40 Vogel, Stadtkernforschung, S. 32f.; vgl. auch Schneider, Stadtgeographie.
41 Nach Stoob, Topographie, soll das Wohngebiet im Laufe des 15./16. Jahrhunderts entstanden sein.
42 Vogel, Stadtkernforschung, S. 25f.
43 Das Kapitel folgt, sofern nicht anders vermerkt, weitgehend den Ausführungen von E. Petersen, Alt-Schleswigs Quartiere.
44 Unverhau, Schleswig-Ansicht, S. 85.
45 Schubert, Rahmenbedingungen, S. 293f.; Schmidt/Dirlmeier, Geschichte des Wohnens, S. 275–281; Fouquet, „Annäherungen", S. 356-363; Jaritz, Image der spätmittelalterlichen Stadt.
46 Lorenzen-Schmidt, Sozial- und Wirtschaftsstruktur, S. 52.
47 DGKL, Nr. 2: Schleswiger Stadtrecht [um 1400], § 61, § 97.
48 Lorenzen-Schmidt, Sozialtopographie, S. 22.
49 ebd., S. 27–30.
50 DGKL, Nr. 2: Schleswiger Stadtrecht [um 1400], § 116 (Zusatz von 1534).
51 v. Schröder, Beiträge, S. 465.
52 DGKL, Nr. 13: 1289, 24. Mai; DRB, 2. R. Bd. 3, Nr. 358.
53 Annales Slesvico-Holsatenses, S. 506.
54 ebd., S. 508; GA, Abt. 2 Nr. 64: U. Petersen, Collectanea, 1. Hälfte, S. 154.
55 vgl. allgemein zu städtischen Befestigungen Isenburg/Scholkmann, Befestigungen. Zu den Wehranlagen in Schleswig-Holstein seit neuestem Pelc, Schutz von Mauern und Toren; eine Kurzfassung auch in ders., Burg, Tor und Mauer.
56 Die folgenden Ausführungen beruhen vorwiegend auf E. Petersen, Alt-Schleswigs Umwallung, Tore, Brücken und Wehrtürme; Pelc, Burg, Tor und Mauer, S. 24f.
57 Ericsson, Stadtbefestigung; vgl. auch Arnold, Wall und Graben.
58 DGKL, Nr. 1: Schleswiger Stadtrecht [ca. 1200-1250], § 91: „*Item si quis ausu temerario de munitione civitatis distraxerit plankas vel crates vel lapides, reddat tres marcas.*"; auch abgedruckt und übersetzt bei Jessen, Schleswiger Stadtrecht, S. 21.
59 zit. nach E. Petersen, Alt-Schleswigs Umwallung, Tore, Brücken und Wehrtürme, S. 4.
60 zit. nach ebd., S. 14.
61 zit. nach ebd.
62 Pelc, Schutz von Mauern und Toren, S. 53f.; Sach, Schleswig, S. 268.
63 zit. nach E. Petersen, Alt-Schleswigs Umwallung, Tore, Brücken und Wehrtürme, S. 7.
64 zit. nach ebd., S. 16.
65 Vogel, Stadtkernforschung, S. 34; Sach, Schleswig, S. 57f.
66 Radtke, Aula und castellum, S. 31, 39; Sach, Schleswig, S. 58.
67 Vogel, Stadtkernforschung, S. 34f.
68 Radtke, Gottorf; Thomsen, Bistum, S. 70f.
69 Unverhau, Schleswig-Ansicht, S. 92; Radtke, Aula und castellum, S. 40.
70 Schulze, Schloß Gottorf, S. 139.
71 Schneider, Stadtgeographie, S. 30.
72 Chronik der nordelbischen Sassen, S. 89f.; Schneider, Stadtgeographie, S. 30.
73 Schulze, Schloß Gottorf, S. 140f.
74 ebd., S. 143; vgl. auch Habich, Palastbau der Frührenaissance.
75 Hammel-Kiesow/Pelc, Landesausbau, S. 95f.; Sach, Schleswig, S. 107ff.
76 Sach, Schleswig, S. 113; DGKL, Nr. 2: Schleswiger Stadtrecht [um 1400], § 98.
77 DGKL, Nr. 2: Schleswiger Stadtrecht [um 1400], § 115.
78 SHRU, Bd. 2, Nr. 116: 1256, 10. Nov.; zur Echtheit vgl. Hasse, Schleswiger Stadtrecht, S. 18, dagegen Frahm, Schleswiger, S. 58-63; ihm folgt Radtke, Aula und castellum, S. 34.
79 Hoffmann, Beiträge, S. 49.
80 DGKL, Nr. 7; DRB, 2. R. Bd. 2, Nr. 119.
81 DGKL, Nr. 10: 1286, 30. Nov.; DRB, 2. R. Bd. 3, Nr. 223; Unverhau, Herzöge, S. 146.
82 DGKL, Nr. 14: 1291, 20. Febr.; DRB, 2. R. Bd. 4, Nr. 1.
83 DGKL, Nr. 17, 18: 1327, 9. April; DRB, 2. R. Bd. 9, Nr. 396f.
84 DGKL, Nr. 31: 1417, 20. Aug.; Sach, Schleswig, S. 115; Hoffmann, Erich von Pommern, S. 24f.

85 Das einzige überlieferte Schleswiger Bederegister stammt aus dem Jahre 1406 und verzeichnet 200 Personen, Sach, Schleswig, S. 173–176.
86 Sach, Schleswig, S. 161, Anm. 1.
87 Rep., 2. R. Bd. 5, Nr. 9025: 1500, 27. Jan.
88 Lorenzen-Schmidt, Sozial- und Wirtschaftsstruktur, S. 16.
89 Hoffmann, Spätmittelalter und Reformationszeit, S. 225ff.; DRB, 4. R. Bd. 6, Nr. 385ff.; Hector, Landtage, S. 28.
90 Lange, Stände, S. 155–159; Hector, Landtage.
91 Hammel-Kiesow/Pelc, Landesausbau, S. 102; Jørgensen, Retshistorie, S. 431ff.; Jansen/Nyberg/Riis, Danmark, S. 51ff.; Mackeprang, Købstadstyrelse; Hoffmann, Gilde und Rat; allgemein dazu Isenmann, Stadt im Spätmittelalter, S. 133f.
92 Frahm, Schleswiger, S. 58-63; DRB, 2. R. Bd. 3, Nr. 36/37; Radtke, Aula und castellum, S.34; neben der bereits erwähnten Urkunde von 1256 gibt es noch eine ebenso in ihrer Echtheit angezweifelte Urkunde aus dem Jahr 1242, in welcher König Erich Plogpenning den Schleswiger Bürgern befiehlt, ihrem Rat zu gehorchen; außerdem existiert eine nicht datierte Urkunde König Erich Glippings, sie soll im Jahr 1272 ausgestellt worden sein; v. Schröder, Geschichte, S. 328; Frahm, Schleswiger, S. 63; DGKL, Nr. 6; vgl. auch Schütt, Gilde und Stadt, S. 123; zur Frühphase der Gemeindebildung vgl. Radtke, Entwicklung.
93 DGKL, Nr. 23; DRB, 2. R. Bd. 12, Nr. 119.
94 Isenmann, Stadt im Spätmittelalter, S. 146f.
95 Sach, Schleswig, S. 123 Anm. 1.
96 ebd., S. 122, 132.
97 ebd., S. 132 Anm. 1; v. Schröder, Geschichte, S. 334.
98 E. Petersen, Rathaus, S. 24.
99 Jørgensen, Retshistorie, S. 432f.; Mackeprang, Købstadstyrelse, S. 48.
100 Koppe, Schleswiger Bürgermeister.
101 DGKL, Nr. 24; DRB, 3. R. Bd. 1, Nr. 215; vgl. dazu auch Poeck, Rat und Memoria.
102 Sach, Schleswig, S. 333f.
103 Lorenzen-Schmidt, Sozial- und Wirtschaftsstruktur, S. 204.
104 GA, Abt. 3 Nr. 174.
105 Lorenzen-Schmidt, Sozial- und Wirtschaftstruktur, S. 204.
106 Sach, Schleswig, S. 130: So besaß z.B. der älteste Ratsherr den Teich bei *„Curt Kok's hof"* und der zweite Ratsherr den Teich, der dem *„Ratsee"* benachbart war.
107 Nicht in die Aufstellung aufgenommen wurden die vom Chronisten Ulrich Petersen ohne genaue zeitliche Zuordnung angeführten und anderweitig nicht belegten Ratspersonen, die ihm zufolge zwischen 1300 und 1390 gewirkt haben sollen: Johann Marquard, Gösche oder Gothscalus, Topy Kory, Claus Wolmar, Henneke Harder, Kollö Peterßen, Peter Swenßen, Henneke Snörling, Ebbo, Haquinus Jensen oder Johannis, Denedictus, Henning Flottow, Johann Snorling, Johann Harder, Ludolphus Thorge, Nicolaus Hack, Nicolaus Smit.
108 Sach, Schleswig, S. 128.
109 Isenmann, Stadt im Spätmittelalter, S. 143f.
110 Harms, Domkapitel, S. 154, Nr. 325.
111 Sach, Schleswig, S. 120.
112 ebd., S. 131; GA, Abt. 3 Nr. 147, fol. 2r: KR 1449: *„Primo deme swineherden 1 ß to godes penninge.... Item Godeken deme koherden 1 ß to godesgelde"*.
113 Lorenzen-Schmidt, Sozial- und Wirtschaftsstruktur, S. 62.
114 Sach, Schleswig, S. 120.
115 E. Petersen, St. Trinitatis, S. 5.
116 v. Schröder, Beiträge, S. 465: *„IIII ß vor dat richteswert to makende"*, S. 467: *„VIII ß vor Drewes Swertfeger vor dat richteswert to makende, und vor einen nyen schede"*; E. Petersen, Scharfrichter, S. 231.
117 E. Petersen, Scharfrichter, S. 231.
118 GA, Abt. 3 Nr. 147: KR 1495; ebd.: *„Item deme vronen 1 mark vor koste unde ber.*
*Item 8 ß vor eyn syde speckes deme vronen."*
119 E. Petersen, Scharfrichter, S. 231.
120 Sach, Schleswig, S. 120.
121 E. Petersen, Rathaus; Schlee, Justiz, S. 23–26, 37 Anm. 1.

122 Hammel-Kiesow/Pelc, Landesausbau, S. 98f.; Isenmann, Stadt im Spätmittelalter, S. 93–102.
123 Zum folgenden Lorenzen-Schmidt, Sozial- und Wirtschaftsstruktur, S. 215ff.
124 Sach, Schleswig, S. 117f.
125 ebd., S. 339, Anhang Nr. 8.
126 Lorenzen-Schmidt, Sozial- und Wirtschaftsstruktur, S. 216; insgesamt waren in der ersten Hälfte des 16. Jahrhunderts 26 Personen als Schotmelder tätig.
127 DGKL, Nr. 2: Schleswiger Stadtrecht [um 1400], § 16, 17.
128 ebd., § 102: *„Hußvrede, walt, roff unde ander sulffweldige daet, de man klage uppe deme dinghe, scholen scheden de stocknefend.“*
129 LAS, Urk.Abt. 186 Nr. 205.
130 Sach, Schleswig, S. 338, Anhang Nr. 7.
131 Lorenzen-Schmidt, Sozial- und Wirtschaftsstruktur, S. 166.
132 vgl. z. B. Landgraf, Kiel, S. 33.
133 DGKL, Nr. 20: 1336, 20. Jan.
134 Lorenzen-Schmidt, Sozial- und Wirtschaftsstruktur, S. 168.
135 Dies legen zumindest die Hinweise und Zitate in seinem Buch aus heute nicht mehr auffindbaren Rechnungsjahrgängen nahe.
136 v. Schröder, Beiträge, S. 463.
137 vgl. dazu Hess, Rechnung auf Linien.
138 Sach, Schleswig, S. 157; von 1538 bis 1543 war dieser Hof an Hans Hackelsnyder gegen eine *„erthure“* von 1 Ml verpachtet, Lorenzen-Schmidt, Bier, S. 149.
139 Lorenzen-Schmidt, Bier, S. 149.
140 z. B. 1471: *„4 ß tho stedegelde am guden Domdach. Entfangen noch tho stedegelde am jarmarkede 23 ß“*, zit. nach Schröder, Beiträge, S. 466.
141 Isenmann, Stadt im Spätmittelalter, S. 29.
142 Diese Zahlen nach LAS, Abt. 186, Nr. 595.
143 Lorenzen-Schmidt, Sozial- und Wirtschaftsstruktur, S. 29; Landgraf, Kiel, S. 29.
144 Schütt, Flensburg, S. 54.
145 Isenmann, Stadt im Spätmittelalter, S. 31: Der Anteil der mitteleuropäischen Städte mit einer Einwohnerzahl bis 4000 betrug 87%, dagegen besaßen nur 1,5% der Städte mehr als 10.000 Einwohner.
146 vgl. allgemein dazu Herrmann/Sprandel, Determinanten der Bevölkerungsentwicklung; Isenmann, Stadt im Spätmittelalter, S. 32-41; für Nordeuropa: Benedictow, Demographic System.
147 Isenmann, Stadt im Spätmittelalter, S. 33; Stadtluft, Bettelmönch und Hirsebrei, S. 482; Benedictow, Demographic System, S. 39: Bei den dort aufgeführten Skelettfunden lag das Sterbealter zwischen 17,7 und 32,2 Jahren.
148 vgl. dazu am skandinavischen Beispiel: Benedictow, Demographic System, S. 77-83.
149 Caselitz, Skelettreste, S. 200 Tabelle 7: Von den 98 Skelettfunden betrug der Anteil der Toten im Alter 0–40 67,4%, davon 31,2% in der Altersklasse 20–29 Jahre; andere Beispiele bei Benedictow, Demographic System, S. 30–41.
150 Charlier, Nikolaifriedhof, S. 12.
151 Benedictow, Demographic System, S. 56ff.
152 Sach, Schleswig, S. 153.
153 GA, Abt. 2 Nr. 95: *Schotell-Boeck*, pag. 8r; Ibs, Pest, S. 125.
154 Sach, Schleswig, S. 153.
155 GA, Abt. 2 Nr. 95: *Schotell-Boeck*, pag. 17r-18r.
156 Landgraf, Kiel, S. 33.
157 GA, Abt. 3 Nr. 148.
158 Hoffmann, Bürgertum, S. 94-107, 239f.: 1406 sind von den Herkunftsnamen 51,2% deutscher, 18,7% dänischer und 5,5% friesischer Herkunft; 1461 entfallen 64,4% auf deutsch, 3,7% auf dänisch und 5,1% auf friesisch; 1511 betragen die Werte 46,5%, 7,3%, 8,5%. Im gesamten Zeitraum 1406 bis 1530 lassen sich von den Namen 14 auf das Herzogtum Schleswig, 78 auf den deutschen Raum (davon 18 Holstein, 20 Niedersachsen und 13 Nordwestdeutschland) sowie 15 auf Dänemark beziehen, ebd. S. 237f.
159 Lorenzen-Schmidt, Sozial- und Wirtschaftsstruktur, S. 195: 1 Jahr: 30,9%; 2–5 Jahre: 29,8%; 6–10 Jahre: 12,5%; 11–20 Jahre: 17,5%; 21 Jahre und länger: 10,1%.

160 ebd., S. 170ff.; ders., Sozialtopographie, S. 26.
161 Lorenzen-Schmidt, Sozial- und Wirtschaftsstruktur, S. 173.
162 GA, Abt. 3 Nr. 147; Landgraf, Kiel, S. 37 Anm. 100 gibt die Schoßzahlungen des Jahres 1477 bis 1487 in etwas anderen Klassen wieder. Den von Lorenzen-Schmidt gebildeten Kategorien ungefähr angeglichen, schoßten dabei 58 % 0–6 ß, 23 % 7–14 ß und 22 % 15 ß und mehr. Die Nichtzahler sind bei Landgraf in dieser Aufstellung offenbar nicht enthalten. Einer anderen von ihm erstellten Tabelle zufolge betrug der Anteil der Nichtzahler in diesem Jahrzehnt 10–20 %, davon 1–6 % Arme, S. 33 Tab. 5.
163 In Kiel wurde 1550 von 262 Ml 8 ß die Hälfte von 19 % der Steuerzahler aufgebracht, in Rendsburg lag ihr Anteil an den Gesamtzahlungen meist über 50 %, Lorenzen-Schmidt, Sozial- und Wirtschaftsstruktur, S. 179f.
164 ebd., S. 57, 203.
165 ebd., S. 35.
166 ebd., S. 59.
167 ebd., S. 35, 55.
168 ebd., S. 59.
169 ebd., S. 50.
170 ebd., S. 174.
171 Lorenzen-Schmidt, Sozialtopographie; vgl. allgemein dazu Isenmann, Stadt im Spätmittelalter, S. 63f; vgl. auch Rublack, Probleme.
172 Dazu Isenmann, Stadt im Spätmittelalter, S. 63.
173 Lorenzen-Schmidt, Sozialtopographie, S. 27.
174 Walther, Holstenstadt, S.50.
175 Sach, Schleswig, S. 174.
176 DMR, S. 483, 533.
177 DGKL, Nr. 39.
178 ebd.
179 Sach, Schleswig, S. 240, Anhang Nr. 7.
180 ebd., S. 241; v. Schröder, Fragmente, S. 647ff.; Poulsen, Land og by, S. 219.
181 Rep. 2. R. Bd. 3, Nr. 4790: 1481.
182 Hoffmann, Beiträge; ders, Ablösung.
183 Lütke, Keramik, S. 130, S. 140.
184 ebd.
185 Steppuhn, Glasfunde, S. 105; vgl. auch Heinrich, Untersuchungen an Skelettresten wildlebender Säugetiere, S. 136.
186 DGKL, Nr. 3: 1252, 2. Aug.
187 DGKL, Nr. 4: 1261, 7. Febr.: „... *quod ipsius lugubrem devastacionem multimodam congrue debeamus aliquo facto seu statuto sublevare ...*"; ebd. Nr. 5: 1264, 20. April.
188 SHRU, Bd. 2, Nr. 307: 1265, 5. Aug.
189 Hill, Bremen, S. 328f.
190 DGKL, Nr. 8: 1282, 16. Dez.
191 Hørby, Velstands krise, S. 66f.; Jahnke, Silber des Meeres, S. 72.
192 DRB, 2. R. Bd. 3, Nr. 36/37.
193 DRB, 4. R. Bd. 3, Nr. 14, Nr. 15: 1386, 21. Febr.; Sach, Schleswig, S. 116; Hoffmann, Spätmittelalter und Reformationszeit, S. 159f.
194 Thierfelder, Stadtbuch, S. 71 [101].
195 ebd., S. 239.
196 ebd., S. 84 [115].
197 Koppe, Urkunden; vgl. auch Koppe, Schleswiger Bürgermeister, und Tab. 1.
198 Dahlerup, fire stænder, S. 171-175; Enemark, Dansk oksehandel.
199 DGKL, Nr. 2: Schleswiger Stadtrecht [um 1400], § 41.
200 Panten, Husum in katholischer Zeit, S. 36f.; Poulsen, Land-by-marked , S. 195–200.
201 Poulsen, Land-by-marked , S. 181.
202 Fouquet, Nahrungskonsum, S. 44; zum Trinken im Spätmittelalter vgl. Kühnel, Alltag, S. 207–210.
203 Lorenzen-Schmidt, Bier, S. 137.
204 DMR, S. 430, 1486: „*Item vor Embeke ber, dat uppe deme rathusse to Sleßwijk vordrungken*

*wart, do juwe gnaden mit dene reden dar was 2 dage, 30 ß.*"; zum Handel mit Einbecker Bier vgl. Plümer, Bierhandel. Nach Lorenzen-Schmidt, Bier, S. 151 kosteten um 1540 pro t:
Einbecker Bier 11 Ml
Hamburger Bier 4 Ml 3 ß
Eckernförder Bier 1 Ml 5 ß 4 d
Rendsburger Bier 1 Ml
Schleswiger Bier 13 ß
205 Lorenzen-Schmidt, Sozial- und Wirtschaftsstruktur, S. 133f.
206 Poulsen, Land-by-marked , S. 175f.
207 ebd., S. 229; Enemark, Dansk oksehandel, Bd. 2, Beilage 31.
208 Rep., 2. R. Bd. 5, Nr. 9692.
209 Enemark, Dansk oksehandel, Bd. 1, S. 189.
210 DMR, S. 360
211 Lorenzen-Schmidt, Sozial- und Wirtschaftsstruktur, S. 62.
212 SHRU, Bd. 4, Nr. 1172: 1366, 9. Aug.; DRB, 3. R. Bd. 7, Nr. 419.
213 UB Lübeck, 2. Teil, 2. Hälfte, Nr. 758.
214 UB Lübeck, 6. Teil, Nr. 127: 1419, 16. Okt.; vgl. dazu Hoffmann, Lübeck im Hoch- und Spätmittelalter, S. 264ff..
215 Sach, Schleswig, S. 168; Ratjen, Handschriften, Bd. 3, S. 503.
216 Sach, Schleswig, S. 169.
217 Zum städtischen Handwerk vgl. Isenmann, Stadt im Spätmittelalter, S. 341–346.
218 GA, Abt. 3 Nr. 147: KR 1449.
219 Saggau, Eisenfunde; Schnack, Lederfunde; Schnack, Schuhe; van de Walle-van der Woude/ Groenman-van der Waateringe, Lederfunde der Ausgrabung Plessenstraße.
220 Ulbricht, Verarbeitung.
221 DMR, S. 495.
222 ebd., S. 343.
223 ebd., S. 361, 472.
224 ebd., S. 472; Barfod, Heiligenfigur; zu den Schleswiger Bildschnitzern vgl. Johnsen, Magister amabilis, und Johnsen, Schnitzkunst.
225 vgl. dazu Mitterauer, Familie und Arbeitsorganisation; Sprandel, Familienbetrieb.
226 Schütz, Handwerksämter.
227 zit. nach Sach, Schleswig, S. 334.
228 zit. nach Lorenzen-Schmidt, Sozial- und Wirtschaftsstruktur, S. 33.
229 Schütz, Handwerksämter, S. 94.
230 DGKL, Nr. 1: Schleswiger Stadtrecht [ca. 1200–1250], § 33.
231 DGKL, Nr. 2: Schleswiger Stadtrecht [um 1400], § 45.
232 zit. nach Schütz, Handwerksämter, S. 76f.
233 zit. nach Lorenzen-Schmidt, Sozial- und Wirtschaftsstruktur, S. 38.
234 Schütz, Handwerksämter, S. 100ff.
235 ebd., S 102.
236 Lorenzen-Schmidt, Sozial- und Wirtschaftsstruktur, S. 61f.; v. Schröder, Geschichte, S. 334.
237 v. Schröder, Beiträge, S. 466.
238 Lorenzen-Schmidt, Sozial- und Wirtschaftsstruktur, S. 62.
239 Zur Umwelt und zum Wald im Mittelalter vgl. allgemein Schubert, Lebensumfeld, S. 36–64.
240 vgl. zur Viehhaltung in Schleswig: Heinrich, Skelettreste von Pferden; Heinrich, Skelettreste wildlebender Säugetiere; Hüster, Skelettreste von Rindern; Pieper/Reichstein, Skelettreste von Vögeln; Reichstein, Vorkommen von Hauseseln.
241 Sach, Schleswig, S. 262, Anm. 1.
242 Lorenzen-Schmidt, Sozial- und Wirtschaftsstruktur, S. 147.
243 ebd.
244 DRB, 2. R. Bd. 8, Nr. 364: 1321, 27. Juli.
245 Sach, Schleswig, S. 261f.; Beispiel: GA, Abt. 3 Nr. 181, Ackerschatzregister 1516–1522:
1516: 13 Ml 5 ß (27 Zahler)
1517: 13 Ml 10 ß 9 d
1518: 12 Ml 10 ß 7 d
1519: 10 Ml 10 ß 9 d

1520: 12 Ml 9 d
1521: 12 Ml 14 ß 9 d
1522: 14 Ml 4 ß

246 DRB, 2. R. Bd. 9, Nr. 396, 397.
247 Rosenbohm, Mühlen.
248 Jahnke, Städtische und freie Markt-Fischerei, S. 290; Radtke, Bemerkungen.
249 DGKL, Nr. 2: Schleswiger Stadtrecht [um 1400], § 71.
250 ebd., § 81.
251 Jahnke, Städtische und freie Markt-Fischerei, S. 292.
252 v. Schröder, Fragmente, S. 647.
253 Jahnke, Städtische und freie Markt-Fischerei, S. 292.
254 DGKL, Nr. 35:1480, 28. Sept.
255 ebd.
256 Sach, Schleswig, S. 138.
257 Jahnke, Städtische und freie Markt-Fischerei, S. 296.
258 Zum folgenden Lohmeier/Trube, Missale Slesvicense; Trube, Steffen Arndes; dazu auch Lohmeier, Arndes.
259 Dies geschah allerdings wohl nur vorübergehend, da Leve 1492 die Schleswiger Domherrenstelle in ein Vikariat am Dom tauschen konnte. Kurz darauf scheint Leve Schleswig verlassen zu haben, denn 1493, 1494 und 1498 wird er als Pfarrer an der Lübecker Jacobikirche erwähnt.
260 Zur Biographie Leves vgl. Lohmeier, Leve.
261 Hahn, Schleswiger Buchdrucker.
262 Zum Domkapitel vgl. Harms, Domkapitel, zu den Vikarien besonders S. 80–85; auch Kunstdenkmäler, Bd. 2, S. 4–8.
263 Kunstdenkmäler, Bd. 2, S. 7.
264 ebd., S. 28f.
265 ebd., S. 29.
266 ebd., S. 202.
267 Biographische Artikel zu den einzelnen Bischöfen siehe Bischöfe 1198–1448, S. 690–698 sowie Bischöfe 1448–1648.
268 Kunstdenkmäler, Bd. 2, S. 30.
269 Zur Datierung vgl. ebd., S. 276f.
270 Teuchert, Dom, S. 11f.; Schlüter, Restaurierung.
271 Christensen, Krise, S. 163f.; Gregersen, Senmiddelalderlig ødelægning.
272 Kunstdenkmäler, Bd. 2 , S. 33.
273 Ellger, Bronzetaufe; zu mittelalterlichen Bronzetaufen in Schleswig-Holstein allgemein vgl. Teuchert, Taufen, S. 32–46.
274 Kunstdenkmäler, Bd. 2, S. 656.
275 ebd., S. 666.
276 Kunstdenkmäler, Bd. 3, S. 122–125; Sach, Schleswig, S. 66–70; E. Petersen, St. Trinitatis.
277 Kunstdenkmäler, Bd. 3, S. 14.
278 E. Petersen, St. Trinitatis, S. 6.
279 Kunstdenkmäler, Bd. 3, S. 123.
280 zit. nach Sach, Schleswig, S. 67 Anm. 1.
281 ebd., S. 69.
282 Lorenzen-Schmidt, Sozial- und Wirtschaftsstruktur, S. 221.
283 Boockmann, Gerichtsbarkeit, S. 79–82.
284 Kunstdenkmäler, Bd. 3, S. 124.
285 E. Petersen, St. Trinitatis, S. 3f., 5.
286 Kunstdenkmäler, Bd. 3, S. 125.
287 E. Petersen, St. Trinitatis, S. 5.
288 ebd., S. 6.
289 Kunstdenkmäler, Bd. 3, S. 117–121; Sach, Schleswig, S. 70f.; Vogel, Stadtkernforschung; Radtke, Untersuchung; Mettjes, Rekonstruktion.
290 Kunstdenkmäler, Bd. 3, S. 68–71; E. Petersen, Alt-Schleswigs Quartiere, S. 29; Sach, Schleswig, S. 37.
291 Kunstdenkmäler, Bd. 3, S. 71–77; Sach, Schleswig, S. 72–77; Vellev, Rundkirche; ders., Ausgrabung.

292 LAS, Abt. 400.1 Nr. 512: U. Petersen, Haupt- und Residenz-Stadt, fol. 520.
293 Zur neuen Kirche vgl. Kunstdenkmäler, Bd. 3, S. 78–92.
294 ebd., S. 67f.; Sach, Schleswig, S. 72.
295 Gleba, Klosterleben, S. 161–190, besonders S. 176f.; Isenmann, Stadt im Spätmittelalter, S. 219ff.
296 Kunstdenkmäler, Bd. 3, S. 130–210; Sach, Schleswig, S. 81-85; Lafrenz/Vogel/Radtke, Graukloster; Hill, Königtum und Bettelorden, S. 182f.; zur Ausbreitung vgl. Rasmussen, Franziskaner.
297 Kunstdenkmäler, Bd. 3, S. 300–305; Radtke, Untersuchung zur Lokalisierung; Vogel, Ausgrabungen; Sach, Schleswig, S. 80f.
298 Kunstdenkmäler, Bd. 3, S. 16.
299 Radtke, Aula und castellum, S. 34; Vogel, Schleswig im Mittelalter, S. 34–43.
300 Rep., 2. R. Bd. 7, Nr. 12290.
301 Sach, Schleswig, S. 200f.; Kunstdenkmäler, Bd. 3, S. 132.
302 Kunstdenkmäler, Bd. 3, S. 211–298; Sach, Schleswig, S. 85–93; Frauenklöster, S. 520–529; von Rumohr /Müller, Das St. Johannis-Kloster; von Rumohr, Klosterpröbste.
303 Buchwald, Archiv, S. 109, Nr. 1.
304 ebd., Nr. 2.
305 Sach, Schleswig, S. 87. Die überlieferten Namen der Priörinnen und Nonnen sind: 1287: Wybe Meyenstorpe, Priorin – 1338: Aleke Ruhe van Tuttendorp, Priorin – 1383: Luidgard van der Wischen, Priorin – 1402: Grete Schinkels, Priorin; Hille Ryken; Heyne Wokendorp; Marine Kotelberch; Tale Storm; Kerstine Duvenvlet; Lene Ryken – 1439 (1464): Syle Esberns, Priorin; Heilwich Storm; Elsebe Prekel; Marine Kotelberch; Kerstine Duvenvlet; Kerstine Mestorpe; Sophia Stampen; Armegard Lembeken; Anna Sturen; Cattrina Dozenrade – 1481: Margarete Smalsteden; Marine van Kaden; Elsebe Sesteden; Ghese Stekers; Tale Smalsteden; Elsebe van Anevelde; Margrete Reventlowen; Karstine Smalsteden; Anna Smalsteden – 1490, 1498, 1503: Margarete Smalsteden, Priorin – 1515: Elsabe van Anevelde, Priorin – 1524: Drude (Pogwischen), Priorin – 1546: Margarete Strangens, erste Priorin des reformierten Klosters; Sach, Schleswig, S. 92.
306 Noodt, Beyträge, Bd. 2 Stück 1, Nr. 10.
307 Buchwald, Archiv, Nr. 8.
308 ebd., Nr. 14.
309 ebd., Nr. 16.
310 Kuhlmann, Kirchspiel, S. 274.
311 Buchwald, Archiv, Nr. 18.
312 ebd., Nr. 6.
313 ebd., Nr. 7.
314 ebd., Nr. 11.
315 ebd., Nr. 15.
316 ebd., Nr. 17.
317 ebd., Nr. 19.
318 ebd., Nr. 20.
319 ebd., Nr. 24.
320 zit. nach Reblin, St. Johannis, S. 15. Nach Sach, Schleswig, S. 86, betrafen die Überschwemmungen die Besitzungen an der Schlei. Kuß hingegen mutmaßt, daß es sich dabei auch um die verheerende Sturmflut von 1362 gehandelt haben könnte und das Kloster womöglich über Besitzungen an der Küste verfügte, die nun verlorengegangen seien; Kuß, Klöster, S. 609.
321 Buchwald, Archiv, Nr. 30.
322 zit. nach Kuß, Klöster, S. 613.
323 Buchwald, Archiv, Nr. 47.
323a Kunstdenkmäler, Bd. 3, S. 307f.
324 DMR, S. 472f., 474; auch S. 496, 513f.
325 ebd., S. 501. Für 1498 (S. 475) findet sich der Eintrag: „*Item Jörte entricht von synes sulves bevehle 7½ marc to behöff sunte Rochus, sunte Sebastian unde sunte Jurgen vor Gottorp in der capellen.*“
326 Sach, Schleswig, S. 96f.
327 Boockmann, Geistliche Verwaltung, S. 203.
328 Boockmann, Gerichtsbarkeit, S. 48.
329 Lorenzen-Schmidt, Geistliche, S. 126: In Kiel, Rendsburg und Krempe lag der Anteil „einheimischer“ Kleriker weitaus höher, so betrug er in Kiel 64,4% und in Krempe 46,5%.

330 Rep., 2. R. Bd. 6, Nr. 10745: 1507, 7.–13. Jan.
331 SHRU 6.1, Nr. 510; Kunstdenkmäler, Bd. 2, S. 658: nach der dort angeführten Karte befand sich das Haus an der Ecke Markt/Töpferstr., gegenüber der Alten Apotheke; Harms, Domkapitel, S. 83.
332 Sach, Schleswig, S. 99.
333 Isenmann, Stadt im Spätmittelalter, S. 218.
334 Lorenzen-Schmidt, Sozial- und Wirtschaftsstruktur, S. 220.
335 Das folgende nach Lorenzen-Schmidt, Besitzinventar.
336 ebd., S. 19.
337 DGKL, Nr. 20: 1336, 28. Jan. Im Mai 1390 unternahm Herzog Gerhard VI. den Versuch, die Eigentumsübertragung an die Kirche zu unterbinden. Er wies die Bürger im Herzogtum Schleswig an, keinen Grundbesitz an die Kirche oder einzelne Geistliche zu übertragen; „fahrende Habe" (bewegliches Vermögen) allerdings konnten sie veräußern, an wen immer sie wollten; SHRU 6.2, Nr. 890: 1390, Mai 20; LAS Abt. 400.5 Nr. 20.
338 Lorenzen-Schmidt, Sozial- und Wirtschaftsstruktur, S. 221; Lorenzen-Schmidt, Geistliche, S. 127.
339 Rep., 2. R. Bd. 2, Nr. 3796.
340 Diese Liste ist von v. Schröder zweimal veröffentlicht: StM IX, S. 451f. und NStM II, S. 649ff., wobei letztere Fassung ausführlicher ist; vgl. dazu und zur Datierung Harms, Domkapitel, S. 95 Anm. 2.
341 v. Schröder, Fragmente, S. 649f.; Harms, Domkapitel, S. 95f.
342 Sach, Schleswig, S. 200.
343 Boockmann, Gerichtsbarkeit, S. 147; Sach, Schleswig, S. 339ff.; Harms, Domkapitel, S. 95; v. Schröder, Beiträge, S. 454ff.
344 Hergemöller/Weigand, Bruderschaften, Sp. 739; Isenmann, Stadt im Spätmittelalter, S. 222f.
345 Die folgenden Ausführungen stützen sich hauptsächlich auf die Studie von Poulsen, Fromhed og magt; Sach, Schleswig, S. 99f.
346 Schubert, Einführung, S. 252.
347 Abgedruckt in Nyrop, Danmarks Gilde- og Lavskraaer, S. 435–455.
348 Zahlen bei Poulsen, Fromhed og magt, S. 218: 1484-1495 301; 1495 25; 1496ff. 84; 1515 25; 1518 70; 1519 6; 1521 16; 1523 9; 1525 4.
349 zit. nach ebd., S. 210.
350 Einzelne Termine nach Poulsen, Fromhed og magt, S. 211: 1484: 9. Juni, 4. Juli, 22. Aug., 23 Sept.; 1486: 9. Juli, 17. Aug.; 1487: 7. Jan., 7. Mai, 8. Juli, 20. Aug.; 1488: 10. Febr., 27. April, 2. Juli; 1495: 12. Juli; 1501: 2. Juli; 1509: 8. Juli; 1523: 6. Juli; 1524: 15. Aug.
351 Philippsen, Alt-Schleswig, S. 28; LAS, Abt. 400.1 Nr. 512, U. Petersen, Haupt- und Residenz-Stadt, fol. 477.
352 zit. nach Poulsen, Fromhed og magt, S. 249.
353 zit. nach ebd., S. 214.
354 zit. nach ebd., S. 231.
355 Sach, Schleswig, S. 99; Schwarz Lausten, Marianerbroderskaber; Nyrop, Danmarks Gilde- og Lavskraaer, S. 252–255.
356 Nach Sach, Schleswig, S. 99 waren es 1200 Ml.
357 ebd., S. 99.
358 Schwarz Lausten, Marianerbroderskaber, S. 83.
359 zit. nach Sach, Schleswig, S. 101.
360 ebd., S. 101f.
361 ebd., S. 102.
362 Isenmann, Stadt im Spätmittelalter, S. 181.
363 Harms, Domkapitel, S. 44.
364 Zur Schule vgl. Skierka, Domschule; Harms, Domkapitel, S. 44f.; Weimar, Geschichte des Gymnasiums, S. 14f.
365 Das Testament abgedruckt in Erslev, Testamenter, S. 58; in dänischer Übersetzung in DRB 2. R. Bd. 6, Nr. 91, S. 70: 1307, 9. Okt.
366 Skierka, Domschule, S. 34, 37.
367 Harms, Domkapitel, S. 45.
368 Nyrop, Danmarks Gilde- og Lavskraaer, S. 253.

369 Sach, Schleswig, S. 202: Johannes Lass, Laurencius Prall, Laurencius Detleff, Volquardus Schmidt, Theodoricus Johannes, Gerhardus Junius.
370 Lorenzen-Schmidt, Sozial- und Wirtschaftsstruktur, S. 250; Skierka, Domschule, S. 34.
371 Kirchenordnung, S. 141; Skierka, Domschule, S. 35ff.
372 Kirchenordnung, S. 141.
373 ebd., S. 213ff.
374 ebd., S. 217.
375 ebd., S. 219; Skierka, Domschule, S. 35.
376 Skierka, Domschule, S. 36.
377 Hoffmann, Reformation, S. 170.
378 Seegrün, Schleswig-Holstein, S. 147; vgl. allgemein zur Reformation in Schleswig-Holstein noch Hoffmann, Spätmittelalter und Reformationszeit, S. 394–469; Lange, Stände, Landesherr und große Politik, S. 166–173; Witt/Vosgerau, Schleswig-Holstein, S. 172–179.
379 Hoffmann, Spätmittelalter und Reformationszeit, S. 413.
380 Die folgende Darstellung folgt den Arbeiten von Giltzau, Reformation, Reblin, Reformationsgeschichte sowie Sach, Schleswig, S. 199-206; alle Zitate, sofern nicht anders vermerkt, entstammen Sach, Schleswig, S. 200–205.
381 Lorenzen-Schmidt, Sozial- und Wirtschaftsstruktur, S. 223.
382 Giltzau, Reformation, S. 234.
383 zit. nach Lorenzen-Schmidt, Sozial- und Wirtschaftsstruktur, S. 226.
384 ebd., S. 228.
385 zit. nach Giltzau, Reformation, S. 235.
386 zit. nach ebd., S. 236.
387 GA, Abt. 3 Nr. 147: KR 1495.
388 Rathjen, Schleswiger Gilden, S. 95; Kraack, Geschichte der Schützengilden, S. 76ff.; Altstädter St. Knudsgilde, S. 7.
389 Thomsen, Schützengilden, S. 54f.
390 v. Schröder, Beiträge, S. 464f.
391 ebd., S. 467.
392 GA, Abt.3 Nr. 147: KR 1495.
393 Sach, Schleswig, S. 164f.
394 ebd., S. 166f.; v. Schröder, Fragment (Fortsetzung), S. 652–656.
395 Sach, Schleswig, S. 161 Anm. 1.
396 Philippsen, Kurzgefaßte Geschichte, S. 46.
397 v. Schröder, Beiträge, S. 467.
398 ebd.; eine andere Notiz: *„Ock hebbe ick uthgegeven 30 ß vor eyne tonne Hamburger beer de do wart gedronken an Sunte Peters höghe myt den vrouwen.“*
399 Sach, Schleswig, S. 158.
400 GA, Abt. 3 Nr. 147: KR 1495.
401 Sach, Schleswig, S. 159; DGKL, Nr. 21: 1336, 20. Juli.
402 Schütt, Willkoer, S. 111f.
403 vgl. dazu allgemein Bulst, Feste und Feiern.
404 Schütt, Willkoer, S. 111.
405 Sach, Schleswig, S. 159; Schütt, Willkoer, S. 125.
406 Sach, Schleswig, S. 154.
407 Lorenzen-Schmidt, Sozial- und Wirtschaftsstruktur, S. 161.
408 Sach, Schleswig, S.154; Schütz, Altstadt-Apotheke, S. 7–10.
409 Sach, Schleswig, S. 129.
410 v. Schröder, Beiträge, S. 466.
411 ebd., S. 467
412 Sach, Schleswig, S. 54.
413 Lorenzen-Schmidt, Sozial- und Wirtschaftsstruktur, S. 47.
414 Schubert, Rahmenbedingungen, S. 302–309; Schubert, Erscheinungsformen der Armut; zum Armenwesen in Schleswig-Holstein vgl. Sievers, Almosen.
415 Sach, Schleswig, S. 155.
416 ebd., S. 155 Anm. 2.
417 Kunstdenkmäler, Bd. 3, S. 67; Schulze, Lepra.

418 Kunstdenkmäler, Bd. 3, S.67; SHRU 3, Nr. 611: 1327, 25. März: „*Item ad dividendum inter leprosos ibidem V marchas.*"
419 Schröder, Schleswig, Beilage S. 6.
420 ebd.; Harms, Domkapitel, S. 45.
421 Harms, Domkapitel, S. 46.
422 Sach, Schleswig, S. 68.
423 Rep. 2. R. Bd. 2, Nr. 3549: 1474, 21. Dez.
424 Man vermutete es auf dem heutigen Grundstück St.-Jürgen-Str. 20/22.
425 GA, Abt. 3 Nr. 147: KR 1449.
426 Sach, Schleswig, S. 224.
427 LAS, Abt. 400.5 Nr. 632.
428 vgl. allgemein dazu Kühnel, Alltag, S. 49-62; allgemein dazu vgl. Dirlmeier, Lebensbedingungen; Fenger, Middelalderbyens miljøregler; Schubert, Lebensumfeld, S. 86–107.
429 Vogel, Schleswig im Mittelalter, S. 15.
430 SHRU 2, Nr. 922: 1299, 17. März: „... *quod fundum in plateo Piscatorum, quem emit de heredibus Jaan Buzthorp situm, valentem annuatim quatuor solidos Sterlingorum dedit ad utensilia cuiusdam fontis, siti ad orientem ecclesie Trinitatis..*".
431 LAS, Abt. 400.1 Nr. 512: U. Petersen, Haupt- und Residenzstadt, fol. 500.
432 ebd., fol. 501.
433 Lorenzen-Schmidt, Sozial- und Wirtschaftsstruktur, S. 284 Anm. 768.
434 Hüster, Untersuchungen.
435 Bantelmann, Ergebnisse.
436 v. Schröder, Geschichte, Beilage, S. 12.
437 GA, Abt. 3 Nr. 147: KR 1449.
438 v. Schröder, Beiträge, S. 463.
439 ebd.
440 v. Schröder, Geschichte, Beilage, S. 20.

# Anhang:

## Preise und Löhne in Schleswig

[Quellen: Sach, Schleswig, S.157; v. Schröder, Geschichte, Beilage S. 76ff.; GA, Abt. 3 Nr. 147/148 =Kämmereirechnungen]

**Preise:**

*um 1304:*
1 Scheffel Roggen 11 ß
1 t Bier 2 ß
1 Pfund Butter 2 d
15 Eier 1 d
1 Kuh 3 ß

*um 1417:*
1 Ochse 3 Ml 8 ß
1 t Butter 4 Ml 8 ß
1 t Bier 8 ß
1 Scheffel Roggen 2 ß
1 Scheffel Erbsen 4 ß
1 Fuder Holz 6 ß
1 Paar Stiefel 11 ß
1 Paar Schuhe 4 ß

*1449:*
1 t Bier 9 ß
1 Paar einfache Schuhe 3 ß
1 Pfund Pfeffer 8 ß
1 Lot Safran 5 ß

*1471/72:*
1 Schipp Roggen 20 d
1 Schipp Hafer 8 d
1 Faden Holz 12 d
1 Pfund Wachs 4½ ß
1 Kuh 14 ß
1 Lamm 4 ß
1 Schipp Salz 3 ß

*1482:*
1 t Weizen 8 ß
1 t Roggen 6 ß
1 t Hafer 2½ ß
1 Pf. Butter 4 d

*1495*
1 Seite Speck 8 ß
1 Stübchen Wein 6 ß
1 Paar Hühner 1 ß
1 Pfund Wachs 4 ß

*1514/15*
1 Ochse 4 Ml
1 Pferd 9 Ml
1 t Gerste 2 Ml 8 ß

*1526:*
1 t Weizen 1 Ml 2 ß
1 Ochse 3 Ml 4 ß
1 Lamm 5 ß
1 t Butter 10 Ml

*1533:*
1 Ochse 5 Ml 12 ß
1 t Gerste 12 ß

*1540:*
1 t Butter 24 ß
1 t Roggen 8 ß
1 t Gerste 4 ß
1 t Hafer 2 ß
1 Paar Schuhe 3 ß

**Bierpreise:**

*1449:*
1 t Hamburger Bier 2 Ml
1 t Wismarer Bier 17 ß

*1471/72:*
1 t Hamburger Bier 30 ß
1 t Schleswiger Bier 9 ß
1 t Kakebille 18½ ß

*1495*
1 t Kakebille 10 ß

*1505*
1 t Hamburger Bier 2 Ml
1 t Schleswiger Bier 12 ß
1 t Kakebille 13 ß

1520
1 t Hamburger Bier 2 Ml 14 ß
1 t Schleswiger Bier 10 ß
1 t Kakebille 1 Ml

*1530*
1 t Hamburger Bier 3 Ml 4 ß
1 t Schleswiger Bier 1 Ml 2ß
1 t Kakebille 1 Ml 5 ß

*1540*
1 t Hamburger Bier 4 Ml 4 ß
1 t Schleswiger Bier 11 ß
1 t Kakebille 1 Ml 5 ß

**Löhne** (pro Tag)**:**

*1449:*
Zimmermann 8 d
dessen Knecht 4 Witten
Dachdecker 22 d
dessen „*plegesman*“ 14 d

*1456*
Zimmermann 1 ß

*1472:*
Dachdecker 36 d

*1479:*
Maurer 3 ß
dessen „*plegesman*“ 1 ß

*1538*
„Arbeitsmann“ 2 ß
(Holzschläger)
Steinsetzer 3 ß
dessen „*plegesman*“ 13 d

*1540*
Zimmermann 3 ß

*1542*
Steinsetzer 3 ß

*1544*
Maurer 3 ß

## Währungen und Maßeinheiten

### Währungen:

| | | | |
|---|---|---|---|
| 1 Mark lübisch (Ml) = 16 Schilling (ß) | = 48 Witten | = 192 Pfennige (d) | |
| 1 ß | = 3 Witten | = 12 d | |
| | 1 Witte | = 4 d | |

| | | |
|---|---|---|
| 1 Reichstaler (Rtl) = 3 Ml | = 48 ß | |
| 1 Pfund | = 20 ß = 240 d | |
| 1 Gulden (fl.): | | |
| lübischer | = 24 ß | |
| rheinischer (rh.) | = 20–24 ß | |

### Maße:

| | |
|---|---|
| 1 Last | = 1900 kg |
| 1 Pipe = 3 Ahm | = 435 l |
| 1 Ahm | = 145 l |
| 1 Stübchen | = 3,6 l |
| 1 Schiffspfund | = 160 kg |
| 1 Tonne: | |
| Getreide | = 137 l |
| Bier | = 174 l |
| 1 Heitscheffel | = 110 l |
| 1 Schipp | = 20 l |
| 1 Lot | = 15 g |

## Siglen- und Abkürzungsverzeichnis

### Siglen:

BSStG = Beiträge zur Schleswiger Stadtgeschichte
DD = Diplomatarium Danicum
DGKL = Danmarks gamle købstadlovgivning
DHT = Dansk Historisk Tidsskrift
DMR = Danske middelalderlige regnskaber
DRB = Danmarks Riges Breve
HGBll = Hansische Geschichtsblätter
NStM = Neues Staatsbürgerliches Magazin
QuFGSH = Quellen und Forschungen zur Geschichte Schleswig-Holsteins
Rep. = Repertorium diplomaticum regni Danici medievalis
SHRU = Schleswig-Holsteinische Regesten und Urkunden
StM = Staatsbürgerliches Magazin
SVSHKG = Schriften des Vereins für Schleswig-Holsteinische Kirchengeschichte
UB Lübeck = Urkunden-Buch der Stadt Lübeck
ZSHG = Zeitschrift der Gesellschaft für Schleswig-Holsteinische Geschichte

### Abkürzungen:
KR = Kämmereirechnung

## Verzeichnis der Tabellen und Grafiken



# Quellen- und Literaturverzeichnis

## Ungedruckte Quellen

### 1. Gemeinschaftsarchiv des Kreises Schleswig-Flensburg und der Stadt Schleswig (GA)

Abt. 2
Nr. 64: Ulrich Petersen, Collectanea für vaterländische Geschichte
Nr. 65: Schleswiger Chronik von Ulrich Petersen
Nr. 82: Der Stadt Schleswig Braunes Buch (1418–1623)
Nr. 94: Stadtrecht der Stadt Schleswig (ca. 1400)
Nr. 95: *„Der Stadth Schleßwigk Schotell Boeck"*

Abt. 3
Nr. 147: Kämmereirechnungen (1449, 1456, 1495)
Nr. 148: desgl. (1538-1575)
Nr. 172: Verschiedene, größtenteils fragmentarische Hebungsregister (1418–1600)
Nr. 173: Schoßregister (1447–1460)
Nr. 174: desgl. (1461–1503)
Nr. 175: desgl. (1504–1573)
Nr. 181: Ackerschatzregister (1516–1522)

### 2. Landesarchiv Schleswig-Holstein (LAS)

Urkunden-Abt. 186: Stadt Schleswig

Abt. 186: Stadt Schleswig

Abt. 400.1:
Nr. 512: Ulrich Petersen, Der Durchlauchtigsten Herren Hertzogen von Holstein-Gottorf Haupt- und Residenz-Stadt Schleswig nach ihrer alten und neuen Situation dargestellt. (Fotokopie)

## Gedruckte Quellen


Annales Slesvico-Holsatenses 1227–1546, in: Scriptores Rerum Danicarum Medii Aevi V, hrsg. von Jacob Langebek, Kopenhagen 1783, S. 505–510.
von Buchwald, Georg, Archiv des St. Johannis-Klosters in Schleswig, in: ZSHG 6 (1876), S. 107–126.
Die Detmar Chronik, in: Die Chroniken der niedersächsischen Städte, Lübeck Bd. 1 (= Die Chroniken der deutschen Städte vom 14. bis ins 16. Jahrhundert, Bd.19), Leipzig 1884.
Der sogenannten Rufus-Chronik zweiter Theil von 1395–1430, in: Die Chroniken der niedersächsischen Städte, Lübeck Bd. 3 (= Die Chroniken der deutschen Städte vom 14. bis ins 16. Jahrhundert, Bd.28), Leipzig 1902, S. 1–342.
Die Chronik der nordelbischen Sassen, hrsg. von J.M. Lappenberg (= Quellensammlung der Schleswig-Holstein-Lauenburgischen Gesellschaft für vaterländische Geschichte 3), Kiel 1865.
Danmarks gamle købstadlovgivning, Bd. 1: Sønderjylland, hrsg. von Erik Kroman/ Peter Jørgensen, Kopenhagen 1951.
Danmarks Riges Breve, hrsg. von Danmarks Sprog- og Litteraturselskab, Kopenhagen 1938ff.
Danske middelalderlige regnskaber, 1. R. Bd. 1: Hof- og centralstyrelse, hrsg. von Georg Galster, Kopenhagen 1953.
Diplomatarium Danicum, Bd. 10, hrsg. von Carl A. Christensen, Kopenhagen 1948.
Erslev, Kristian, Testamenter fra Danmarks Middelalder indtil 1450, Kopenhagen 1901.
Noodt, Johann F., Beyträge zur Erläuterung der Civil-, Kirchen- und Gelehrten-Historie der Herzogthümer Schleswig und Hollstein, Hamburg 1744ff.
Nyrop, Camillus (Hrsg.), Danmarks Gilde- og Lavskraaer fra Middelalderen, Bd. 1, Kopenhagen 1899/1900.
Olrik, Jørgen, Valdemar Sejr Sønner og den store Ærkebispestrid, Udvalg af Kilder til Danmarks Historie i Aarene 1241–1274, Kopenhagen 1906/09.
Ratjen, Henning, Verzeichnis der Handschriften der Kieler Universitätsbibliothek, Kiel 1873.
Repertorium diplomaticum regni Danici mediaevalis. Fortegnelse over Danmarks Breve fra Middelalderen med Udtog af den hidtil Utrykte, 2. R., hrsg. von William Christensen, Kopenhagen 1928ff.
Schleswig-Holsteinische Regesten und Urkunden, im Auftrage der Gesellschaft für Schleswig-Holstein-Lauenburgische Geschichte bearb. von Paul Hasse u. a., Bd. 2ff., Hamburg/Leipzig 1886ff.
Die Schleswig-Holsteinische Kirchenordnung von 1542, hrsg. von Walter Goebell unter Mitarbeit von Annemarie Hübner und Hans-Joachim Ramm (= SVSHKG 1. R. Bd. 34), Neumünster 1986.
von Schröder, Johannes, Beiträge zur vaterländischen Geschichte, in: StM IX (1829), S. 446–478.
von Schröder, Johannes, Fragmente aus einer ausführlichen Beschreibung der Stadt Schleswig, in: NStM II (1834), S. 625–650.
von Schröder, Johannes, Fragmente aus einer ausführlichen Beschreibung der Stadt Schleswig (Fortsetzung), in: NStM I (1833), S. 650–656.
„Der Stadt Flensburg Olde Willkoer". Rechtssatzungen des Rates der Stadt Flensburg um 1400, hrsg. und erläutert von Otto Schütt (=Schriften der Gesellschaft für Flensburger Stadtgeschichte 13), Flensburg 1960.
von Stemann, Kleiner Nachtrag Schleswiger Urkunden, in: ZSHG 3 (1873), S. 93–108.
Thierfelder, Hildegard (Hrsg.), Das älteste Rostocker Stadtbuch (etwa 1254–1273). Mit Beiträgen zur Geschichte Rostocks im 13. Jahrhundert, Göttingen 1967.
Urkunden-Buch der Stadt Lübeck, hrsg. von dem Vereine für Lübeckische Geschichte und Alterthumskunde, 2. Theil 2. Hälfte, Lübeck 1858.
Urkunden-Buch der Stadt Lübeck, hrsg. von dem Vereine für Lübeckische Geschichte und Alterthumskunde, 6. Theil, Lübeck 1881.

## Literatur

850 Jahre St.-Petri-Dom, 1134-1984, hrsg. von Christian Radtke/Walter Körber im Auftrage der Evangelisch-Lutherischen Domgemeinde Schleswig (=SVSHKG 1. R. Bd. 33), Schleswig 1984.

Arnold, Volker, Wall und Graben: Befestigungen von der Steinzeit bis ins Mittelalter (= Kataloge der Museen in Schleswig-Holstein 21), Schleswig 1995.

Bantelmann, Albert, Ergebnisse einer Stadtkerngrabung in Schleswig, in: BSStG 4 (1959), S. 3–27.

Barfod, Jörn, Eine hölzerne Heiligenfigur des frühen 16. Jahrhunderts aus Schleswig, in: Ausgrabungen in Schleswig. Berichte und Studien 15: Das archäologische Fundmaterial II, Neumünster 2001, S. 303–308.

Bejschowetz-Iserhoht, Marion/Witt, Reimer/Wulf, Heyo (Hrsg.), Gilden in Schleswig-Holstein. Vorträge zur Ausstellung im Landesarchiv Schleswig-Holstein, Schleswig 2000.

Benedictow, Ole J., The Medieval Demographic System of the Nordic Countries, 2. Aufl. Oslo 1996.

Die Bischöfe des Heiligen Römischen Reiches 1198 bis1448. Ein biographisches Lexikon, hrsg. von Erwin Gatz unter Mitwirkung von Clemens Brodkorb, Berlin 2001.

Die Bischöfe des Heiligen Römischen Reiches 1448 bis 1648. Ein biographisches Lexikon, hrsg. von Erwin Gatz unter Mitwirkung von Clemens Brodkorb, Berlin 1996.

Bisgaard, Lars, De glemte altre. Gildernes religiøse rolle i senmiddelalderens Danmark, Odense 2001.

Boockmann, Andrea, Geistliche und weltliche Gerichtsbarkeit im mittelalterlichen Bistum Schleswig (= QuFGSH 52), Neumünster 1967.

Boockmann, Andrea, Geistliche Verwaltung und Gerichtsbarkeit der Schleswiger Bischöfe und des Domkapitels im Mittelalter, in: 850 Jahre St.-Petri-Dom zu Schleswig, S. 197–206.

Boockmann, Hartmut, Die Stadt im späten Mittelalter, München 1986.

Bräuer, Helmut/Schlenkrich, Elke (Hrsg.), Die Stadt als Kommunikationsraum. Beiträge zur Stadtgeschichte vom Mittelalter bis ins 20. Jahrhundert. Festschrift für Karl Czok zum 75. Geburtstag, Leipzig 2001.

Bulst, Neithard, Der Schwarze Tod. Demographische, wirtschafts- und kulturgeschichtliche Aspekte der Pestkatastrophe von 1347–1352. Bilanz der neueren Forschung, in: Saeculum 30 (1979), S. 45–67.

Bulst, Neithard, Feste und Feiern unter Auflagen. Mittelalterliche Tauf-, Hochzeits- und Begräbnisordnungen in Deutschland und Frankreich, in: Altenburg, Detlef/Jarnut, Jörg/Steinhoff, Hans-Hugo (Hrsg.), Feste und Feiern im Mittelalter. Paderborner Symposium des Mediävistenverbandes, Sigmaringen 1991, S. 39–51.

Caselitz, Peter, Die menschlichen Skelettreste aus dem Dominikanerkloster zu Schleswig (= Ausgrabungen in Schleswig. Berichte und Studien 1), Neumünster 1983, S. 112–216.

Charlier, Christine, Der mittelalterliche Nikolaifriedhof von Schleswig. Anthropologische Untersuchung, Diss rer.nat. (masch.) Kiel 1979.

Christensen, Carl A., Krisen på Slesvigs domkapitel jordegods 1352-1437, in: DHT 11. R. Bd. 6 (1960), S. 161–244.

Dahlerup, Troels, De fire stænder 1400–1500 (=Gyldendal og Politikens Danmarks Historie 6), Kopenhagen 2003.

Dirlmeier, Ulf, Zu den Lebensbedingungen in der mittelalterlichen Stadt: Trinkwasserversorgung und Abfallbeseitigung, in: Hermann, Bernd (Hrsg.), Mensch und Umwelt im Mittelalter, 2. Aufl. Stuttgart 1986, S. 150–159.

Dirlmeier, Ulf (Hrsg.), Geschichte des Wohnens, Bd. 2: 500–1500. Hausen, Wohnen, Residieren, Stuttgart 1998.

Dirlmeier, Ulf/Fouquet, Gerhard/Fuhrmann, Bernd, Europa im Spätmittelalter 1215–1378 (= Oldenbourg Grundriß der Geschichte 8), München 2003.

Eberl, Immo, Eine Quelle zur Geschichte der Stadt Schleswig im Jahr 1252, in: BSStG 23 (1978), S. 7–16.

Ellger, Dietrich, Die Bronzetaufe von 1480 im Schleswiger Dom, in: BSStG 8 (1963), S. 35–45.

Enemark, Poul, Dansk oksehandel 1450-1550. Fra efterårsmarked til forårsmarked, 2 Bde., Århus 2003.

Ericsson, Ingolf, Stadtbefestigungen des Mittelalters in Skandinavien, in: Isenberg, Gabriele/Scholkmann, Barbara (Hrsg.), Die Befestigung der mittelalterlichen Stadt (=Städteforschung A/45), Köln u. a. O. 1997, S. 211–218.

Erslev, Kristian, Erik Plogpennings Strid med Abel, in: DHT 6. R. Bd. 2 (1889/90), S. 359–442.
Erslev, Kristian, Danmarks Historie under Dronning Margrethe og Erik af Pommern, Teil 2: Erik af Pommern, hans Kamp for Sønderjylland og Kalmarunionens Opløsning, Kopenhagen 1901.
Erslev, Kristian, Fra Holstenerverdens Tid i Danmark (1325–40). Kritiske Smaastudier (1896), in: Historiske Afhandlinger Bd. 1, Kopenhagen 1937, S. 336–371.
Fenger, Ole, Møg og Mødding. Middelalderbyens miljøregler, in: Aage Andersen u.a. (Hrsg.), Festschrift für Olaf Olsen, Kopenhagen 1988, S. 189–199.
Fouquet, Gerhard, Nahrungskonsum und Öffentlichkeit im Späten Mittelalter. Beobachtungen zum Bierverbrauch der Lübecker Oberschicht, in: ZSHG 124 (1999), S. 31–49.
Fouquet, Gerhard, „Annäherungen". Große Städte – Kleine Häuser. Wohnen und Lebensform der Menschen im ausgehenden Mittelalter (ca. 1470–1600), in: Dirlmeier, Geschichte des Wohnens, Bd. 2, S. 347–501.
Frahm, Friedrich, Das Stadtrecht der Schleswiger und ihre Heimat, in: ZSHG 64 (1936), S. 1–99.
Die Frauenklöster in Niedersachsen, Schleswig-Holstein und Bremen, bearb. von Ulrich Faust OSB (= Germania Benedictina Bd. XI: Norddeutschland), St. Ottilien 1984, S. 520–529.
Giltzau, Karsten, Die Reformation in Schleswig, in: 850 Jahre St.-Petri-Dom, S. 229–238.
Gleba, Gudrun, Klosterleben im Mittelalter, Darmstadt 2004.
Gregersen, Hans V., Senmiddelalderlig ødelægning på det slesvigkse domkapitelgods, in: Enemark, Poul (Hrsg.), Kongemagt og samfund i middelalderen, Festschrift für Erik Ulsig, Kopenhagen 1988, S. 337–345.
Habich, Johannes, Ein Palastbau der Frührenaissance auf Schloß Gottorf in Schleswig, in: Deutsche Kunst und Denkmalpflege 44 (1986), S. 2–12.
Hahn, Wilhelm, Schleswiger Buchdrucker 1480–1850, in: BSStG 3 (1958), S. 38–52.
Hammel-Kiesow, Rolf / Pelc, Ortwin, Landesausbau, Territorialherrschaft, Produktion und Handel im hohen und späten Mittelalter (12.–16. Jahrhundert), in: Lange, Geschichte Schleswig-Holsteins, S. 59–134.
Hanssen, Peter, Geschichte der Epidemien bei Menschen und Tieren im Norden: nach Untersuchungen ausgehend von Schleswig-Holstein, Glückstadt 1925.
Harms, Klaus, Das Domkapitel zu Schleswig von seinen Anfängen bis zum Jahr 1542 (= SVSHKG 1. R. Heft 7), Kiel 1914.
Hasse, Paul, Das Schleswiger Stadtrecht. Untersuchungen zur dänischen Rechtsgeschichte, Kiel 1880.
Haverkamp, Alfred (Hrsg.), Haus und Familie in der spätmittelalterlichen Stadt (= Städteforschung A/18), Köln u. a. O. 1984.
Hector, Kurt, Von den alten Landtagen und von der Stadt Schleswig als Landtagsort und Landstand, in: BSStG 25 (1980), S. 23–58.
Heinrich, Dirk, Untersuchungen an mittelalterlichen Fischresten aus Schleswig (= Ausgrabungen in Schleswig. Berichte und Studien 6), Neumünster 1987.
Heinrich, Dirk, Untersuchungen an Skelettresten wildlebender Säugetiere aus dem mittelalterlichen Schleswig. Ausgrabung Schild 1971–1975 (= Ausgrabungen in Schleswig. Berichte und Studien 9), Neumünster 1991.
Heinrich, Dirk, Untersuchungen an Skelettresten von Pferden aus dem mittelalterlichen Schleswig, in: Ausgrabungen in Schleswig. Berichte und Studien 11: Tierknochenfunde der Ausgrabung Schild 1971–1975, Neumünster 1995, S. 115–177.
Hergemöller, Bernd / Weigand, Rudolf, Bruderschaften, in: Lexikon des Mittelalters, Bd. 2, München/Zürich 1983, Sp. 738–741.
Herrmann, Bernd / Sprandel, Rolf (Hrsg.), Determinanten der Bevölkerungsentwicklung im Mittelalter (= Acta humaniora), Weinheim 1987.
Hess, Wolfgang, Rechnung Legen auf Linie. Rechenbrett und Zahltisch in der Verwaltungspraxis des Spätmittelalters und der Neuzeit, in: Maschke, Erich/Sydow, Jürgen (Hrsg.), Städtisches Haushalts- und Rechnungswesen. 12. Tagung des Arbeitskreises für südwestdeutsche Stadtgeschichte in Überlingen 9.–11. Nov. 1973 (= Stadt in der Geschichte 2), Sigmaringen 1977, S. 69–82.
Hill, Thomas, Bremen, die Hanse und der Stralsunder Frieden, in: Jörn, Nils/Werlich, Ralf-Gunnar/Wernicke, Horst (Hrsg.), Der Stralsunder Frieden von 1370. Prosopographische Studien (= Quellen und Darstellungen zur Hansischen Geschichte Neue Folge 46), Köln u.a.O. 1998, S. 323–340.

Hill, Thomas, Königtum und Bettelorden im mittelalterlichen Dänemark, in: Berg, Dieter (Hrsg.), Könige, Landesherren und Bettelorden. Konflikt und Kooperation in West- und Mitteleuropa bis zur Frühen Neuzeit (= Saxonia Franciscana 10), Werl 1998, S. 175–206.
Hirschfeld, Peter, Markgräfin Agnes von Baden. Gemahlin Herzog Gerhards VII. von Schleswig. Ein Beitrag zur Kulturgeschichte des 15. Jahrhundert (=QuFGSH 34), Neumünster 1957.
Hirschfeld, Peter, Die Schleswiger Echtheitsurkunde vom 4. Februar 1433 für die letzten Schauenburger, in: BSStG 28 (1983), S. 26–36.
Hoffmann, Erich, Die Herkunft des Bürgertums in den Städten des Herzogtums Schleswig (= QuFGSH 27), Neumünster 1953.
Hoffmann, Erich, Die Königsheiligen Knut Laward und Erich Plogpenning, in: BSStG 22 (1977), S. 48–60.
Hoffmann, Erich, Beiträge zur Geschichte der Stadt Schleswig und des westlichen Ostseeraums im 12. und 13. Jahrhundert, in: ZSHG 105 (1980), S. 27–76.
Hoffmann, Erich, Der Sieg der Reformation in den Herzogtümern Schleswig und Holstein, in: Schleswig-Holsteinische Kirchengeschichte Bd. 3: Reformation (= SVSHKG 1. R. Bd. 28), Neumünster 1982, S. 115–183.
Hoffmann, Erich, Die schrittweise Ablösung Schleswigs durch Lübeck als mächtiges Seehandelszentrum an der westlichen Ostsee (ca. 1150–1250), in: Lübecker Schriften zur Archäologie und Kulturgeschichte 7 (1983), S. 39–46.
Hoffmann, Erich, Gilde und Rat in den schleswigschen und nordelbischen Städten im 12. und 13. Jahrhundert, in: HGBll 105 (1987), S. 1–16.
Hoffmann, Erich, Spätmittelalter und Reformationszeit (= Geschichte Schleswig-Holsteins 4. Bd. Teil 2), Neumünster 1990.
Hoffmann, Erich, Erich von Pommern und die schleswigschen Städte, in: Studien zur Geschichte des Ostseeraumes, Bd. 1 (= Byhistoriske Skrifter VII), Odense 1995, S. 18–29.
Hoppmann, Jürgen, „Von dem alten Wildhoff und König Abels darin befindlichem Begräbnüße", in: BSStG 43 (1998), S. 67–74.
Hørby, Kai, Velstands krise og tusind baghold 1250–1400, revideret af Rikke Agnete Olsen (= Gyldendal og Politikens Danmarks historie 5), Kopenhagen 2002.
Hüster, Heidemarie, Untersuchungen an Skelettresten von Rindern, Schafen, Ziegen und Schweinen aus dem mittelalterlichen Schleswig. Ausgrabung Schild 1971–1975 (= Ausgrabungen in Schleswig. Berichte und Studien 8), Neumünster 1990.
Ibs, Jürgen H., Die Pest in Schleswig-Holstein von 1350 bis 1547/48. Eine sozialgeschichtliche Studie über eine wiederkehrende Katastrophe (= Kieler Werkstücke. Reihe A: Beiträge zur schleswig-holsteinischen und skandinavischen Geschichte 12), Frankfurt.a.M. 1994.
Ingesmann, Per/Kjær, Ulla/Madsen, Per K./Vellev, Jens (Hrsg.), Middelalderens Danmark. Kultur og samfund fra tronskifte til reformation, Kopenhagen 1999.
Isenmann, Eberhard, Die deutsche Stadt im Spätmittelalter 1250–1500. Stadtgestalt, Recht, Stadtregiment, Kirche, Gesellschaft, Wirtschaft (= UTB für Wissenschaft. Große Reihe), Stuttgart 1988.
von Jahn, Die Belagerung Schleswigs im Jahr 1417, in: StM VIII (1828), S. 88–113.
Jahnke, Carsten, „Und ist der fisch- und Heringsfangh das Erste beneficium ..." – Städtische und freie Markt-Fischerei im mittelalterlichen Ostseeraum, in: ZSHG 122 (1997), S. 289–321.
Jahnke, Carsten, Das Silber des Meeres. Fang und Vertrieb von Ostseehering zwischen Norwegen und Italien (12.–16. Jahrhundert) (= Quellen und Darstellungen zur hansischen Geschichte Neue Folge 49), Köln u.a.O. 2000.
Jansen, Henrik M./Nyberg, Tore/Riis, Thomas, Danske byers fremvekst og udvikling i middelalder, in: Blom, Grethe A. (Hrsg.), Urbanisationsprocesser i Norden, Bd. 1: Middelalder stede (=Det XVII nordiske historikermøte Trondheim 1977), Oslo u. a. O. 1977, S. 9–91.
Jaritz, Gerhard, Das Image der spätmittelalterlichen Stadt. Zur Konstruktion und Vermittlung ihres äußeren Erscheinungsbildes, in: Bräuer/Schlenkrich, Stadt als Kommunikationsraum, S. 471–486.
Jessen, Julius, Das älteste Schleswiger Stadtrecht, in: BSStG 41 (1996), S. 7–22.
Jørgensen, Poul J., Dansk retshistorie. Retskildernes og forfatningsrettens historie indtil sidste halvdel af det 17. aarhundrede, Kopenhagen 1947.
Johnsen, Wilhelm, Magister amabilis, der letzte Meister mittelalterlicher Schnitzkunst in Schleswig, in: BSStG 2 (1957), S. 34–52.
Johnsen, Wilhelm, Spätmittelalterliche Schnitzkunst der Stadt Schleswig II, in: BSStG 5 (1960), S. 37–48.

Jonas, Heinrich, Der Abbruch der St.-Michaelis-Kirche in Schleswig, in: BSStG 16 (1971), S. 23–32.
Köster, Kurt, Pilgerzeichen und Pilgermuscheln von mittelalterlichen Santiagostraßen. Saint-Léonard – Rocamadour – Saint-Gilles – Santiago de Compostela. Schleswiger Funde und Gesamtüberlieferung (= Ausgrabungen in Schleswig. Berichte und Studien 2), Neumünster 1983.
Koppe, Wilhelm, Zwei alte Urkunden zur Schleswiger Handelsgeschichte, in: BSStG 7 (1962), S. 67f.
Koppe, Wilhelm, Der Schleswiger Bürgermeister Peter, sein Sohn, der Domherr Nanno, und das hamburgische Nannen-Geschlecht, in: BSStG 37 (1992), S. 104–111.
Kraack, Gerhard, Zur Geschichte der Schützengilden im schleswigschen Raum vom Mittelalter bis heute, in: Bejschowetz-Iserhoht/Witt/Wulf, Gilden in Schleswig-Holstein, S. 75–93.
Kühnel, Harry (Hrsg.), Alltag im Spätmittelalter, Graz 1984.
Kuhlmann, Hans-Joachim, Besiedlung und Kirchspielsorganisation der Landschaft Angeln im Mittelalter (= QuFGSH 36), Neumünster 1958.
Die Kunstdenkmäler der Stadt Schleswig, Bd. 2: Der Dom und der ehemalige Dombezirk, bearb. von Dietrich Ellger unter Mitwirkung von Johanna Kolbe, Rudolf Zöllner und Susanne Lücke-David (= Die Kunstdenkmäler des Landes Schleswig-Holstein 10), München/Berlin 1966.
Die Kunstdenkmäler der Stadt Schleswig, Bd. 3: Kirchen, Klöster und Hospitäler, bearb. von Deert Lafrenz (=Die Kunstdenkmäler des Landes Schleswig-Holstein 11), München/Berlin 1985.
Kuß, Christian, Die vormaligen Klöster des Benediktinerordens in den Herzogthümern Schleswig und Holstein, in: StM IX (1829), S. 600–694.
Lafrenz, Deert/Vogel, Volker/Radtke, Christian, Das Graukloster in Schleswig: Königshof-Armenhaus-Rathaus (= Baudenkmale in Gefahr 6), Kiel 1987.
Landgraf, Henning, Bevölkerung und Wirtschaft Kiels im 15. Jahrhundert (= QuFGSH 39), Neumünster 1959.
Lange, Ulrich (Hrsg.), Geschichte Schleswig-Holsteins. Von den Anfängen bis zur Gegenwart, Neumünster 1996.
Lange, Ulrich, Stände, Landesherr und große Politik – Vom Konsens des 16. zu den Konflikten des 17. Jahrhunderts, in: Lange, Geschichte Schleswig-Holsteins, S. 153–266.
Laur, Wolfgang, Zum Namen Hattesburg, in: BSStG 9 (1964), S. 16–18.
Lohmeier, Dieter, Leve, Laurens, in: Biographisches Lexikon für Schleswig-Holstein und Lübeck 9, Neumünster 1991, S. 204ff.
Lohmeier, Dieter, Arndes, Steffen in: Biographisches Lexikon für Schleswig-Holstein und Lübeck 9, Neumünster 1991, S. 28–31.
Lohmeier, Dieter / Trube, Gert Wilhelm, Missale Slesvicense 1486. Ein Meisterwerk des Frühdruckers Steffen Arndes, Kiel 2001.
Lorenzen, C. C., Om S.T. Ulrich Petersen og hans efterladte Manuscripter om Byer, Bispedømmet og Fyrstendømmet Slesvig, in: Danske Samlinger for Historie, Topographie, Personal- og Literaturhistorie 2. R. Bd. 4 (1874/76), S. 338–360.
Lorenzen-Schmidt, Klaus-Joachim, Zur Sozialtopographie Schleswigs im 16. Jahrhundert, in: BSStG 21 (1976), S. 17–34.
Lorenzen-Schmidt, Klaus-Joachim, Bier und Bierpreise in Schleswig-Holsteins Städten zwischen 1500 und 1560, in: Kopitzsch, Franklin/ Lorenzen-Schmidt, Klaus-Joachim/Wunder, Heide (Hrsg.), Studien zur Sozialgeschichte des Mittelalters und der frühen Neuzeit, Hamburg 1977, S. 132–154.
Lorenzen-Schmidt, Klaus-Joachim, Ein Besitzinventar des Kirchherrn an S. Trinitatis aus der Reformationszeit, in: BSStG 23 (1978), S. 17–24.
Lorenzen-Schmidt, Klaus-Joachim, Die Geistlichen der schleswig-holsteinischen Städte vor der Reformation und ihre Stellung in den Stadtgemeinden, in: Möller, Bernd (Hrsg.), Stadt und Kirche im 16. Jahrhundert (= Schriften des Vereins für Reformationsgeschichte 190), Gütersloh 1978, S. 125–127.
Lorenzen-Schmidt, Klaus-Joachim, Die Sozial- und Wirtschaftsstruktur schleswig-holsteinischer Landstädte zwischen 1500 und 1550 (=QuFGSH 76), Neumünster 1980.
Lorenzen-Schmidt, Klaus-Joachim, Kleines Lexikon alter schleswig-holsteinischer Gewichte, Maße und Währungseinheiten, Neumünster 1990.
Lüdtke, Hartwig, Die mittelalterliche Keramik von Schleswig (= Ausgrabungen in Schleswig. Berichte und Studien 4), Neumünster 1985.
Lund, Niels/Hørby, Kai, Samfundet i vikingtiden og middelalder 800–1500 (= Dansk social historie 2), Kopenhagen 1980.

Mackeprang, M., Dansk Købstadstyrelse fra Valdemar Sejr til Kristian IV. (Forordning af 1619), Kopenhagen 1900.
Mehl, Heinrich, Archäologen entdecken das Mittelalter, in: BSStG 43 (1998), S. 53–58.
Meinardus, Otto F.A., Der Narr im St.-Petri-Dom in Schleswig, in: BSStG 32 (1987), S. 55–65.
Meißner, Jan Martin, Zur Baugeschichte des Grauen Klosters der Franziskaner in Schleswig, in: BSStG 24 (1979), S. 7–22.
Mettjes, Gerd, Rekonstruktion und bauhistorische Stellung der Nikolaikirche zu Schleswig, in: BSStG 20 (1975), S. 64–75.
Mitterauer, Michael, Familie und Arbeitsorganisation in städtischen Gesellschaften des späten Mittelalters und der frühen Neuzeit, in: Haverkamp, Haus und Familie, S. 37–65.
Panten, Albert, In katholischer Zeit – Husum bis 1527, in: Geschichte Husums von den Anfängen bis zur Gegenwart, hrsg. von der Gesellschaft für Husumer Stadtgeschichte (= Schriften der Gesellschaft für Husumer Stadtgeschichte 3), Husum 2003, S. 21–48.
Pelc, Ortwin, Burg, Tor und Mauer. Die Befestigungen der schleswig-holsteinischen Städte im Mittelalter, in: Lohmeier, Dieter / Paczkowski, Renate (Hrsg.), Landesgeschichte und Landesbibliothek. Studien zur Geschichte und Kultur Schleswig-Holsteins. Hans F. Rothert zum 65. Geburtstag, Heide 2001, S. 21–45.
Pelc, Ortwin, Im Schutz von Mauern und Toren. Die Befestigungen der schleswig-holsteinischen Städte in Mittelalter und Neuzeit (= Kleine Schleswig-Holstein-Bücher 53), Heide 2003.
Petersen, Ernst, Schleswiger Scharfrichter, in: Die Heimat 58 (1951), S. 231–235.
Petersen, Ernst, Die Bürgermeister der Stadt Schleswig von 1350 bis 1956, in: BSStG 1 (1956), S. 5–10.
Petersen, Ernst, Alt-Schleswigs Umwallung, Tore, Brücken und Wehrtürme, in: BSStG 2 (1957), S. 3–20.
Petersen, Ernst, Vom ältesten bis zum heutigen Schleswiger Rathaus, in: BSStG 3 (1958), S. 22–33.
Petersen, Ernst, Alt-Schleswigs Quartiere, Straßen und Gassen, in: BSStG 4 (1959), S. 28–44.
Petersen, Ernst, Die St. Trinitatis- oder Heiligengeistkirche, auch Sunte Drotten genannt, in: BSStG 5 (1960), S. 3–7.
Petersen, Kurt, Mål og vægt i Danmark, Lyngby 2002.
Philippsen, Heinrich, Kurzgefaßte Geschichte der Stadt Schleswig, Schleswig o. J. [1926]
Philippsen, Heinrich, Alt-Schleswig. Zeitbilder und Denkwürdigkeiten, Schleswig 1928.
Philippsen, Heinrich/Petersen, Ernst, Der Holm und die Holmer. Ein Beitrag zur Geschichte der Stadt Schleswig, Schleswig 1935.
Pieper, Harald/Reichstein, Hans, Untersuchungen an Skelettresten von Vögeln aus dem mittelalterlichen Schleswig (= Ausgrabungen in Schleswig. Berichte und Studien 11), Neumünster 1995, S. 9–113.
Plümer, Erich, Einbecks mittelalterlicher Bierhandel, in: HGBll 99 (1981), S. 10–32.
Poeck, Dietrich W., Rat und Memoria, in: Geuenich, Dieter/Oexle, Otto G. (Hrsg.), Memoria in der Gesellschaft des Mittelalters (=Veröffentlichungen des Max-Planck-Instituts für Geschichte 111), Göttingen 1994, S. 286–335.
Poulsen, Bjørn, Land – by – market. To økonomiske landskaber in 1400-tallets Slesvig, Flensburg 1988.
Poulsen, Bjørn, Land og by i senmiddelalderen, in: Ingesmann, Per/Jensen, Jens Villiam (Hrsg.), Danmark i senmiddelalderen, Aarhus 1994, S. 196–220.
Poulsen, Bjørn, Fromhed og magt i senmiddelalderen: rosenkransbroderskaberne i Slesvig og Odense, in: Bisgaard, Lars/Søndergaard, Leif (Hrsg.), Gilde, lav og broderskaber i middelalderens Danmark, Odense 2002, S. 195–256.
Radtke, Christian, Untersuchungen zur Lokalisierung und zur Gründungsgeschichte des Schleswiger Dominikanerklosters, in: BSStG 19 (1974), S. 49–64.
Radtke, Christian, Historische Untersuchungen zur Schleswiger Nikolaikirche, in: BSStG 20 (1975), S. 42–63.
Radtke, Christian, Aula und castellum. Überlegungen zur Topographie und Struktur des Königshofes in Schleswig, in: BSStG 22 (1977), S. 29–47.
Radtke, Christian, Die Entwicklung der Stadt Schleswig: Funktionen, Strukturen und die Anfänge der Gemeindebildung, in: Hoffmann, Erich/Lubowitz, Frank (Hrsg.), Die Stadt im westlichen Ostseeraum. Vorträge zur Stadtgründung und Stadterweiterung im hohen Mittelalter Teil 1 (= Kieler Werkstücke Reihe A: Beiträge zur schleswig- holsteinischen und skandinavischen Geschichte 14), Frankfurt a.M. u.a.O. 1995, S. 47–91.
Radtke, Christian, Bemerkungen zum mittelalterlichen Fischfang mit Heringszäunen in der

Schlei, in: Lepiksaar, Johannes/Heinrich, Dirk, Untersuchungen an Fischresten aus der frühmittelalterlichen Siedlung Haithabu (=Berichte über die Ausgrabungen in Haithabu 10), Neumünster 1977, S. 123–140.
Radtke, Christian, Gottorf, in: Höfe und Residenzen im spätmittelalterlichen Reich. Ein dynastisch-topographisches Handbuch, Teilband 2: Residenzen, hrsg. von Werner Paravicini, bearb. von Jan Hirschbiegel und Jörg Wettlaufer (= Residenzenforschung Bd. 15.1), Ostfildern 2003, S. 223–230.
Radtke, Christian, Schleswig, in: Höfe und Residenzen, S. 517f.
Rasmussen, Jørgen N., Die Franziskaner in den nordischen Ländern im Mittelalter (= Franziskanische Forschungen 43), Kevelaer 2002.
Rathjen, Jörg, Schleswiger Gilden in der Frühen Neuzeit, in: Bejschowetz-Iserhoht/Witt/Wulf, Gilden in Schleswig-Holstein, S. 95–111.
Rauterberg, Claus, Der Kirchenbau des Mittelalters in Schleswig-Holstein, in: Schleswig-Holsteinische Kirchengeschichte 2: Anfänge und Ausbau II (= SVSHKG 1. R. Bd. 27), Neumünster 1978, S. 71–135.
Reblin, Eckart, Aus der Reformationsgeschichte der Stadt Schleswig, in: BSStG 32 (1987), S. 105–139.
Reblin, Eckart, Das Hochadlige Jungfernkloster St. Johannis, in: SVSHKG 2. R. Bd. 47 (1996), S. 7–39.
Reichstein, Hans, Erste Nachweise zum Vorkommen von Hauseseln im mittelalterlichen Schleswig, in: Ausgrabungen in Schleswig. Berichte und Studien 11: Tierknochenfunde der Ausgrabung Schild 1971–1975, Neumünster 1995, S. 179–187.
Rosenbohm , Ralf, Mittelalterliche Mühlen in und um Schleswig, in: BSStG 1 (1956), S. 29–34.
Rublack, Hans-Christoph, Probleme der Sozialtopographie der Stadt im Mittelalter und in der frühen Neuzeit, in: Ehbrecht, Wilfried (Hrsg.), Voraussetzungen und Methoden geschichtlicher Städteforschung, Köln/Wien 1979, S. 177–193.
von Rumohr, Henning / Müller, Wolfgang, Das St. Johannis-Kloster vor Schleswig, in: BSStG 10 (1965), S. 31–39.
von Rumohr, Henning, Die Klosterpröbste von St. Johannis vor Schleswig, in: BSStG 12 (1967), S. 11–32.
Sach, August, Geschichte der Stadt Schleswig nach urkundlichen Quellen, Schleswig 1875.
Saggau, Hilke Elisabeth, Mittelalterliche Eisenfunde aus Schleswig. Ausgrabung Schild 1971–1975 (=Ausgrabungen in Schleswig. Berichte und Studien 14), Neumünster 2000.
Schartl, Matthias / Thiele, Wolfgang, 75 Jahre Schleswiger Stadtarchiv, in: BSStG 44 (1999), S. 113–125.
Schlee, Ernst, „Justiz" und Rathaus in Schleswig (Teil II), in: BSStG 24 (1979), S. 23–37.
Schlüter, Karlheinz, Restaurierung des Kreuzganges mit den mittelalterlichen Malereien im Dom zu Schleswig, in: BSStG 26 (1981), S. 39–46.
Schmidt, Fritz / Dirlmeier, Ulf, Geschichte des Wohnens im Spätmittelalter, in: Dirlmeier, Geschichte des Wohnens Bd. 2, S. 229–346.
Schnack, Christiane, Die mittelalterlichen Schuhe aus Schleswig. Ausgrabung Schild 1971–1975 (= Ausgrabungen in Schleswig. Berichte und Studien 10), Neumünster 1992.
Schnack, Christiane, Mittelalterliche Lederfunde aus Schleswig – Futterale, Riemen, Taschen und andere Objekte. Ausgrabung Schild 1971–1975 (= Ausgrabungen in Schleswig. Berichte und Studien 13), Neumünster 1998.
Schneider, Ilse, Stadtgeographie von Schleswig. Reprint der Ausgabe von 1934, Schleswig 1983.
von Schröder, Johannes, Geschichte und Beschreibung der Stadt Schleswig, Schleswig 1827.
Schubert, Ernst, Einführung in die Grundprobleme der deutschen Geschichte im Spätmittelalter, Darmstadt 1992.
Schubert, Ernst, Erscheinungsformen der Armut in der spätmittelalterlichen deutschen Stadt, in: Bräuer / Schlenkrich, Stadt als Kommunikationsraum, S. 659–698.
Schubert, Ernst, Spätmittelalter – die Rahmenbedingungen des Lebens kleiner Leute, in: Althoff, Gerd / Goetz, Hans-Werner / Schubert, Ernst, Menschen im Schatten der Kathedrale. Neuigkeiten aus dem Mittelalter, Darmstadt 1998, S. 229–350.
Schubert, Ernst, Alltag im Mittelalter. Natürliches Lebensumfeld und menschliches Miteinander, Darmstadt 2002.
Schütt, Hans-Friedrich, Flensburg im Mittelalter, in: Flensburg. Geschichte einer Grenzstadt, hrsg.

von der Gesellschaft für Flensburger Stadtgeschichte (= Schriften der Gesellschaft für Flensburger Stadtgeschichte 17), Flensburg 1966, S. 17–72.
Schütt, Hans-Friedrich, Ein Schleswiger Stadtbuchfragment, in: ZSHG 104 (1979), S. 143–152.
Schütt, Hans-Friedrich, Gilde und Stadt, in: ZSHG 105 (1980), S. 77–136.
Schütz, Armin, Handwerksämter in der Stadt Schleswig. Altstadt, Lollfuß und Friedrichsberg 1400–1700, Hamburg 1966.
Schütz, Ella, Die Altstadt-Apotheke, Geschichte des Hauses, in: BSStG 34 (1988), S. 76–152.
Schütz, Ella, Die Altstadt-Apotheke und ihre Apotheker, Schleswig 2001 (BSStG, Sonderband).
Schulze, Wilhelm, Die Lepra im Mittelalter in Schleswig-Holstein und Hamburg, Kiel 1986.
Schulze, Heiko K. L., Schloß Gottorf – Zur Baugeschichte der herzoglichen Residenz in Schleswig, in: Gottorf im Glanz des Barock. Kunst und Kultur am Schleswiger Hof 1544–1713. Katalog der Ausstellung zum 50-jährigen Bestehen des Schleswig-Holsteinischen Landesmuseums auf Schloß Gottorf und zum 400. Geburtstag Herzog Friedrichs III., hrsg. von Heinz Spielmann und Jan Drees, Bd. 1: Die Herzöge und ihre Sammlungen, Schleswig 1997, S. 139–148.
Schwarz Lausten, Martin, De slesvigske Marianerbroderskaber i senmiddelalderen, in: Kirkehistoriske Samlinger 7. R. Bd. 5 (1963–65), S. 78–102.
Seegrün, Wolfgang, Schleswig-Holstein, in: Die Territorien des Reiches im Zeitalter der Reformation und Konfessionalisierung. Land und Konfession 1500-1650, Bd. 2: Der Nordosten, hrsg. von Anton Schindling/Walter Ziegler (=Katholisches Leben und Kirchenreform im Zeitalter der Glaubensspaltung 50), Münster 1990, S. 140–164.
Sievers, Kai Detlev, Almosen, Stiftung, Arbeitshaus: Armenfürsorge vom Mittelalter bis zur Moderne (= Geschichte & Kultur 3), Neumünster 1997.
Skierka, Joachim, Die Domschule Schleswig von 1307 bis 1850, in: BSStG 34 (1989), S. 33–92.
Sønderjyllands Historie, Bd. 2: Tidsrummet 1241-1600, hrsg. von Olrik, Jørgen/La Cour, Vilhelm/ Skovgaard, Johanne, Kopenhagen 1939.
Sprandel, Rolf, Das spätmittelalterliche Zahlungssystem nach hansisch-nordischen Quellen des 13. und 15. Jhdts. (= Monographien zur Geschichte des Mittelalters 10), Stuttgart 1975.
Sprandel, Rolf, Der handwerkliche Familienbetrieb des Spätmittelalters und seine Probleme, in: Haverkamp, Haus und Familie, S. 327–337.
Stadtflucht, Hirsebrei und Bettelmönch. Die Stadt um 1300 (Katalog zur Ausstellung „Stadtflucht, Hirsebrei und Bettelmönch. Die Stadt um 1300." Stadtarchäologie in Baden-Württemberg und der Nordostschweiz. Eine gemeinsame Ausstellung des Landes Baden-Württemberg und der Stadt Zürich 1992/93), hrsg. vom Landesdenkmalamt Baden-Württemberg und der Stadt Zürich, Stuttgart 1992.
Steppuhn, Peter, Glasfunde des 11. bis 17. Jahrhunderts aus Schleswig (= Ausgrabungen in Schleswig. Berichte und Studien 16), Neumünster 2002.
Stoob, Heinz, Zur Topographie von Alt-Schleswig, in: Häuser und Höfe im Ostseegebiet vor 1500 (= Acta Visbyensia 5), Visby 1976, S. 117–126.
Teuchert, Wolfgang, Der Dom in Schleswig, Königstein im Taunus 1991.
Teuchert, Wolfgang, Taufen in Schleswig-Holstein. Taufen in Stein, Bronze und Holz vom Mittelalter bis zur Gegenwart (= Kleine Schleswig-Holstein-Bücher 37), Heide 1986.
Thomsen, Johannes, Die Schützengilden der Stadt Schleswig, in: BSStG 3 (1958), S. 53–64.
Thomsen, Johannes, Das Bistum Schleswig und seine Bischöfe seit 947, in: BSStG 6 (1961), S. 65– 80.
Trube, Gert-Wilhelm, Steffen Arndes und das „Missale Slesvicense" von 1486, in: BSStG 47 (2002), S. 13–20.
Ulbricht, Ingrid, Die Verarbeitung von Knochen, Geweih und Horn im mittelalterlichen Schleswig (= Ausgrabungen in Schleswig. Berichte und Studien 3), Neumünster 1984.
Ulsig, Erik, Pest og befolkningsnedgang i Danmark i det 14. århundrede, in: DHT 91 (1991), S. 21–42.
Unverhau, Dagmar, Die Schleswig-Ansicht aus dem Braun-Hogenbergschen Städtebuch als historische Quelle, in: Ausgrabungen in Schleswig. Berichte und Studien 1, Neumünster 1983, S. 55–111.
Unverhau, Henning, Die Herzöge Waldemar IV. und Erich II. von Schleswig. Zwei Biographien, in: Werner Paravicini (Hrsg.) unter Mitwirkung von Frank Lubowitz und Henning Unverhau, Mare Balticum. Beiträge zur Geschichte des Ostseeraums in Mittelalter und Neuzeit. Festschrift zum 65. Geburtstag von Erich Hoffmann (= Kieler Historische Studien 36), Sigmaringen 1992, S. 137–153.

Vellev, Jens, Wie sah die Rundkirche „St. Michaelis" in Schleswig aus?, in: BSStG 16 (1971), S. 45–51.
Vellev, Jens, Die Ausgrabungen der Rundkirche „St. Michaelis" in Schleswig, in: BSStG 18 (1973), S. 5–15.
Vogel, Volker, Die Ausgrabungen der Nicolai-Kirche in Schleswig, in: BSStG 16 (1971), S. 9–22.
Vogel, Volker, Die archäologischen Ausgrabungen im Stadtkern von Schleswig, in: BSStG 19 (1974), S. 37–48.
Vogel, Volker, Archäologische Stadtkernforschung in Schleswig 1969–1982, in: Ausgrabungen in Schleswig. Berichte und Studien 1, Neumünster 1983, S. 9–54.
Vogel, Volker, Schleswig im Mittelalter. Archäologie einer Stadt, Neumünster 1989.
Vogel, Volker, Der Schleswiger Hafen im hohen und späten Mittelalter, in: Bill, Jan/Clausen, Birthe L. (Hrsg.), Maritime Topography and the Medieval Town. Papers from the 5th International Conference on Waterfront Archaeology in Copenhagen 14-16 May 1998 (= PNA Publication from The National Museum. Studies in Archaeology & History Vol. 4), Kopenhagen 1999, S. 187–196.
von Wahl, Otto, Die Schleswiger Herzöge aus den Häusern Oldenburg, Schauenburg und Knud Laward-Abel, in: BSStG 27 (1982), S. 95–131.
von Wahl, Otto, Ahnentafel der Schleswiger Herzöge, Teil 4, in: BSStG 28 (1983), S. 75–106.
van de Walle-van der Woude, Tosca/Groenman-van der Waateringe, Willy, Die Lederfunde der Ausgrabung Plessenstraße in Schleswig, in: Ausgrabungen in Schleswig. Berichte und Studien 15: Das archäologische Fundmaterial II, Neumünster 2001, S. 9–44.
Walther, Helmut G., Von der Holstenstadt der Schauenburger zur Landesstadt des holsteinischen Adels (1242–1544), in: Geschichte der Stadt Kiel, hrsg. von Jürgen Jensen/Peter Wulf, Neumünster 1991, S. 13–58.
Weimar, Wolfgang, Geschichte des Gymnasiums in Schleswig-Holstein, Heide 1986.
Windmann, Horst, Schleswig als Territorium. Grundzüge der Verfassungsentwicklung im Herzogtum Schleswig von den Anfängen bis zum Aussterben des Abelschen Hauses 1375 (= QuFGSH 30), Neumünster 1954.
Witt, Jann M./Vosgerau, Heiko (Hrsg.), Schleswig-Holstein von den Ursprüngen bis zur Gegenwart. Eine Landesgeschichte, Hamburg 2002.

## Abbildungsnachweis

1. Ulla Haastrup, Danske kalkmalerier. Tidlig gotik 1275–1375, Kopenhagen 1989, S. 86.
2. Anders Thiset / Henry Petersen, Danske kongelige Sigiller samt Sønderjyske Hertugers ... Sigiller. 1085–1559. Kopenhagen 1917. Abb. 135 a und 135 b.

3 a. Thiset / Petersen, Abb. 143 a.
3 b. Carl Julius Milde, Siegel der Holstein-Schauenburger Grafen aus den Archiven der Stadt Lübeck, Lübeck 1870, Abb. 39.

4. Milde, Siegel der Holstein-Schauenburger Grafen, Abb. 61.
5. Thiset / Petersen, Abb. 61.

6 a und 6 b. Archäologisches Landesamt Schleswig, Dr. Kramer.

7. Troels Dahlerup, De fire stænder 1400–1500 (Gyldendal og Politikens Danmarkshistorie 6), Kopenhagen 2003, S. 211.
8. Foto Nationalhistorisk Museum, Frederiksborg/Seeland.
9. Foto Landesamt für Denkmalpflege Kiel
10. Alex Wittendorff, På guds og herskabs nåde 1500-1600 (Gyldendal og Politikens Danmarkshistorie 7), Kopenhagen 2003, S. 183.
11. Historischer Atlas Schleswig-Holstein. Vom Mittelalter bis 1867.
    Im Auftrag der Gesellschaft für Schleswig-Holsteinische Geschichte hrsg. von Jürgen H. Ibs, Eckart Dege, Henning Unverhau. Neumünster 2004, S. 87.
12. Landesarchiv Schleswig, Urk.-Abt. 186 Nr. 25.
13. Foto Archäologisches Landesmuseum Schloß Gottorf, Dr. Vogel.
14. Luftbild Archäologisches Landesamt Schleswig, Dr. Kramer.
15. Ausschnitt aus der Stadtansicht von Braun und Hogenberg (s. Abb. 18).

16 Foto Landesamt für Denkmalpflege Kiel.
17. Foto Landesmuseum Schloß Gottorf.
18. Ansicht von Schleswig und Gottorf 1584, aus: Georg Braun und Franz Hogenberg, „Civitates Orbis Terrarum“, 4. Band, Köln 1588.
19. Ausschnitt aus der Stadtansicht von Braun und Hogenberg (s. Abb. 18).
20 a, 20 b, 20 c. Stadtmuseum Schleswig. Foto Dr. Rüdel.
20 d. Heinrich Philippsen, Kurzgefaßte Geschichte … , 1926.
21 a, 21 b, 121 c. Gemeinschaftsarchiv Schleswig, Abt. 2 Nr. 94.
22. Gemeinschaftsarchiv Schleswig, Abt. 3 Nr. 174, Schoßregister 1463.
23. Gemeinschaftsarchiv Schleswig, Abt. 3 Nr. 147, Kämmereirechnung 1449.
24. Landesarchiv Schleswig, Urk.-Abt. 186 Nr. 21.
25. Dahlerup, De fire stænder 1400-1500, S. 175. Nach Rodericus Zamorensis, Von den handtwercken in gemeyen, um 1475.
26. Bjørn Poulsen, Land-by-marked. To økonomiske landskaber i 1400–tallets Slesvig, Flensburg 1988, S. 100.
27. und 28. Archäologisches Landesmuseum Schloß Gottorf.
29. und 30. Europäische Technik im Mittelalter. 800 bis 1400. Tradition und Innovation. Ein Handbuch, hrsg. von Ute Lindgren, Berlin 3. Aufl. 1998. Nach Rodericus Zamorensis, Von den handtwercken in gemeyen, um 1475.
31. Das Ständebuch. 114 Holzschnitte von Jost Amman mit Reimen von Hans Sachs, Leipzig 1934.
32. Nach Rodericus Zamorensis.
33. Gert Wilhelm Trube, Steffen Arndes und das „Missale Slesvicense“, in: BSStG 47 (2002), S. 13–20, hier S. 15.
34. Lithographie von H. Hansen 1864. Landesbibliothek Kiel.
35. Gottfried Ernst Hoffmann, Schleswig-holsteinische geistliche Siegel des Mittelalters, Neumünster 1933, Tafel III Nr.6.
36. Hoffmann, Geistliche Siegel, Tafel I Nr. 2.
37. bis 40. Fotos Landesamt für Denkmalpflege Kiel.
41. Foto Archäologisches Landesmuseum Schloß Gottorf, Dr. Vogel.
42. Ausschnitt aus der Stadtansicht von Braun und Hogenberg (s. Abb. 18).
43. Foto Archäologisches Landesmuseum Schloß Gottorf, Dr. Vogel.
44. Foto Landesamt für Denkmalpflege Kiel.
45. und 46. Fotos Dr. H.W. Schwarz.
47. bis 49. Fotos Landesamt für Denkmalpflege Kiel.
50. Foto Archäologisches Landesmuseum Schloß Gottorf, Dr. Vogel.
51. bis 54. Fotos Landesamt für Denkmalpflege Kiel.
55. Foto Dr. H.W. Schwarz.
56. Harry Kühnel (Hrsg.), Alltag im Spätmittelalter, Graz 1984, S. 170. Nach Rodericus Zamorensis, Spiegel des menschlichen Lebens, Augsburg 1479.
57. Foto Archäologisches Landesmuseum Schloß Gottorf, Dr. Vogel.
58. Landesarchiv Schleswig, Urk.-Abt. 268 Nr. 1197.
59. Landesbibliothek Kiel.
60. Foto Landesamt für Denkmalpflege Kiel.
61. Landesbibliothek Kiel.
62. Landesarchiv Schleswig, Urk.-Abt. 186 Nr. 13 a.
63. Europäische Technik im Mittelalter, Berlin 1998. Nach Rodericus Zamorensis.
64. Foto Dr. H.W. Schwarz.
65. Niels-Knud Liebegott, Danmark i senmiddelalderen, med illustrationer fra Flemming Bau og Beth Beyerholm, Viborg 1998, S. 175.
66. Foto Archäologisches Landesmuseum Schloß Gottorf, Dr. Vogel.